사라진 거대한 파로스 등대

높이가 135미터로 당시로서는 상상도 못할 높고 거대한 등대.
3단식으로 세워진 이 등대의 가장 아래층은 사각형이며
각 변의 길이가 31미터나 됐다.
날씨가 좋은 날 밤에는 43킬로미터나 떨어진 바다에서도
등대 불빛이 보였다고 한다.
그러나 안타깝게도 이 거대한 등대는
14세기에 이르러 완전히 사라지고 말았다.

아무도 모르는 칭기즈칸의 무덤

12~13세기 역사상 가장 넓고 강력한 몽골제국을 건설했던
위대한 인물, 서양을 벌벌 떨게 했던 몽골의 영웅, 칭기즈칸!
그가 죽은 뒤에는 나라에서 그의 업적을 과시하듯
대규모의 무덤을 만들었다.
그러나 무덤이 어디 있는지 거의 1천 년이 지난 지금까지 아무도 모른다.
도대체 칭기즈칸이 죽은 뒤 어떤 일이 벌어졌으며,
그의 무덤은 어떻게 된 걸까?

영원히 사라진 세기의 살인마, 잭 더 리퍼

잭 더 리퍼 연쇄살인 사건은 1888년 8월부터 3개월간
영국 런던에서 발생했던 사건으로 무려 130여 년 전의 일이다.
그런데도 지금까지 이와 관련해서 100여 편의 문학작품이 나왔을 정도로
유명한 세기의 사건이다.
살인마를 특정하지도 못했고 영원히 잡지도 못했으니,
그는 과연 어디로 사라진 것일까?

사라진 나폴레옹의 성기

두말할 필요 없이 나폴레옹은 프랑스의 전쟁영웅이자 황제로서
온 세상에 가장 널리 알려진 인물이다.
그런데 1821년, 그가 죽어 장례를 진행하던 사람들이 깜짝 놀랐다.
그의 성기(性器)가 감쪽같이 사라진 것이다.
아니, 황제의 성기가 없어지다니 그럴 수가 있을까?

알아두면 잘난 척하기 딱 좋은

사라진 것들

알아두면 잘난 척하기 딱 좋은

사라진 것들

THINGS THAT DISAPPEARED

A Perfect Book for Humblebrag

이
상
화
지음

nomad
노마드

이 세상의 모든 생명체는 태어나서 융성하다가 언젠가는 반드시 사라진다. 그것이 자연의 섭리다. 멀쩡하던 마을이나 사람도 홍수, 지진, 화산 폭발 같은 천재지변으로 갑자기 사라지기도 한다. 모든 것은 시대 변화와 발전에 따라 사라지고 새로운 것이 등장하기를 되풀이한다.

하루가 지난 '어제'도 이미 사라진 것으로 다시 돌아오지 않는다. 오늘도 하루가 지나면 '어제'가 돼 사라진다. 이 세상에 사라지지 않는 것은 아무것도 없다. 그처럼 '사라진 것'들은 거의 무한(無限)이기 때문에 도저히 모든 것을 기록으로 남길 수는 없다. 어쩔 수 없이 간추려야 했다. 그러자면 어떤 기준이 있어야 했다.

우선 우리가 경험했던 국내에서 사라진 것들은 대부분 잘 알려져 있어서 제외했다. 그러고 나서 세계적으로 큰 관심을 끌었으나 갑자기 사라진 것, 인류의 역사에 변화를 가져온 것, 미스터리한 것, 불가사의한 것, 오랫동안 사라졌다가 뜻밖에 다시 나타난 것, 충격적인 것 등을 오랜 시간에 걸쳐 열심히 찾고 골랐다. 그렇더라도 그러한 모든 것을 담을 수는 없었다. 물론 그 가운데는 우리가 잘 아는 것도 있고 전혀 몰랐던 것도 있을 것이다. 결국 선택의 기준은 충격적인 사실, 미처 몰랐던 흥미로운 사실, 무엇인가 교훈을 주는 것으로 정했다.

그렇지만 제1·2차 세계대전을 비롯한 세계적인 전쟁들, 중세 유럽의 페스트와 에스파냐 독감 등의 전염병 창궐은 제외했다. 충격적이고 엄청난 변화를 가져왔으며 그 때문에 영원히 사라진 것도 헤아릴 수없이 많지만, 변화와 피해가 너무 광범위하고 아직도 진행 중인 것이 많기 때문이다. 지금 지구촌은 코로나19라는 전염병으로 몸살을 앓고 있다. 지금까지 무려 4억 명 이상이 이 전염병에 걸렸고 600만 명 이상이 희생됐다. 앞으로 얼마나 더 많은 생명이 희생될지 아무도 모른다.

　'알아두면 잘난 척하기 딱 좋은' 시리즈는 지식과 정보의 보물창고라고 해도 과언이 아닌 종합적인 인문학 서적이다. 꼭 잘난 척하기 위해서가 아니라 지식 함양과 교양 증진을 위해 더없이 다양하고 유용한 자료라고 할 수 있다. 이 시리즈는 어느 것 할 것 없이 매우 흥미롭고 쉽게 읽을 수 있는 것이 특징이다. 편집진이 최선의 소재 선택과 내용의 정확성, 독서의 용이성과 신선함 등의 집필 방향을 글쓴이에게 끊임없이 강조한 덕분이다.

　이 책도 이러한 시리즈의 특성에 맞추어 파편적이고 개념적 지식보다는 짜임새 있는 요약과 깊이 있고 실용적인 지식과 정보를 제공하려고 노력했다. 아무쪼록 독자들에게 큰 도움이 되기를 기대하면서 출판사 여러분의 노고에 다시 한번 감사의 마음을 전한다.

이상화

차례

1

인류

지구의
5대
대멸종

앞으로 이 책에서 언급할 '사라진 것'들은 무엇인가 우리에게 의미가 있
거나 소중하거나 큰 관심을 갖게 했던 어떤 실체가 갑자기 사라져서 영
영 다시 나타나지 않는 것들이다. 그 실체가 사라진 원인을 알 수 없을
뿐만 아니라 흔적조차 없다면 큰 충격을 받게 되고 궁금증이 더욱 커질
것이다.

그러한 놀라운 '사라진 것'들을 소개하기에 앞서, 우리가 사는 지구에
충격적인 변화를 일으켰고 생명체 대부분이 한꺼번에 사라진 '대멸종'을
설명하고 넘어가려고 한다. 뒤에서 소개할 '사라진 것'들은 어쩌면 하나의
작은 사건에 불과할 수도 있지만 '대멸종'은 지구 전체와 관련된 것이어서
가장 먼저 기억해둘 필요가 있기 때문이다.

지구상의 모든 생명체는 태어나서 융성했다가 언젠가는 반드시 사라
진다. 어떤 나무는 천 년 넘게 살기도 하지만, 모든 동물에게는 평균적인
수명이 있다. 물론 여러 이유로 그보다 일찍 죽기도 하고 좀 더 오래 살

기도 하지만, 대부분 자기 종(種)에게 주어진 수명이 다하면 스스로 죽는다. 그것이 자연사(自然死)다. 인간이 그렇게 죽으면 노환(老患)이라고도 하고 천수(天壽)를 다하고 죽었다고 말한다. 모든 생명체의 객체는 그렇게 사라진다.

하지만 그러한 수명과 관계없이 어떤 충격적인 계기에 의해 지구상의 대다수 생명체가 갑자기 한꺼번에 사라지는 것이 '대멸종(大滅種)'이다. 멸종이란 아예 그 종이 지구상에서 사라지는 것이다. 약 46억 년 전에 지구가 탄생한 이래 십여 차례의 크고 작은 멸종이 있었다. 그 가운데 가장 광범위하고 규모가 컸던 다섯 번의 멸종이 있었다. 흔히 말하는 '5대 대멸종'이다.

지구에 언제 생명체가 처음으로 출현했는지에 대해서는 여러 설이 있다. 약 35억 년 전 또는 그 이전이라고도 하고, 약 23억 년 전이라고도 한다. 바닷속에서 광합성에 의해 최초로 단세포 생명체가 출현한 것이다. 생명체는 모두 암컷이었으며 단성생식이었다. 지구 최초의 생명체는 운석 따위에 묻어 외계에서 왔다고 주장하는 학자들도 있다.

아무튼 암컷들만의 세상이 10억 년쯤 흐른 뒤에 암컷에 의해 수컷이 탄생해서 양성생식이 이루어졌다. 그리고 약 5억 년 전에 처음으로 암컷과 수컷이 교미(성교)해 알을 낳았다. 그 뒤부터 지구상에는 다양한 생명체가 등장했고 빠르게 번성하기 시작했다.

그러던 지구의 생명체들이 처음으로 큰 위기를 맞은 것은 약 4억 5000만 년 전이었다. 이른바 '1차 대멸종'을 맞게 된 것이다. 그 무렵 지구는 아직 불완전한 상태여서 지각 변동 등 자체적인 급격한 변화가 많았을 뿐만 아니라 외계로부터 크고 작은 운석들이 빗발쳤다. 그 때문에 대형 화산 폭발이 일어났으며 외계의 초신성(超新星)*에서 발생한 감마선 등의 영향으로 해수면이 낮아져 매우 짧은 기간에 해양 생물종의 50퍼센트 이상이 멸종했다. 그 무렵 지구의 생명체는 바닷속에 있었기 때문에 해양 생물종의 50퍼센트 이상이 멸종된 것은 다양한 생명체의 출현과 확산을 크게 저해하는 치명적인 결과를 가져왔다.

'2차 대멸종'은 약 3억 7000만 년 전에 일어났다. 주요 원인은 대형 운석과의 충돌이었다. 그 때문에 지구의 기후가 급격하게 변하고 잇따라 화산 폭발이 일어났으며 생태계가 바뀌어 먹이사슬이 붕괴하면서 생명체의 약 70퍼센트가 사라졌다. 이 가혹한 시기가 무려 1000만 년 가까이 이어지면서 지구가 황폐해졌다.

'3차 대멸종'은 약 2억 5000만 년 전에 일어났는데, 지구 역사상 최악의 멸종으로 일컬어진다. 그 시기에는 바다 밑에 살던 생명체들이 많아졌으며 그 종류도 다양해지고 빠르게 진화하고 있었다. 일부 어류는 바다에서 뭍으로 올라와 파충류·포유류 등으로 진화했고, 물과 육지를 오가는 양서류도 있었다.

그런데 이 시기에 지구의 크고 작은 대륙이 하나로 뭉쳐 판게아(pangea)를 형성하는 과정에서 지각판들과 해양판들이 서로 부딪치며 수차례 대규모 화산 폭발이 일어났다. 이러한 화산 활동으로 인해 이산화탄소가 지금의 200~300배가 넘을 정도로 증가했고 이로 인한 온실효과로 지구의 온도가 무려 섭씨 6도나 상승했다. 화산에서 나온 유독성 기체는 오

---

* 초신성이란 엄청난 에너지와 빛을 내뿜는 '별의 폭발'이다. 감마선은 전자기파의 일종으로 주로 방사성 붕괴에 따라 방출되기 때문에 방사선으로 분류된다.

존층을 지속적으로 파괴했으며, 광합성을 하는 식물들이 죽으면서 산소 농도가 급격히 희박해져 생명체들이 걷잡을 수 없이 멸종했다.

그 당시 얼마나 많은 생명체가 멸종했는지에 대해 여러 견해가 있지만, 생명체의 약 80~95퍼센트가 멸종했다는 것이 대체로 일치된 견해다. 멸종했다는 것은 일부라도 살아남은 것이 아니라 그 종이 완전히 지구에서 사라졌다는 말이다. 하기는 모든 생명체가 멸종하지 않고 10퍼센트라도 살아남았기 때문에 지구에서 다시 생명체들이 늘어날 수 있었다.

'4차 대멸종'은 약 2억 1500만 년 전에 일어났다. 멸종의 원인은 '3차 대멸종'과 비슷한 것으로 알려졌다. 지구는 여전히 매우 뜨거웠으며 이산화탄소가 좀처럼 줄어들지 않아 숲이 거의 사라져 곤충류와 초식동물이 멸종했다. 그에 따라 먹이사슬이 붕괴하면서 대멸종을 피할 수 없었다. 이때도 생명체의 70퍼센트 이상이 멸종했다. 그러나 일부 겉씨식물과 버섯류·이끼류가 살아남았고, 바퀴벌레·모기·잠자리 등이 살아남았다. 오늘날 인간에게 큰 피해를 주고 있는 모기와 바퀴벌레의 생명력이 얼마나 끈질긴지 놀랍기만 하다. 그것들은 수억 년 동안 사라지지 않고 번성하고 있다.

약 6500만 년 전에 일어난 '5차 대멸종'은 상당한 의미가 있다. 이 시기에는 육상에는 공룡을 비롯한 대형 동물이 서식하고 있었고, 강이나 바다에도 악어를 비롯한 다양한 어류가 활기차게 번성하고 있었다. 특히 이 시기를 공룡의 시대라고 할 만큼 대형 공룡들이 육지를 지배하고 있었다.

5차 대멸종의 가장 큰 원인은 거대한 혜성과의 충돌이다. 우주 공간에는 수많은 운석과 혜성이 떠돌며 끊임없이 행성들과 충돌한다. 물론 지구도 예외가 아니다. 지구는 탄생한 이래 헤아릴 수 없이 크고 작은 운석·혜성과 충돌했고, 대형 충돌 때 튕겨 나간 조각들이 뭉쳐 달(月)이 만들어지기도 했다.

그런데 또 한 차례 대형 충돌이 일어난 것이다. 그 파괴력은 상상을 초월할 정도였다. 어마어마한 먼지와 에어로졸이 두껍게 하늘을 뒤덮었고, 충돌할 때의 충격으로 대형 화산이 폭발하고 지진·해일 등이 발생해 지상의 거의 모든 생명체를 쓸어갔다. 무엇보다 육지를 지배하던 각종 공룡이 이 시기에 멸종했다. 이 암흑과 같았던 시기가 100만 년 이상 이어지면서 생명체의 약 75퍼센트가 멸종했다.

하지만 이 절망적인 시기에도 살아남은 생명체들이 있었다. 일부 조류와 포유류가 살아남은 것이다. 특히 포유류가 살아남을 수 있었던 것은 크기가 들쥐만큼 아주 작았고 온몸이 털로 뒤덮여 있었기 때문이다. 몸집이 작아서 땅속이나 동굴로 기어들어가 온갖 재앙을 피할 수 있었으며, 온몸에 털이 있어 급격한 기후 변화를 견딜 수 있었다. 몸집이 작으니까 적은 양의 먹이로도 생존할 수 있었고, 잡식성이어서 식물의 씨앗 따위나 곤충류의 사체로도 생명을 유지할 수 있었다. 이러한 기적적인 요인들이 다양한 포유류를 출현시켰고, 마침내 인류를 탄생시킨 것이다.

지구의 5대 대멸종을 살펴보면서 대형 운석 및 혜성과의 충돌, 대규모 화산 폭발 등이 대멸종의 근본 원인이며 그것에 따른 급격한 기후 변화, 엄청난 먼지와 이산화탄소의 증가 등이 숱한 생명체를 멸종시켰다는 것을 알 수 있다. 아울러 그 때문에 산성비가 내렸고, 생명체 탄생의 기본 조건인 바다에서의 광합성을 저해하면서 미생물이 크게 줄어들어 먹이사슬이 붕괴해 대멸종을 피할 수 없었던 것이다. 결과적으로 대멸종의 원인은 어느 것 한 가지가 아니라 복합적이었다.

그런데 대멸종이 반드시 지구의 대재앙은 아니었다. 대멸종 뒤에 살아남은 생명체들의 빠른 진화가 이루어졌다. 대멸종 때마다 그러한 악조건들에 적응하는 놀라운 진화가 가속화되면서 강인한 생존력을 지닌 생명체들이 탄생했다. 지구의 자연도 놀라운 복원력을 지녀 대멸종에서 살아남은 생명체들이 더욱 번성할 수 있게 했다. 예컨대 산불이 났던 자리에서는 식물이 더 빨리 자라고 화산이 폭발했던 지역의 토양은 더욱 좋아졌다.

여기서 한 가지 궁금증을 갖지 않을 수 없다. 과연 '6차 대멸종'이 일어날 것이냐 하는 의문이다. 우주학적으로 지구의 수명은 50억 년쯤 더 남았다고 한다. 그 50억 년 동안은 무사할까? 그 누구도 장담할 수 없다. 많은 미래과학자는 2200년이 되면 지구 생명체의 약 50퍼센트가 멸종할 것이라고 경고한다. 주요 원인은 각종 공해와 환경오염에서 오는 이산화탄소의 증가와 자연 파괴다. 강력한 복원력을 지닌 자연이 파괴되면 살아남은 생명체들도 재앙을 피하기 어려울 것이다.

그뿐만 아니라 역대의 대멸종과 같이 언젠가는 거대한 혜성과의 충돌로 대멸종이 일어날 것이라는 주장도 있다. 그에 대해서는 과학기술로 지구에 접근하는 혜성을 비켜 가게 하거나 지구에 다가오기 전에 폭파해버릴 수 있다는 주장도 만만치 않다. 그리고 외계인 침공설도 있지만 비현실적인 상상에 불과하다.

하지만 반드시 경계할 대멸종설도 있다. 핵전쟁이 그것이다. 현재 다량의 핵무기를 가지고 있는 나라가 적지 않다. 어떤 계기에 핵무기를 가진 나라들이 충돌하면서 전쟁이 일어나고 패배 위기에 몰린 국가가 최후의 수단으로 핵무기를 사용한다면 기어코 핵전쟁으로 비화해 인류를 멸망시킬 수 있다는 것이다. 허튼소리로 결코 웃어넘길 이야기가 아니다. 원인이 무엇이든 6차 대멸종은 없어야 한다.

네안데르탈은
왜
멸종했을까

현생인류인 호모사피엔스는 약 6만 년 전 아프리카를 떠나서 5만여 년에 걸쳐 남아메리카의 끝까지 지구 전역으로 진출했다. 물론 군대 행진하듯 동시에 일사불란하게 이동한 것은 아니다. 인류학자들은 10~30명으로 이루어진 소규모 집단(가족집단)들이 순차적으로 오랜 기간에 걸쳐 이동했으며 그 전체 규모는 약 2000명이었을 것으로 추정한다. 그들이 아프리카를 떠난 것은 심각한 건조기를 맞아 먹거리가 크게 부족했기 때문이다.

호모사피엔스의 이동 경로는 일정하지 않았다. 몇 갈래로 갈라져서 낯선 땅으로 향했다. 어느 갈래는 중동–중앙아시아–시베리아를 거쳐 당시 얼어붙어 있던 베링해를 건너 아메리카 대륙으로 진출했고, 어느 갈래는 중동–남부아시아로 이동하다가 한 무리는 북쪽으로 올라가 중국까지 진출했으며 또 다른 무리는 동남아시아에서 바다를 건너 마침내 오스트레일리아까지 진출했다.

또 어떤 무리는 중동 또는 근동을 거쳐 서쪽으로 이동해서 지금의 유럽 대륙까지 진출했다. 그런데 유럽에 진출한 무리들은 뜻하지 않은 상황과 부딪쳤다. 그곳에는 이미 자신들과 비슷한 모습의 낯선 인류가 살고 있었다. 바로 네안데르탈인이다.

네안데르탈인은 호모사피엔스보다 평균적으로 키는 좀 작았지만 머리통이 크고 가슴이 넓은 무척 단단하고 다부진 체격이었다. 손과 발도 비교적 컸으며 팔다리도 굵었다. 그들은 동굴에서 살면서 불을 사용했고 사냥을 했으며, 죽은 사람을 매장하고 그 위에 꽃을 올려놓는 등 의례·의식도 있었다. 그들은 약 10만 년 전부터 대다수가 유럽과 지중해 연안에 살았으며 일부 무리는 근동 지역에 살았다. 최근에는 시베리아에서도 그들의 흔적이 발견됐다. 그들이 10만 년 전보다 훨씬 오랜 약 15만~20만 년 전부터 존재했을 것으로 추정하는 인류학자도 적지 않다.

그렇다면 네안데르탈인은 누구인가? 인류학자들은 처음에 네안데르탈인을 현생인류인 호모사피엔스와는 관련이 없는 별종(別種)으로 판단했다. 수십만 년 전 아프리카에서 출현한 인류는 호모사피엔스 하나뿐이 아니라 20여 종이나 된다. 네안데르탈인은 사피엔스와는 조상이 전혀 다르다고 판단한 것이다.

그러나 그들의 유골이 더 많이 발견되고 심층 분석하면서 두 가지 견해가 제기됐다. 하나는 그들이 호모에렉투스의 후손이라는 견해였고, 다른 하나는 호모사피엔스의 아종(亞種)이라는 견해였다. 시간이 흐르면서 호모사피엔스의 아종이라는 견해가 우세하게 됐지만, 여전히 논란이 그치지 않고 있다.

그런데 중요한 것은 네안데르탈인과 유럽에 진출한 호모사피엔스가 약 5천 년 동안 공존했으며 이종교배도 이루어졌다는 사실이다. 말하자면 서로 다른 종끼리 교배했다는 말이다. 그 근거로 현생인류의 1~4퍼센트가 네안데르탈인의 유전자를 지니고 있다는 것이다. 지역별로는 유럽인의 약 16퍼센트, 방글라데시 등 동남아시아 인구의 절반 이상이 네안데르탈인의 유전자를 한 개 이상 지니고 있다는 것이다.

하지만 더욱 중요한 것은 네안데르탈인이 약 2만 5000~2만 8000년 전에 절멸했다는 사실이다. 어찌 보면 우리의 아주 먼 사촌이기도 한 그들이 왜 갑자기 사라졌을까? 여기에 대해서도 여러 견해가 있다.

네안데르탈인의 멸종과 관련해서 가장 오래된 가설은 학살설이다. 호모사피엔스가 유럽에 진출하면서 네안데르탈인과 서로 적대적일 수밖에 없었으며, 지능도 좀 더 뛰어나고 세련된 신무기를 사용하는 호모사피엔스에게 학살당했다는 주장이다. 그뿐만 아니라 식인 습성이 있는 호모사피엔스가 그들을 생포해서 잡아먹기도 했다는 것이다.

그다음으로 기후 적응에 실패했다는 기후설이 있다. 네안데르탈인이 활동하던 시기는 빙하기가 끝나갈 무렵이었다. 당시 유럽의 광활한 지역에 네안데르탈인은 겨우 1만~7만 명 정도였다고 한다. 그들의 무리끼리 평생 서로 마주치기도 힘들었을 것이다. 그런데 호모사피엔스는 점점 늘어나 그들의 10배 정도가 됐을 것으로 추정한다. 인류학자들은 모든 유럽인은 7명 조상어머니의 후손이라고 한다. 아메리카 대륙의 조상어머니는 3명인데 유럽은 7명인 것을 보면 호모사피엔스의 유럽 진출이 매우 활발했던 것으로 보인다. 따라서 네안데르탈인은 수적으로 크게 우세한 호모사피엔스에게 밀려 점차 북쪽으로 쫓겨가게 됐고 가혹한 추위를 견더내지 못하고 시간이 흐르면서 마침내 절멸하고 말았다는 주장이다.

또 자연적 소멸이라는 견해도 있다. 네안데르탈인 남자의 Y유전자를 분석해 보면, Y염색체에 돌연변이가 생겨 아들을 낳기 어려운 생물학적 구조가 있다는 것이다. 즉 여자가 아들을 임신하면 유산할 확률이 높아지면서 점점 남자가 줄어들었으며 그것이 멸종의 원인이라고 주장한다. 아울러 네안데르탈인의 수명은 평균 30세 정도였다는 것이다. 유년기가 빨리 끝나고 빠르게 성장해서 일찍 죽는 체질이었다. 거기다가 불을 사용할 줄 알면서도 날고기를 먹어 소화능력이 크게 떨어지고 건강도 좋지 못해 서서히 자연 소멸했다는 것이다.

가장 최근에 나온 가설은, 네안데르탈인이 호모사피엔스에 의해 멸종된 것이 아니라 그들이 가지고 있던 숙명적인 요인들에 의해 종말을 맞았다는 견해다. 호모사피엔스가 유럽에 진출했을 때 네안데르탈인은 앞서 지적했듯이 겨우 몇 만 명에 불과했다. 드넓은 대륙에서 그들은 우연히 마주치기도 힘들 만큼 무리마다 고립돼서 살아갔다. 그러한 환경에서 10~30명으로 이루어진 그들의 무리는 모두 가족이었으며 한 핏줄이었다. 당연히 혈육끼리 근친교배가 이루어질 수밖에 없었다.

근친교배는 열성유전자를 만들어 우량한 후손을 얻기 어렵다. 근친교배로 태어난 아이는 확률적으로 신체적 기형과 갖가지 질병을 지녀 대부분 일찍 죽는다. 더욱이 무리의 숫자가 적기 때문에 짝짓기 상대도 제한적일 뿐만 아니라 먹거리를 구하는 수렵·채집이나 자녀 양육도 쉽지 않았다. 따라서 네안데르탈인은 출생률은 낮고 사망률은 높아서 빠르게 인구수가 줄었고 마침내 저절로 멸망했다는 것이다.

한 집단이 소멸하지 않고 번성하려면 최소한 30명 이상이어야 한다는 견해가 있다. 네안데르탈인의 한 무리는 대부분 30명이 넘지 않았고 더구나 근친교배였으니 갈수록 소멸이 빨랐을 것이다.

네안데르탈인과 현생인류의 이종교배는 후손들에게 비만, 당뇨 등을 유전시켰다고 한다. 그런데 최근 네안데르탈인 유전자를 지닌 사람과 지니지 않은 사람을 비교했을 때, 그 유전자를 지닌 사람이 코로나바이러스에 훨씬 취약하다는 연구 결과가 나와 눈길을 끌었다.

사라진
대륙
아틀란티스

약 9000년 전에 '아틀란티스(Atlantis)'라는 대륙이 있었는데 하루아침에 바다 밑으로 가라앉아 사라졌다는 전설 같은 이야기가 수천 년 전부터 전해 내려왔다. 대륙이라고 해서 오늘날의 아프리카 대륙이나 아메리카 대륙처럼 어마어마한 땅덩이를 말하는 것은 아니다. 그저 사람들이 살았던 넓은 땅, 광활한 땅이라는 뜻일 것이다.

하지만 과연 아틀란티스가 실제로 있었는지, 아니면 상상 속의 대륙인지, 이것조차 추론만 있을 뿐 정설이 없다. 많은 학자가 주장하듯이 실제로 있었더라도 그 위치조차 분명치 않다. 아틀란티스가 지중해에 있었다는 주장을 비롯해 유럽 연안의 대서양, 심지어 미국 남쪽 카리브해에 있었다는 주장까지 다양하지만, 어느 것도 확실한 것은 없다. 다만 오랜 세월이 흐르면서 지중해가 가장 유력하게 받아들여지고 있을 뿐이다.

아틀란티스 전설은 무척 오랜 역사를 가지고 있다. 이 전설이 처음 등장한 것은 약 2400년 전으로 그리스의 철학자 플라톤에서 비롯됐다. 그는 스승인 소크라테스와 제자들의 대화를 가상적으로 꾸며 책으로 엮었는데, 이 책에서 아틀란티스가 처음으로 등장했다.

이 책에는 소크라테스가 생각하는 이상적인 국가를 설명하는 대목이 있는데, 농부·기술자·군인이 분리돼 있는 나라, 백성이 하나의 공동체를 이루고 사는 나라, 개인 재산이 없고 모든 재산을 공유하는 나라가 이상적인 국가이며, 바로 아틀란티스가 그런 나라였다고 구체적인 예를 든 것이다. 그러면서 안타깝게도 아틀란티스는 수천 년 전에 어느 날 갑자기 사라졌다는 것이다.

그 무렵의 고대 그리스에는 소크라테스나 플라톤을 추종하는 사람들이 무척 많았다. 그들은 플라톤의 말을 믿고 아틀란티스의 흔적을 집요하게 추적했지만 아무런 근거도 찾을 수 없었다. 그리하여 추종자들은 아틀란티스가 실제로 존재했던 대륙이 아니라 소크라테스나 플라톤의 철학적 상상에서 나온 이상국가라고 생각했다.

그렇지만 여전히 많은 사람이 아틀란티스 대륙이 실제로 있었을 것으로 판단하고 저마다 그 흔적을 찾으려고 애썼다. 그 때문에 아틀란티스와 관련된 책들이 지금까지 무려 5000여 권이나 나왔다고 한다. 하지만 그 어느 것도 납득할 만한 확실한 근거를 제시하지 못해 아틀란티스는 점차 그리스의 전설로 굳어지고 있었다.

그런데 20세기에 들어와서 우수한 고고학자·지질학자 등이 등장하고 과학기술이 크게 발달하면서 아틀란티스가 다시 관심을 받기도 했다. 그들은 아틀란티스가 바다 밑으로 가라앉았다는 전설에 따라 지중해와 대서양 일대를 수중탐지기로 탐사하면서 무너진 고대의 신전이나 석조물을

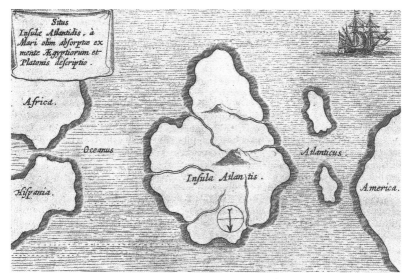

예수회 수사이자 학자인 아타나시우스 키르허가 1669년에 펴낸 책에 실린
아틀란티스 지도(지도의 위가 남쪽, 아래가 북쪽).

촬영해서 잃어버린 아틀란티스를 찾았다고 주장하기도 했다. 물론 그것
들이 아틀란티스라는 확실한 증거는 없었다.

하지만 20세기 초 몇몇 학자들에 의해 아틀란티스는 바다 밑에 있는
것이 아니라 지중해의 크레타섬이라는 주장이 제기됐고 여러 학자가 그
타당성에 동의하는 등 상당한 설득력을 얻었다.

크레타섬은 지중해 동부, 그리스 동남쪽에 있는 그다지 크지 않은 섬
이다. 이 섬에서는 약 5000년 전에 찬란한 미노아문명이 번성했는데, 이
는 유럽 최초의 문명이었다. 전설적인 지배자 미노스의 통치 아래 크노
소스라는 대도시를 건설하고 세계에서 가장 큰 신전을 짓는 등 놀랄 만

한 문명사회를 이루었다. 역사학자들도 미노아가 그리스 신화에 나오는 크레타 왕 미노스에서 유래했기 때문에 실제로 크레타섬에 존재했던 왕조일 가능성이 크다고 판단하고 있다.

그런데 크레타섬의 미노아문명과 섬 주민들이 하루아침에 사라졌다는 것이다. 실제로 있었던 이러한 역사적 사실이 크레타섬이 아틀란티스라는 사실을 뒷받침한다는 것이다. 하지만 어떻게 단 하룻밤 사이에 아틀란티스 대륙이 사라졌을까 하는 의문에 대해서는 그럴듯한 설명을 하지 못했다.

크레타섬이 아틀란티스라는 견해가 설득력을 잃어가고 있을 때 그리스의 저명한 고고학자 마리나토스가 기원전 1628년 크레타섬에서 160킬로미터쯤 떨어진 산토리니섬에서 갑자기 거대한 화산 폭발이 일어나 미노아문명의 중심지였던 크레타섬까지 황폐화했다는 견해를 발표했다.

산토리니섬의 화산 폭발은 그 위력이 전 세계의 기후와 환경에 영향을 미쳤던 인도네시아의 토바섬 화산 폭발, 탐보라 화산 폭발이나 이탈리아 폼페이 화산 폭발과는 비교할 수 없을 정도로 컸다고 한다. 유럽과 아프리카 북부에까지 화산재가 날아가 쌓였고, 엄청난 해일과 홍수가 순식간에 크레타섬 전체를 덮어버려 미노아문명과 섬 주민이 하룻밤에 사라져버렸다는 것이다.

기원전 17세기의 산토리니섬 화산 폭발은 사실로 밝혀졌고, 1967년에 시작된 발굴 작업으로 크레타섬 서남쪽 끝에 있는 아크로티리에서 획기적인 유물들을 찾아냈다. 화산재가 1미터나 쌓여 있는 곳에서 미노스 시대의 석제 램프와 초기 단계의 도기들이 발굴됐고 놀랄 만한 벽화들도 발견됐다. 그리고 2층으로 된 가옥들과 냉수·온수가 공급되는 배관시설,

수세식 화장실까지 발굴돼 탄성을 자아냈다. 그뿐만 아니라 전 세계에서 갖가지 풍물이 들어온 흔적들이 남아 있어 찬란한 문명을 향유했던 세계적인 국가였다는 사실이 밝혀졌다.

이러한 증거들에 따라 고대 그리스인이 상상하던 아틀란티스 전설은 실제로 존재하는 크레타섬이라는 사실이 정설이 되고 있다. 그러면 고대 그리스에서 비롯된 사라진 아틀란티스 대륙의 전설은 어떻게 등장하게 된 것일까?

미노아문명이나 산토리니섬의 대규모 화산 폭발은 소크라테스나 플라톤이 살았던 시대보다 적어도 1000년 이전의 일이었다. 이탈리아 폼페이 화산 폭발이 폼페이를 완전히 화산재로 묻어버렸듯이, 산토리니섬의 화산 폭발이 순식간에 크레타섬을 홍수에 잠기게 하고 화산재로 뒤덮어버려 그야말로 하룻밤에 사라지게 했을 것이다. 그 때문에 사라진 아틀란티스, 잃어버린 아틀란티스, 바다 밑에 가라앉은 대륙으로 긴 세월을 두고 전설처럼 전해졌을 것이다.

현재 아틀란티스를 지속적으로 연구하는 국제적인 '아틀란티스 학회'도 있다. 현재 산토리니섬과 크레타섬은 그리스령이다. 1913년 그리스령에 귀속된 크레타섬 주민 대부분은 그리스인이라고 한다.

베이징원인은
어디로
사라졌을까

'베이징원인(北京原人)'은 약 70만 년 전에 살았던 원시인류로, 중국 베이징 교외의 저우커우뎬 룽구산의 동굴에서 유골 화석이 발견됐다. 학명은 *Homo erectus pekinensis*다. 인류의 진화 과정을 밝히는 데 획기적으로 기여한 베이징원인 유골로 인해 그 유적지는 1987년 유네스코 세계문화유산에 등재됐다. 도구 사용은 물론, 말(言語)을 했으며 불(火)을 사용할 줄 알았던 베이징원인의 유골이 소중한 인류 자산으로 높이 평가받는 이유는 여러 가지다.

첫째, 베이징원인의 유골은 틀림없이 인류의 유골이지만 그전까지 없었던 새롭고 독특한 것이었다. 그 때문에 한때 중국은 한족(漢族)이 중국에서 기원했다는 자생설(自生說)까지 내세우기도 했다. 둘째, 아시아 대륙에는 원시인류가 살았다는 흔적이 없었는데 베이징원인이 발굴되면서 인류의 진화적 발자취를 다시 정립해야만 했다. 셋째, 베이징원인이 인류의 획기적 발전의 계기였던 '불'을 사용한 사실이 밝혀져 그때까지의 학설을 뒤집으며 인류가 불을 사용한 시기를 수십만 년 앞당겼다. 넷째, 인류의 '잃어버린 고리(missing link)'를 찾았다는 것이다. 어쩌면 이것이 베이징원인이 지닌 최고의 역사적 가치인지도 모른다.

인류의 진화 과정은 일반적으로 약 300만~400만 년 전 아프리카에 출현했던 오스트랄로피테쿠스로부터 출발한다. 이 종(種)은 나무 위에서 내려와 주로 사바나(초원지대)에서 살았지만, 여전히 보통 원숭이 크기의 유인원에 불과했다. 하지만 너클 보행*으로 상체를 직립에 가까운 상태로 세우고 걸으려는 시도가 엿보였고, 매우 초보적인 단계지만 돌멩이 따위의 도구 사용을 시작했으며, 지능이 다른 유인원보다 높았다. 예컨대 침팬지의 뇌 용량은 약 400세제곱센티미터인데 이들은 500세제곱센티미터가 약간 넘었다. 다시 말하면 아직 인류라고 할 수는 없지만, 인류로 진화하려는 뚜렷한 흔적들을 나타냈다.

그 뒤를 이어 호모 하빌리스 등 인류로 진화하려는 여러 호미니드**가 출현했지만 가장 확실하게 인류로 진화한 종은 약 150만 년 전에 출현한 호모에렉투스였다. 완전하게 똑바로 서서 두 발로 걸어 다녀 호모에렉투스(Homo erectus, 똑바로 선 사람)라는 학명이 붙은 이 종은 뇌 용량도 800~1000세제곱센티미터에 이르러 유인원과는 차별되는 분명한 인류였다. 그런데 유인원 원숭이에 불과했던 오스트랄로피테쿠스가 어떤 과정을 거쳐 어떻게 이처럼 인류로 진화할 수 있었는지 그 연결고리를 알 수 없었다.

---

* 너클 보행. 고릴라와 침팬지 등이 땅으로 내려올 때 가볍게 주먹을 쥔 손에 체중을 싣고 걷는 동작.
** 호미니드(hominid). 침팬지와 같은 유인원이 '사람'으로 진화하는 과정에 있는 종(種), 즉 정식으로 '사람'이 된 'homo'가 붙기 전 단계를 일컫는 학술적 표현.

베이징원인(복원)

그리하여 이 과정을 이른바 '잃어버린 고리'라고 부르게 됐으며, 그 연결고리를 밝혀내는 것이 인류학자들에게 주어진 최대의 과제였다. 그런데 베이징원인의 발굴로 그 연결고리를 찾아냈으니 엄청난 가치를 지닌 인류의 소중한 자산이 아닐 수 없었다.

1929년에 발굴한 베이징원인 유골은 안타깝게도 1940년경 갑자기 사라졌고 지금까지도 행방이 묘연하다. 발굴 과정도 극적이었지만 사라진 과정도 마치 한 편의 미스터리 영화를 보는 것처럼 흥미롭다.

1921년 여러 나라의 고고학자·인류학자들로 구성된 국제탐사대가 중국의 베이징 일대를 탐사하고 있었다. 그런 가운데 베이징 동쪽 교외의 저우커우뎬에서 원시인류의 것으로 판단되는 뼛조각 여러 점을 발굴해서 국제적인 관심을 끌었다. 하지만 당시 정확한 분석 능력이 부족해서 과연 원시인류의 뼛조각인지 유인원의 것인지 구별하기가 어려워 논쟁이 벌어졌고, 더 이상 유골을 찾아내지 못하고 탐사대가 철수하면서 한동안 잊히게 됐다.

그런데 그로부터 5년이 지난 1926년, 국제탐사대에 참여했던 오스트리아의 고생물학자 오토 즈단스키는 1921년에 발굴한 유물들을 정리하다가 예사롭지 않은 치아 한 개를 발견했다. 발굴 당시에는 유인원의 이빨로 판단하고 대수롭지 않게 여겼었는데 다시 세심하게 살펴보니 틀림없는 인류의 치아였다. 그는 곧바로 당시 탐사대를 이끌었던 스웨덴의 지질학자 요한 안데르손에게 감정을 의뢰했는데 역시 인류의 치아로 판정이 나면서 세상에 알려졌다. 그것은 전 세계 고고학자와 인류학자의 비상한 관심을 집중시킨 놀라운 발견이었다.

그때까지만 해도 아시아 대륙에서는 원시인류의 화석이 발견된 적이 없었는데 드디어 발굴했다니, 그것만으로도 놀랄 만한 업적이었다. 그런데 인류의 '잃어버린 고리'를 찾을 수 있는 실마리가 될지도 모를 일이었기에 더욱 흥분하지 않을 수 없었다.

즈단스키를 비롯한 국제탐사대가 다시 저우커우뎬 일대의 탐사에 나섰다. 미국의 록펠러 재단의 적극적인 재정 지원으로 그들이 제5층까지 파내려가면서 원시인류의 것으로 보이는 어금니 한 개를 발굴했지만 더 이상 아무것도 나오지 않자 탐사를 중단·철수하고 말았다. 하지만 여기서 끝났다면 베이징원인은 이 세상에 없었을 것이다.

저우커우뎬 원시인류 유적지 발굴에 남다른 관심을 가졌던 페이원중(裴文中)이라는 중국 청년이 있었다. 베이징대학교 지질학과를 졸업한 그는 누구보다 애국심이 투철하고 고고학 연구에 열정적인, 중국지질조사소 신입 연구원이었다. 2년 전 그가 대학을 졸업하던 해 저우커우뎬 국제탐사가 중단된 것을 몹시 안타까워하던 그는 자신이 탐사를 계속해 보고 싶다고 상부에 건의했다. 지질조사소 간부들은 국제탐사대도 포기한 부질없는 짓이라며 페이원중의 건의를 묵살했지만 그는 집요하게 매달렸다. 마침내 간부들이 견디지 못하고 '그럼 네가 해 봐' 하는 식으로 그에게 탐사를 맡겼다. 불과 25세의 청년이 중국이 단독으로 추진하는 저우커우뎬 탐사의 책임자가 된 것이다.

페이원중이 이끄는 탐사팀은 저우커우뎬의 탐사 지역을 넓게 잡으면서 먼저 2년 전 국제탐사대가 제5층까지 파들어갔던 곳을 주목했다. 페이원중은 50만 년 전 원시인류의 유골이라면 그보다 훨씬 깊은 곳에 있을지 모른다고 판단했다. 왜냐하면 50만 년 전이라면 퇴적층이 상당할

저우커우뎬에 있는 베이징원인 살았던 동굴

것으로 예상했기 때문이다.

　그의 탐사팀이 제6층·제7층까지 파내려가니 사슴뼈 등 짐승 뼈들이 널려 있어 무려 145점을 출토했다. 더욱 자신감을 갖게 된 그들은 제8층·제9층까지 파고자 했다. 하지만 이미 겨울이어서 날씨가 몹시 추웠다. 겨울철에는 땅이 얼어붙어 발굴 작업이 불가능하다. 지질조사소에서도 작업 중단을 지시했다.

　그러나 페이원중은 목표를 눈앞에 두고 멈출 수가 없었다. 상부의 지시를 무시하고 탐사대원들에게 계속해서 작업하도록 다그쳤다. 역시 그의 판단이 맞았다. 먼저 원시인류의 것으로 보이는 치아 몇 개가 나왔다.

그리고 1927년 12월 2일, 놀라운 일이 벌어졌다. 제9층에서 길이가 140여 미터나 되는 동굴이 발견된 것이다. 동굴 안에는 원시인류의 각종 유골이 가득했다. 그 성과는 엄청났다. 비교적 완전한 두개골 6개, 부러진 얼굴뼈 12개, 턱뼈 15개, 치아 157개, 인체 유골 10여 개 등 모두 약 40명쯤의 유골을 찾아낸 것이다. 그 밖에도 수많은 구석기시대 유물과 갖가지 짐승의 뼈가 출토됐다.

지금까지 화석 인류 발굴사상 세계적으로 유례를 찾아볼 수 없는 역사적인 대발굴이었다. 중국은 물론 세계의 언론들이 이 사실을 대서특필했고, 그러한 기대에 어긋나지 않게 유골들에 대한 기본 조사에서 많은 새로운 사실이 밝혀졌다.

- 이 원시인류는 그곳에서 자생한 것이 아니라 호모에렉투스로서 그들이 어떻게 현생인류(호모사피엔스)로 이어졌는지 연결고리를 찾는 데 크게 기여할 것이다. 참고로 호모에렉투스는 약 100만 년 전 아프리카를 떠나 아메리카 대륙을 제외한 지구의 전 지역으로 진출했다가 절멸됐다.

- 그들은 집단생활을 하며 동굴에서 살았고, 그곳에서 여러 곳의 잿더미층이 발견된 것으로 보아 불을 사용했으며, 발견된 많은 짐승 뼈는 육류를 주로 섭취했다는 것을 말해준다. 불을 사용해서 고기를 구워 먹었을 것이다. 이는 지금까지 알려진 인류가 불을 사용한 시기를 몇 십만 년 앞당기는 것이었다.

- 그들의 뼈를 분석한 결과 그들에게 식인 습관이 있었다는 충격적인 사실이 드러났다. 열악한 환경에서 먹거리를 구할 수 없었을 때

그들은 사람을 잡아먹었다. 그들은 인류의 다른 무리를 만났을 때, 자신의 영역을 지키기 위해 격렬하게 싸웠으며 그때 죽은 사람의 고기를 구워 먹었다. 그렇지 않으면 같은 무리의 누군가를 잡아먹었을 것이다. 그만큼 그들은 거칠었고 공격적인 삶을 살았다.

■ 그들의 뇌 용량은 약 1200cc로 호모에렉투스의 평균 지능보다 더 높았으며 말(언어)을 할 줄 알았다.

이것만으로도 놀랄 만한 성과였는데, 얼마 뒤 두세 개의 더 완전한 두개골을 발굴함으로써 앞으로 인류 진화에 대한 무궁무진한 정보와 지식을 획득할 수 있게 됐으니 얼마나 소중한 유물인가.

그런데 1937년 7월 7일 중일전쟁이 일어났다. 페이원중은 아무도 모르게 이 유골들을 정성껏 포장해서 베이징의 협화의학원(연합의과대학) 신생대연구실로 옮겨 금고에 보관했다. 그곳은 1917년 미국의 록펠러 재단이 설립한 의과대학으로 어느 곳보다 안전했다. 미국의 재단이 세운 의과대학이니까 일본군이 함부로 진입하지 못할 것으로 믿었다.

하지만 일본은 중국과 전쟁을 시작하기 이전부터 베이징원인을 탐내고 있었다. 중국과의 전쟁에서 승리가 굳어지자, 1941년 정체를 알 수 없는 몇몇 일본인이 베이징원인의 행방을 찾고 있다는 소문이 들렸다.

페이원중은 불안했다. 베이징원인의 안전을 장담할 수 없었다. 당시 협화의학원 신생대연구실의 책임자였던 그는 고심 끝에 어려운 결정을 내렸다. 베이징원인을 미국 뉴욕의 자연사박물관으로 옮기는 것이 가장 안전하다고 판단한 것이다. 물론 국가적 보물인 베이징원인의 이동을 그가 혼자 결정할 수는 없었다. 당시 충칭에 있던 국민당 본부의 승인을 받아야 했다. 그는 즉시 전보를 보냈지만 답신이 없었다. 전시 상황이어서 그들도 겨를이 없었을 것이다. 그때가 1941년 4월이었는데 11월에야 미국으로 옮겨도 좋다는 답신이 왔다.

페이원중은 부랴부랴 베이징원인을 빈틈없이 세심하게 포장해서 두 개의 튼튼한 상자에 담았다. 미국은 이 세상에 하나밖에 없는 소중한 인류의 유산을 뉴욕으로 옮긴다는 데 반대할 까닭이 없었다. 국민당 본부가 승인한 것은 이미 미국으로부터 허락을 얻었기 때문이다.

페이원중이 두 개의 상자에 든 베이징원인을 트럭에 싣고 미국 공사관에 도착하니, 서둘러 베이징 주둔 미군 해병부대로 가라고 했다. 미군 해병은 즉시 그들의 전용 열차에 베이징원인을 싣고 친황다오로 향했다. 1941년 12월 5일이었다.

친황다오는 허베이성 동쪽 끝, 그러니까 보하이만에 있는 작은 항구 도시였다. 그곳에서 미국 상선 프레지던트 해리슨호로 옮겨 실어 미국으로 수송할 예정이었다. 베이징에서 그곳까지 열차로 가려면 상당한 시간이 걸린다. 하지만 페이원중은 비로소 안도했다. 마침내 베이징원인을 무사하게 미국으로 옮길 수 있게 됐기 때문이다. 그런데 이게 웬일인가?

1941년 12월 7일, 그러니까 베이징원인의 수송 작전이 시작된 지 불과 이틀 뒤 일본이 진주만을 기습적으로 공격하면서 태평양전쟁이 일어난 것이다. 중국에 주둔하고 있는 일본군은 신속하게 베이징, 톈진, 친황다오 등지로 진격했다. 미 해병 전용 열차도 그들에게 억류됐다. 다음 날인 12월 8일 중국에 있는 미국의 모든 기관과 단체가 점령당했다. 미국 상선 프레지던트 해리슨호는 친황다오로 가던 중 무슨 일이 있었는지 이유를 알 수 없이 양쯔강 부근에서 침몰했다.

페이원중은 크게 당황했다. 베이징원인의 행방이 묘연했기 때문이다. 미 해병 전용 열차가 억류되면서 일본군의 손에 들어갔는지, 프레지던트 해리슨호로 옮겼는데 선박이 침몰하면서 사라졌는지 알 길이 막막했다. 더욱이 일본군이 협화의학원 신생대연구실에 무자비하게 진입해서 그곳을 샅샅이 뒤졌다. 베이징원인을 찾으려는 것이었다. 물론 그곳에 베이징원인은 없었다.

시간이 빠르게 흘러갔다. 페이원중은 백방으로 베이징원인의 행방을 수소문했지만 아무런 소득이 없었다. 도대체 언제, 어떻게, 어디로 사라진 것일까?

그로부터 1년 반쯤 지난 어느 날, 일본인 조사 시게하루와 일당이 신생대연구실에 느닷없이 나타나 페이원중과 연구원들을 체포했다. 조사 시게하루는 페이원중과 연구원들을 집요하게 추궁했다. 베이징원인을 어디 숨겼는지 자백하라는 것이었다. 하지만 그들은 심한 고문까지 당하면서도 끝내 자백하지 않았다. 그 뒤에 알았지만 조사 시게하루는 일본 스파이였다. 그리고 한 달쯤 지났을 때 톈진에서 베이징원인을 찾았다는 소문이 들려왔다. 대도시 톈진은 베이징원인을 옮기던 미 해병 전용 열차의 경유지였다. 하지만 그 소문이 사실인지 아닌지 확인할 길이 없었다.

이상한 일들의 연속이었다. 베이징원인 수색의 책임을 맡았던 일본인 하세베가 갑자기 종적을 감췄고 수색이 중단됐다. 그리고 조사 시게하루는 베이징원인을 찾지 못한 책임을 절감하고 할복자살을 시도했다는 것이다. 미스터리였다. 하세베가 베이징원인을 손에 넣었기 때문에 잠적한 것인지, 조사 시게하루가 끝내 베이징원인을 못 찾은 척 일부러 할복자살을 연출했는지 알 수 없었다. 심지어 전용 열차로 베이징원인을 수송하던 미 해병들도 의심받았다.

그러나 오늘날까지 전쟁의 혼란 속에서 사라진 베이징원인의 행방은 오리무중이다. 1998년 중국과학원의 원로 14명이 베이징원인을 찾아야 한다는 공개서한을 발표했다. 그들 가운데는 페이원중과 신생대연구실에서 함께 일했던 인물도 포함돼 있었다.

몇 년 전에는 일본의 조직폭력배 집단인 야쿠자가 베이징원인을 소장하고 있다는 소식이 흘러나왔다. 야쿠자에서 손꼽히는 큰 계파의 모임에서 베이징원인을 공개할 것이라는 보도까지 나와 비상한 관심이 집중됐지만 그런 일은 없었다.

하지만 베이징원인이 미국 상선에 옮겨졌다가 침몰하는 바람에 수장된 것이 아니라면 누군가가 감춰놓았을 것이다. 당시 상황으로 봐서 일본인의 손에 들어갔을 가능성이 가장 크고 그다음이 미국인이다. 중국은 만일 그들이 감추고 있다면 함부로 훼손하지는 않았을 거라는 희망을 버리지 않고 있다.

그나마 다행인 것은 베이징원인이 분실되기 전 독일의 해부학 교수가 베이징원인에 대한 상세한 기록을 남겼다는 사실이다. 사진들과 석고로 뜬 모형이 남아 있어 베이징원인의 소중한 연구자료가 되고 있다.

이스터섬에서
모두 사라진
주민들

이스터섬은 칠레에서 서쪽으로 약 3600킬로미터 떨어진 남태평양의 망망대해 한가운데 떠 있는 외딴 화산섬이다. 가장 가까운 섬이라고 해야 2000킬로미터 이상 떨어져 있는 무인도이며, 면적이 제주도의 10분의 1도 안 되는 작은 섬이다.

'이스터'라는 이름이 붙은 것은 18세기 네덜란드 탐험가가 이 섬을 처음 발견하면서 그날이 마침 부활절(Easter Day)이어서 즉흥적으로 섬 이름을 정한 것이라고 한다. 칠레령인 이 섬을 칠레에서는 이스라 데 파스쿠아(Isla de Pascua)로 부르고, 원주민은 라파누이(Rapa Nui)라고 부른다.

이 작은 섬이 세계적으로 유명해진 것은 '모아이(Moai)'라는 거대한 석상들 때문이다. 유네스코 세계문화유산으로 등재돼 있는 사람 모습의 이 석상은 섬 전체에 800개가 훨씬 넘게 세워져 있어서 자연히 큰 관심을 가질 수밖에 없다. 남미를 관광하는 크루즈 호화 여객선들도 반드시 이 섬을 관광 코스에 포함시키고 있다.

작은 것이 높이 3.5미터에 약 20톤, 큰 것은 높이 20미터에 90톤이나 되는 이 크고 무거운 석상들을 어떻게 운반했을까? 이런 의문을 풀고자 연구하는 과정에서 몇몇 학자들은 이 외딴섬에 언제·어디서 사람들이 들어왔는지, 그리고 적어도 1만 명 이상이 살았을 것으로 추정되는 섬 주민이 갑자기 사라졌다는 역사적 사실 등에 더 큰 의문을 품게 됐다.

이러한 이스터섬의 미스터리에 대해 지금까지 저명한 학자들이 여러 가설을 제시했지만 확실한 정설로 받아들여진 것은 없다. 특히 이 섬의 원주민이 모조리 사라진 이유에 대해서는 더 많은 가설이 있어서 무척 혼란스럽다.

이스터섬의 모아이 석상

무인도였던 이스터섬에 처음으로 발을 디딘 사람들에 대해서는 남미에서 건너왔을 것이라는 주장과 폴리네시아인일 것이라는 주장이 맞섰지만, 대체로 폴리네시아인이 처음으로 들어왔다는 주장이 지배적이다.

남태평양에 흩어져 있는 작은 섬들에 사는 폴리네시아인이 2000킬로미터 이상 떨어져 있는 작은 섬을 목적지로 삼고 바다를 건넜을 리는 없다. 몇 명이 뗏목이나 카누를 타고 고기잡이에 나섰다가 풍랑을 만나 정처 없이 표류하다가 우연히 섬을 발견했을 것이다. 그리고 고향으로 다시돌아갈 수 없었기에 그 무인도에 눌러앉았을 것이다. 그리고 그런 조난사고가 자주 일어나 이스터섬의 인구가 차츰 늘어났을 것이다. 물론 이스터섬에 언제부터 그들이 살게 됐는지는 정확히 모른다. 그들이 문명을지니고 있었던 것으로 판단하건대, 대략 3~4세기 전후일 것으로 짐작할뿐이다.

이스터섬이 서양에 처음 알려진 것은 18세기 초였다. 1722년 네덜란드탐험가 야코프 로헤베인이 세 척의 함대를 이끌고 태평양을 탐험하다가우연히 발견한 것이다. 그들 일행이 이 섬에 상륙했을 때 가장 먼저 눈에띈 것은 거대한 석상들이 늘어서 있는 모습이었다. 그는 "지도에도 없는이 섬에는 단단한 나무도 없고 밧줄도 없었는데 어떻게 그처럼 거대한석상을 만들 수 있었는지 매우 의아했다"고 기록했다.

그로부터 50여 년이 지난 1778년 영국의 유명한 탐험가 쿡 선장이 이섬에 상륙했는데 그 역시 "거대한 석상들은 거칠지만 치졸한 수준은 아니다. 석상의 얼굴 가운데 코와 턱은 아주 잘 다듬어졌다. 귀는 지나치게길어 불균형이며 몸통은 사람을 닮았다. 우리는 이 섬에서 어떤 기계적도구도 발견할 수 없었다. 그런데 어떻게 이처럼 거대한 석상을 만들고 정해진 위치에 세울 수 있었을까" 하고 몹시 궁금해했다.

　이렇게 이스터섬에 유럽인들이 상륙했을 때 섬의 주민은 대략 5000∼6000명에서 최대 1만 명 정도였을 것으로 추정한다. 또 주민이 갖가지 색깔로 피부를 장식했던 것으로 봐서 여러 부족이 섞여 살고 있었던 것 같다. 석상을 누가 만들었냐는 질문에 원주민이 섬의 전설을 이야기하며 '작은 귀'족과 '큰 귀'족이 만들었다고 말하는 것을 봐도 여러 부족이 있었으며 나름대로 왕국을 세우고 주민을 통치했던 것 같다. 물론 그 왕국이 하나였는지 여럿이었는지는 분명치 않다.

　그러면 그들이 언제, 왜 그 수많은 석상을 만들었을까? 이와 관련해서 갖가지 주장이 있다. 이 석상들이 대략 4세기경에 만들어졌다는 것에는 별다른 이의가 없었지만, 석상들의 시선이 한결같이 일정하게 한쪽 방향을 바라보고 있다는 것이 주목을 끌었다. 그것은 틀림없이 원주민의 공통된 어떤 소망이나 기원하는 것이 있었음을 말해준다.

　그 때문에 외부의 침입으로부터 섬을 지키는 수호신 역할이라는 주장이 있는가 하면, 남미 쪽에서 유입된 주민이 많아 그쪽의 누군가를 신격화시켜 흠모하는 것이라는 주장도 있고, 원주민의 어떤 신앙심을 모아 만든 것이라는 주장도 있으며, 심지어 외계인설까지 등장했다.

　1968년 에리히 폰 데니켄이라는 스위스 작가가 석상들이 모두 하늘을 쳐다보고 있다고 지적하며 외계인이 석상을 만들었다고 주장해서 큰 관심과 흥미를 끌었다. 그는 이스터섬의 전설에 등장하는 '마케마케'가 외계인이며 그들이 초능력으로 석상을 세웠다고 주장했다. 마케마케가 하늘을 나는 새사람(鳥人)이라는 뜻이니 그럴듯했다.

아울러 그는 그 근거로 석상들의 운반을 지적했다. 그 크고 엄청난 무게의 돌을 채석장에서 세워놓을 위치까지 옮기려면 돌 밑에 깔아서 굴릴 수 있는 통나무가 있어야 하는데 이스터섬에는 숲도 없었고 나무도 없었으며 밧줄도 없었다는 것이다. 따라서 초자연적 능력을 지닌 외계인이 아니면 옮길 수 없다는 것이다. 외계인이 거대한 석상을 만든 이유에 대해서는 외계인이 무엇인가 사정이 생겨 지구를 떠나야 했는데 자신들을 데려갈 우주선을 기다리며 무료함을 달래려고 심심풀이로 만들었다는 것이다. 돌을 다듬던 도구들이 남아 있는 것에 대해서는 외계인이 구조선을 타고 외계로 떠날 때 버리고 간 것이라고 주장했다.

그럴듯했지만 이러한 외계인설은 얼마 지나지 않아서 무참하게 깨지고 말았다. 사람들이 외계인 이야기만 나오면 흥미를 가진다는 점을 이용해서 데니켄이 책을 팔아먹기 위해 허황된 SF 판타지 소설을 쓴 것에 불과하다는 비난을 받은 것이다.

오랫동안 이스터섬에서 석상을 연구한 학자들은 석상의 재질이 화산석이어서 생각보다 무겁지 않아 운반이 놀랄 만한 일이 아니며, 화산석은 단단하지 않고 물러서 원시적인 돌 연장으로도 얼마든지 조각할 수 있다고 주장했다. 제주도의 돌하르방을 생각하면 쉽게 짐작이 갈 것 같다.

그러자 거대한 석상의 미스터리보다 이스터섬에서 왜 갑자기 주민들이 사라지게 됐을까 하는 의문이 더 많은 사람의 궁금증을 자아냈고, 열띤 논쟁이 끊임없이 이어졌다.

그에 대한 온갖 가설 가운데 가장 관심을 끌었던 것은 재레드 다이아몬드의 자연파괴설이었다. 『총·균·쇠』로 우리에게도 잘 알려진 그는 세계적인 생물지리학자이기도 해서 그의 견해는 상당한 신빙성이 있었으며, 환경보호에 대한 교훈까지 담겨 있어 설득력이 대단했다.

그의 견해에 따르면, 이스터섬에는 특히 야자나무가 울창했는데 그 많은 석상을 운반할 통나무를 구하려고 마구 잘라냈다는 것이다. 그뿐만 아니라 섬에는 육상동물이 전혀 없고 겨우 몇 종류의 곤충만 있어서 가축이라고는 몇 마리 닭뿐, 운반용 말이나 소 따위가 전혀 없었다고 한다. 따라서 통나무의 소요가 상당했을 것으로 판단했다.

더욱이 섬의 토지가 너무 척박해서 농사도 제대로 지을 수 없어 원주민은 바다에서 고기를 잡고 먼바다까지 나가 고래를 잡아 생계를 유지했다는 것이다. 그러자면 끊임없이 뗏목, 카누, 큰 배까지 만들어야 했는데, 이를 위해 야자나무를 수없이 잘라냈다는 것이다. 이러한 자연파괴가 긴 세월 동안 이어지면서 이스터섬에서 나무가 사라지게 됐다는 것이다.

그 뒤 나무가 없어서 배를 만들 수 없게 되자 먹거리가 갈수록 크게 부족해져 마침내 식량을 얻기 위해 부족끼리 치열한 싸움을 벌이면서 수많은 원주민이 죽었고, 급기야 굶주림 때문에 사람까지 잡아먹는 식인(食人)이 계속되어 결국 급속도로 원주민이 사라지게 됐다는 것이다.

그리하여 1만 명이 넘던 주민이 1877년에는 겨우 백십여 명밖에 남지 않았고 그들마저도 소멸했다는 것이다. 석상이 많지만 온전한 것은 드문데 그것도 부족들이 치열하게 싸우면서 서로 상대편 석상을 파괴했기 때문이라고 했다. 재레드 다이아몬드의 이러한 견해에 동조하는 학자도 많고 반박할 만한 다른 견해가 없었기 때문에 거의 정설로 굳어지며 그 덕분에 자연보호 캠페인이 활성화됐다.

하지만 근래에 와서는 인간의 자연파괴설과 다른 견해가 제기돼 설득력을 얻는 추세다. 새로운 견해에 따르면 이스터섬의 자연을 파괴한 것은 그곳 원주민이 아니라 폴리네시아인이 섬에 들어올 때 그들의 카누 등을 타고 몰래 함께 온 쥐가 원인이라는 것이다.

그때까지 이스터섬에는 곤충 이외에는 동물이 전혀 없었다고 한다. 그런데 번식력이 좋은 쥐가 천적이 없는 상태에서 무섭게 늘어났고, 쥐들도 먹거리가 부족하니까 오직 야자나무의 열매나 줄기 따위를 먹이로 삼으면서 빠르게 나무가 줄어들게 됐다는 것이다.

원주민이 사라진 결정적인 요인으로 악질적인 남미와 미국 등의 노예상들이 들어와 원주민을 닥치는 대로 잡아다가 노예로 팔았기 때문이라는 주장도 있다. 거기다가 노예상들에 의해 천연두나 매독 같은 전염병까지 겹쳐 원주민이 거의 소멸하게 됐다고 한다.

어느 것이 진실인지 우리는 모른다. 하지만 원주민이 사라진 것은 분명한 사실이다. 1888년 이스터섬은 칠레에 합병됐다. 현재 이스터섬에는 7800여 명의 주민이 살고 있는데 대부분 칠레와 합병된 뒤 남미에서 건너와 정착한 사람들이라고 한다. 섬 전체가 황무지나 다름없고 마을은 '항가로아' 하나뿐인데, 주민 대부분이 관광객을 상대로 가이드를 하거나 기념품점, 음식점, 숙소 등을 운영하여 생활한다고 한다.

바이킹은
사라졌다

'바이킹'이라는 말을 처음 들어본 사람은 없을 것이다. 그렇지만 바이킹에 대해 제대로 알고 있는 사람은 많지 않다. 좀 안다는 사람도 '바이킹'을 거칠고 사나운 부족, 야만인, 뿔 달린 투구를 쓴 약탈자, 바다의 무법자, 해적 등 부정적으로 보는 경우가 많다. 하지만 그것은 서양인이 만들어낸 매우 왜곡된 시각이다.

viking은 '약탈을 위해 바다로 가는 사람'을 뜻하는 고대 노르드어 vikingr에서 유래했다고 한다. 그렇더라도 그것은 약탈당한 입장에서 쓰는 말이지, 바이킹 스스로가 자신의 집단을 약탈자라고 내세우지는 않았을 것이다. 따라서 vikingr가 '작고 좁은 만'을 뜻하는 vik에 '자손·사람'을 의미하는 ingr가 합쳐진 '작은 바닷가(만)에서 사는 사람들'이라는 뜻의 단어라고 말하는 학자도 많다.

바이킹은 어떤 특정한 민족이나 부족을 말하는 것은 아니다. 주로 북유럽, 오늘날의 스웨덴·노르웨이·덴마크 등 스칸디나비아반도에 거주했던 부족 집단을 포괄적으로 가리키는 말이다. 아이슬란드, 그린란드 등도 여기에 포함된다.

이들 가운데는 노르드인(Nordmän)과 데인인(Danes)이 많았다. 노르드인은 북쪽에서 온 사람들이라는 뜻이고, 데인인은 스칸디나비아반도 남쪽에 살았던 북게르만족의 일파로 지금의 덴마크가 이들의 본거지였다. 노르드인의 바이킹은 전성기에 남유럽까지 정복해서 프랑스에 많이 정착했다. 제2차 세계대전 때 연합군이 기습적으로 상륙했던 노르망디(Normandie)는 그들의 정착촌이 있어서 부족의 이름을 붙여 지은 지명이라고 한다.

스칸디나비아반도는 유럽, 아랍, 러시아 등 여러 지역에서 삶의 터전을 찾아 수많은 소집단이 모여들어 다양한 종족을 만들어내는 그런 곳이었다. 따라서 특별히 지배적인 종족도 없었고 정체성이나 균질성도 없었다. 하지만 여러 종족이 뒤섞이면서 혼혈해 다양한 유전성을 갖게 됐다. 이로 인해 바이킹은 뛰어난 체력과 지능을 지닌 우수한 혼혈 종족이 됐다.

거기다가 스칸디나비아반도는 혹한 지대였다. 혹독한 추위에 풀과 나무도 제대로 자랄 수 없어서 농사짓기가 쉽지 않았고 목축도 어려웠다. 따라서 그들은 바다에 나가 고래잡이 등으로 생계를 유지했는데, 자급자족이 어려워 식량 부족에 시달렸다. 더군다나 인구는 점점 늘었다. 무엇인가 대책이 필요했다.

바이킹에게는 뛰어난 장점이 있었다. 주로 바다를 생업의 주무대로 삼았으므로 배 만드는 기술과 항해술에 뛰어났다. 결국 그들은 자신의 특성을 이용해서 해양 진출을 도모했다. 생계를 위한 절박함이 결속력을

이끌어냈고, 거친 바다와 싸우면서 성격도 거칠어졌으며, 결코 물러서지
않는 용맹성을 갖게 했다.

바이킹은 '롱십(longship)'이라는 폭이 좁고 길고 날렵한 배를 만들어 타
고 다녔다. 그 배는 속도가 매우 빨랐고 앞뒤가 없었다. 해안에 침투해서
약탈하고 재빨리 도주하기에 안성맞춤이었다. 배의 앞뒤가 없으면 배를
돌리느라고 시간을 지체하지 않고 곧바로 달아날 수 있기 때문이다.

바이킹은 먼저 스칸디나비아반도에서 가까운 아일랜드와 영국 등을
침략 목표로 삼았다. 795년, 처음으로 아일랜드에 기습적으로 침입한 바
이킹은 닥치는 대로 약탈을 자행해 큰 성과를 거두었다. 그때부터 바이

바이킹이 사용하던 롱십(고대 노르드어로는 langskip)

킹에게는 약탈자라는 악명이 붙었지만, 9세기부터 11세기까지 약 300년 동안은 바이킹의 전성기였다.

만족스러운 성과에 크게 고무된 바이킹은 아일랜드를 마치 자기 집 드나들듯 쉴 새 없이 침략해서 그곳에 왕국까지 세웠다. 지금도 바이킹의 유물이 가장 많이 남아 있는 곳이 아일랜드다. 그다음 목표는 영국이었다. 영국도 아일랜드 못지않게 그들에게 시달렸다. 바이킹은 영국 곳곳에 정착촌을 건설하고 식민지로 삼았다.

이제 바이킹은 아무도 막을 수 없는 천하무적이었다. 바다를 완전히 제압하고 항해하는 선박들을 공격하고 약탈했다. 아이슬란드·그린란드 등을 정복하고, 남쪽으로는 프랑스·이탈리아, 동쪽으로는 키예프공국과 중동의 시리아, 서쪽으로는 대서양을 건너 아메리카 대륙까지 진출했다. 아메리카 대륙을 처음 발견한 것은 15세기 콜럼버스라고 알고 있지만, 실제로는 바이킹이 그보다 수백 년 앞서 아메리카 대륙에 진출했다.

바이킹이 이처럼 융성할 수 있었던 이유는 무엇보다 그들의 본거지이자 고향인 스칸디나비아반도의 지리적 조건에 연유한다. 유럽에서 가장 춥고 열악한 최북단에 있는 스칸디나비아반도는 지정학적 가치가 없어 외부로부터의 침략이 거의 없었다.

그다음으로, 바이킹은 여러 종족이 혼합된 공동체여서 권력구조가 비교적 평등하고 의사결정이 민주적이었다는 점을 들 수 있다. 아울러 환경의 영향으로 진취적인 기상과 개척정신, 바다와 맞서는 대응력과 지배력이 탁월했다. 바이킹이 약탈만 한 것은 결코 아니다. 그들은 뛰어난 상술로 여러 나라와 활발하게 정식으로 교역하기도 했다.

이렇게 천하무적이던 바이킹이 11세기가 지나면서 빠르게 쇠퇴하기 시작했다. 왜 그랬을까?

바이킹은 초기에는 약탈에 성공하고 나면 그들의 본거지인 스칸디나비아반도로 돌아왔다. 하지만 차츰 고향으로 돌아오지 않고 정복한 지역을 식민지로 만들거나 정착촌을 세우고 그곳에 정착하는 바이킹이 가파르게 늘어났다. 여러 종족의 혼합 집단이었던 바이킹은 특별한 정체성이 없을 뿐만 아니라 혈연에 대한 관심이나 정신적 지향성도 부족했다. 더군다나 스칸디나비아반도의 환경은 열악했다. 그리하여 바이킹은 정복한 지역의 환경이 고향보다 좋으면 그곳에 정착하고 현지에 동화됐다.

그렇게 바이킹은 스스로 소멸의 길에 들어섰지만, 그들은 인류 역사에 놀라운 업적을 남겼다. 그들은 탁월한 지능과 지배력을 이용해서 점령지를 최고의 복지국가로 만든 것이다. 바이킹은 유럽에서 기독교를 가장 늦게 11세기에 와서야 받아들였다. 하지만 종교개혁 때 과감하게 개신교로 개종해서 산업화와 민주화에 유리한 환경을 조성했다.

바이킹은 그들의 고향인 스칸디나비아반도의 스웨덴, 노르웨이, 덴마크, 핀란드 등을 세계 최고의 복지국가로 만들었다. 영국, 프랑스, 이탈리아 등도 예외가 아니다. 특히 영국은 11세기 초 바이킹 데인인 출신의 덴마크 왕에게 정복당해 '데인 왕조'가 시작됐다. 그 뒤를 이어 바이킹 노르드인에게 정복당해 '노르만 왕조'가 세워졌다.

노르만 왕조를 세운 바이킹 윌리엄 1세는 끊임없이 정복전쟁을 벌여 '정복왕'으로 불릴 만큼 잉글랜드를 강대국으로 만들었다. 그는 평생 영어를 한마디도 하지 못했고 쓸 줄도 몰랐으며, 거의 평생을 바이킹 노르드인의 정착촌이었던 프랑스의 노르망디에서 살았다. 그러다가 프랑스 왕 필리프 1세와 전투 중 사망해서 노르망디에 묻혔다. 하지만 그의 후손들이 잉글랜드 왕조를 이어갔다.

이와 같이 바이킹은 탁월한 우수성으로 자신들이 점령한 나라를 세계적인 일류 국가로 만들었지만, 적응력도 뛰어나 점령국에 정착하여 현지인과 동화·흡수돼 더 이상 바이킹이 아니었다. 바이킹은 그렇게 차츰 역사에서 사라졌다. 그런가 하면 점령지의 환경에 적응하지 못해 완전히 사라진 바이킹도 있었다.

그린란드는 덴마크의 자치령으로 스칸디나비아반도에서 2000킬로미터 이상 떨어진 곳에 있는 큰 섬으로 85퍼센트가 얼음으로 뒤덮여 있는 북극권의 섬이다. 오히려 캐나다에 훨씬 가깝다. 혹독한 기후로 사람이 살기 어려운 곳이지만 일찍부터 에스키모인 이누이트가 살고 있었다.

이 섬에 984년부터 바이킹이 들어오기 시작했다. 탐험심·모험심과 진취성이 뛰어난 바이킹이 그곳을 삶의 터전으로 삼으려고 이주해 온 것이다. 그렇게 이주한 바이킹이 10여 년 뒤에는 5000명에 이르렀다. 그들은 농사와 목축으로 생계를 유지하며 성당과 교회·학교를 세우고 유럽의 생활방식으로 생활했다. 그들은 유럽인이라는 자부심으로 그린란드의 토착민인 이누이트를 철저히 차별했다.

그런데 놀라운 일은 이들 바이킹이 약 500년 뒤에 완전히 사라진 것이다. 아니, 어떻게 5000여 명의 바이킹이 한 명도 남지 않고 모조리 사라질 수 있을까? 오랫동안 미스터리였다. 유럽의 학자들이 바이킹이 사라진 원인을 알아내려고 꾸준히 연구했다. 더욱 놀라운 점은 토착민인 이누이트는 여전히 그곳에서 살고 있는데 바이킹만 사라졌다는 것이다. 이누이트가 그전과 다름없이 사는 것을 보면 그린란드가 열악한 환경이지만 사람이 살 수 없는 곳은 아닌데, 왜 바이킹만 모두 사라졌을까? 오랜 연구와 탐사를 통해 학자들은 그 원인을 알아냈다.

그린란드로 이주한 바이킹은 이미 그곳에 사는 선주민인 이누이트의 지식과 생활방식을 참고하고 도움을 받아야 했는데 오히려 그들을 차별하고 적대시했다. 그러면서 유럽인으로서의 자부심을 내세우고 철저하게 유럽식으로 생활하면서 옷까지 유럽식으로 입었다. 그리고 유럽에서와 같이 농업과 목축을 생업으로 삼았다.

이러한 것들이 바이킹이 그린란드에서 사라지게 된 주요 원인으로 지적됐다. 온통 얼음으로 뒤덮인 얼어붙은 땅에 농사지을 토지와 초지가 절대 부족한 것은 자명한 사실이다. 그러나 그들은 유럽에서와 같이 농사와 목축을 고집했다. 결국 바이킹은 생활에 어려움을 겪을 수밖에 없었다. 더구나 혹독한 추위를 견뎌내려면 이누이트처럼 얼음집을 짓고, 고래기름 등으로 불을 밝히고 난방하고, 짐승 가죽으로 만든 두꺼운 털옷과 털모자·장갑·신발 등 보온용 의류와 장비를 갖춰야 했다. 그런데도 그것을 본받기는커녕 철저히 외면하고 겨울도 그다지 춥지 않았던 유럽의 의상을 고집스럽게 착용했다.

농업과 목축으로 생계를 유지하기가 어렵다는 것을 알았다면 재빨리 어업으로 바꿔 이누이트처럼 바다에 나가 고래도 잡고 물고기도 잡아야 했는데 이누이트와 자신들을 차별화하기 위해 어업을 외면했다. 더욱이 그린란드의 바이킹은 생선을 먹지 않았다고 한다. 원래 생선이 주식 중 하나였던 바이킹이었지만 생선을 먹으려면 이누이트와 거래해야 하는데, 미개하고 천박하다고 깔보는 그들과 접촉하는 게 싫었던 것 같다.

결과적으로 그린란드에서 바이킹이 모두 사라지게 된 까닭은 포용력 부족과 환경에 적응하지 못하고 부질없는 자부심만 고집한 것이 주요 원인으로 밝혀졌다. 학자들은 그린란드에서 바이킹은 혹독한 추위와 굶주림 때문에 대부분이 죽고, 마지막 바이킹은 생존을 위해 자기들끼리 또는 이누이트와 처절하게 싸우다가 마침내 모두 사라지게 됐다고 결론지었다.

최근에 와서 그린란드 바이킹이 사라지게 된 이유로 앞에서 설명한 것들 이외에도 다른 원인들이 있다는 견해가 제기되기도 했다. 어찌 됐든 바이킹은 숱한 전설을 남기고 역사의 뒤안길로 사라졌다. 하지만 그들의 후손은 국민이 가장 잘 사는 복지국가를 이룩하고 행복하게 살고 있다.

사라진
잉카제국

지금의 페루, 콜롬비아, 칠레, 에콰도르 등에 이르기까지, 남아메리카 서북부 일대에서 찬란한 문화를 꽃피웠던 잉카제국이 16세기 초에 갑자기 사라졌다는 역사적 사실은 오늘날까지도 세계적인 미스터리다. 거대한 제국이 그처럼 쉽게 사라졌다는 사실을 믿기 어렵기 때문이다.

태양의 나라, 황금의 나라로 불리는 잉카제국은 13~16세기 남미의 안데스산맥 일대를 지배하던 대제국으로 수도가 있던 페루를 중심으로 남북 4000킬로미터에 이르는 광활한 영토를 차지하고 있었다.* 인구도 2500만 명이 넘었다고 한다. 그 당시로는 엄청난 인구였다.

그들은 자신의 나라를 '타완틴수유'(케추아어로 '네 방위의 땅'이라는 뜻)라고 불렀다. 그런데 15세기 말엽 에스파냐 탐험대가 남미에 진출했을 때 그곳에서 가장 큰 나라의 왕 이름이 사파 잉카(sapa inca)라는 말을 듣고 그

---

* 잉카제국의 영토는 현재의 페루, 에콰도르 서부, 볼리비아 남서부, 칠레, 아르헨티나 북서부, 콜롬비아 남서부 등 6개국에 걸쳐 있었다.

냥 '잉카'라고 한 것에서 잉카제국이라는 명칭이 생겼다. 사파 잉카는 케추아어로 '유일한(사파) 왕(잉카)'이라는 뜻이었다.

잉카제국의 전성기였던 15세기 말엽, 콜럼버스가 신대륙의 서인도를 발견하면서 기세가 높아진 에스파냐는 영토를 확장하고 황금을 차지하기 위해 아메리카 대륙에 잇따라 탐험대를 보냈다. 이름이 탐험대였지 실질적으로는 군대였다. 그들은 먼저 쿠바, 아이티, 푸에르토리코 등 카리브해 일대의 섬들을 정복하고 쿠바에 총독부를 설치했다. 에스파냐 왕은 벨라스케스를 쿠바 총독으로 임명하면서 아메리카 대륙의 멕시코 지역을 탐험하라고 지시했다. 탐험하라는 것은 침략해서 정복하라는 의미와 같았다.

그 당시 멕시코 지역은 아스테카왕국이 지배하고 있었다. 벨라스케스가 이끄는 에스파냐 군대는 아스테카 정복에 나섰지만, 원주민의 필사적인 저항에 막혀 크게 고전하고 있었다. 그때 벨라스케스 휘하에 있던 에르난 코르테스가 자진해서 멕시코 원정에 나서겠다고 했다. 그의 목적은 오직 황금을 차지하는 것이었다.

1518년 코르테스가 이끄는 에스파냐 원정대는 원주민과 치열하게 싸움을 벌인 지 3개월 만에 아스테카왕국의 수도에 입성할 수 있었다. 아스테카 왕은 이미 대세가 기운 것을 알고 순순히 성문을 열어주었다. 코르테스는 아스테카 왕에게 궁전 안에 성당을 세울 것과 대량의 황금을 요구했다. 이에 분개한 주민들이 반격을 준비하는 것을 눈치챈 코르테스는 20명의 기병대를 이끌고 그들의 지휘자를 죽이고 왕까지 포로로 붙잡았다.

그리하여 막힐 것이 없었던 코르테스는 대량의 황금을 빼앗아 에스파냐로 보냈다. 에스파냐 왕도 보상을 주듯 그를 멕시코 총독 겸 총사령 관으로 임명했다. 코르테스는 당시 아스테카의 수도 '테노치티틀란'을 '시우다드 데 멕시코(Ciudad de México)'로 바꾸었다.

한편, 에스파냐의 또 다른 탐험대가 중남미에 진출해서 파나마, 코스 타리카 등을 점령했는데 그들 가운데 프란시스코 피사로라는 용병이 있 었다. 파나마에 머물고 있던 그는 원래 장사꾼으로 황금에 혈안이 된 인 물이었는데 코르테스가 엄청난 황금을 빼앗았다는 소식을 듣고 더욱 조 바심이 났다. 그렇지 않아도 피사로는 파나마에서 남쪽으로 멀리 내려가 면 황금의 나라가 있다는 주민들의 이야기를 듣고 이미 두 차례나 잉카 를 찾아갔었다. 그는 서둘러 에스파냐 군인들을 이끌고 잉카제국 원정에 나섰다.

잉카제국의 가장 위대한 황제는 파차쿠티였다. 케추아족 족장 출신인 그는 15세기 중엽 잉카왕국의 9대 왕이 되면서 뛰어난 역량으로 주변의 소왕국들을 모조리 정복해서 잉카제국을 세우고 초대 황제가 된 인물이 었다. '파차쿠티'는 케추아어로 '지구(세상)를 흔드는 자', '가장 위대한 자' 라는 뜻이라고 한다. 그는 태양신을 숭배하는 잉카인의 관습에 따라 자 신을 '태양의 아들'이라 칭하며 잉카의 전성기를 이끌었다.

특히 그는 자신의 초인간적인 능력을 과시하기 위해 잉카인이 신성시 하던 안데스산맥의 높은 봉우리 정상에 '마추픽추'라는 도시를 건설하도 록 지시했다. 그에 따라 수많은 노예가 동원돼 1450~1540년까지 무려 90 년에 걸쳐, 오늘날 우리가 볼 수 있는 놀랍고 신비스런 마추픽추를 건설 했다.

마추픽추는 우리나라 백두산 높이와 거의 맞먹는 해발 2400미터가 넘는 산꼭대기의 경사가 가파른 아슬아슬한 산비탈에 세워졌다. 그 당시 잉카에는 화약도 없었고 바퀴도 없었다고 하는데 어떻게 20톤이 넘는 바위들을 그곳까지 옮길 수 있었는지, 지금도 여전히 미스터리로 남아 있다.

마추픽추는 파차쿠티 황제가 죽은 뒤에도 그의 환생을 믿고 70년이나 더 오랫동안 공사를 계속했으며 에스파냐 군대에 잉카제국이 점령을 당한 뒤에도 10년 가까이 공사를 멈추지 않았다. 워낙 고산지대의 깊은 산속에서 벌어지고 있는 일이어서 에스파냐 군대는 마추픽추를 전혀 몰랐다.

1531년 피사로가 이끄는 에스파냐 군대가 잉카제국 북부 지역에 진입했다. 그 무렵 잉카제국은 황제와 그의 동생 사이에 왕권 다툼이 치열해서 정국이 무척 혼란스러웠다. 이런 내분을 간파한 피사로는 거침없이 진격해서 잉카제국의 수도 쿠스코에 입성했다. 그리고 당당하게 황제 앞에 나아가 성경책을 주며 예수 그리스도와 에스파냐 왕에게 충성할 것을 강력하게 요구했다. 이러한 강압적인 억지 요구에 몹시 화가 난 황제가 몸을 부르르 떨다가 성경을 집어 던졌다.

하지만 그것은 피사로의 흉계에 걸려든 것이었다. 피사로와 에스파냐 군인 180여 명은 기다렸다는 듯이 닥치는 대로 잔혹한 살육을 자행했다. 궁전에 있던 많은 사람이 순식간에 피투성이가 된 채로 쓰러졌고 황제는 그들에게 볼모로 잡히고 말았다. 수만 명의 잉카제국 군사들이 불과 180여 명의 신무기에 속절없이 무너지고 만 것이다. 기세등등한 피사로는 황제를 풀어주는 조건으로 황금 6000킬로그램과 온갖 보물을 요구했다.

잉카제국은 황제를 구하려면 어쩔 수 없었다.

1533년 피사로와 에스파냐 군대는 잉카제국의 왕궁이나 신전을 마구 파괴하고 닥치는 대로 약탈을 자행하는가 하면 기어이 황제까지 처형했다. 그리고 강제로 빼앗은 엄청난 황금을 에스파냐로 보냈다. 약탈한 황금과 보물을 계속해서 에스파냐로 보내기 위해 선박이 정박할 수 있는 태평양 연안으로 잉카제국의 수도까지 옮겼다. 그 새로운 수도가 현재 페루의 수도인 리마다.

에스파냐는 형식적으로 허수아비 황제를 세웠지만, 잉카제국은 허울뿐이었고 멸망한 것이나 다름없었다. 더구나 마지막 황제가 에스파냐 군사들에게 처형당하자 잉카제국 주민은 완전히 좌절했다. 그리고 서둘러 잉카제국을 버리고 떠나기 시작했다. 아주 많은 주민이 에스파냐 군대의 손길이 미치지 않는 곳을 찾아 바다로 나아가기도 했고, 깊은 산속으로 숨어 들어가기도 했다. 그들 가운데 몇몇은 에스파냐가 모르는 신성한 곳, 잉카제국이 숭배하는 태양신과 가장 가까이 있는 마추픽추로 들어갔다.

그리하여 화려하고 강력했던 잉카제국이 사라졌고 눈 깜짝할 사이에 주민마저 영원히 자취를 감추었다. 한때 그들이 사라진 이유에 대해서 에스파냐인과 접촉하면서 잉카 주민에게는 전혀 면역력이 없는 천연두 같은 질병이 창궐하여 주민 대부분이 희생됐다는 주장이 설득력 있게 받아들여지기도 했다. 그리고 잉카제국에 극심한 가뭄이 들어 마실 물조차 말라버리자 어쩔 수 없이 주민이 잉카를 떠났다는 주장도 있었다.

하지만 그러한 주장들이 일리가 있다고 하더라도, 잉카제국이 에스파

해발 2400미터가 넘는 곳에 건설된 마추픽추

냐에 침략당해 멸망하게 된 것이 잉카 주민이 사라진 근본 원인은 틀림 없는 것 같다. 끝내 에스파냐가 찾아내지 못했던 마추픽추에서도 고립된 잉카 주민이 늙어 죽거나 굶어 죽었으며, 마침내 텅 빈 채 수 세기가 흐르는 동안 정글에 파묻혀 그 존재마저 완전히 잊히고 말았다.

이 놀랍고 신비한 마추픽추가 다시 세상에 나온 것은 20세기에 들어와서였다. 1911년 미국의 탐험가 하이럼 빙엄이 이 위대한 인류의 유산을 발견하면서 세상에 알려지게 된 것이다.

사라지는
아마존의
원주민 부족

2020년 11월, 아마존 열대우림 지역 중심부에서 동물과 사람 모습을 그린 1만 2500년 전 선사시대의 벽화가 발견됐다. 길이 13킬로미터에 달하는 대형 벽화였다. 벽화에는 최소 1만 2000년 동안 남미에서 볼 수 없었던 빙하기 멸종 동물인 선사시대 코끼리 마스토돈, 멸종된 낙타 종류인 팔레올라마, 거대한 나무늘보, 빙하기에 살았던 말 등이 그려져 있고, 사람의 손바닥 자국도 남아 있다.

이 웅대한 벽화에 대한 본격적인 조사는 코로나 팬데믹으로 멈춰 있지만, '지구의 허파'로 불리는 아마존은 다시 한번 화제의 중심으로 떠올랐다. 화제의 핵심은 무차별적인 개발과 그곳에 살았던, 거의 대다수가 사라진 원시 부족들이다.

아마존강은 길이가 7000여 킬로미터로 나일강·미시시피강과 더불어 지구에서 가장 넓고 긴 강으로 손꼽힌다. 아마존강이 길다는 것만으로

아마존 열대우림에서 발견된 선사시대의 대형 벽화

유명한 것은 아니다. 강의 길이도 정확하지 않다. 왜냐하면 지류가 너무 많고 서로 뒤엉켜 있어서 제대로 측정할 수 없기 때문이다. 아마존강의 하류는 바다처럼 끝이 안 보일 정도로 넓어서 강인지 바다인지 구분하기조차 어렵다.

그뿐만이 아니다. 강 유역은 면적이 700만 제곱킬로미터가 넘는 열대 정글이어서 지구의 산소 공급에 절대적으로 기여하고 있다. 그와 함께 지구에서 발생하는 엄청난 탄산가스를 흡수하고 정화시킨다. 그래서 아마존강 유역의 밀림을 '지구의 허파'라고 한다. 그야말로 지구의 생태계에 없어서는 안 될 결정적인 역할을 하는 것이 아마존이다. 그곳에서 벌목되는 목재량도 세계 열대 지역에서 생산되는 목재의 3분의 1을 차지한다고 한다.

따라서 아마존을 강이라고 특정해서 부르기보다 그냥 '아마존'이라고 부른다. 아마존강만 하더라도 흔히 브라질에 있는 강으로 알고 있는데, 그렇지 않다. 아마존강은 페루의 안데스산맥에서 발원해서 페루, 콜롬비아, 베네수엘라, 에콰도르, 볼리비아, 브라질 등 6개국을 거쳐 대서양으로 흘러간다.

열대우림으로 불리는 아마존의 거대한 정글은 정확한 숫자를 파악할 수 없을 만큼 많은 동식물의 보금자리다. 국제환경단체인 야생생물보호협회에 따르면, 식물 약 3만 종, 곤충 250만 종, 어류 2500종, 조류 1500종, 파충류 550종, 포유류 500종 등 지구 생물의 약 30퍼센트 가까이가 아마존에 살고 있다고 한다.

아마존의 광활한 정글에는 헤아릴 수 없을 만큼 많은 부족이 숲속과 강 연안에 흩어져 살고 있다. 울창한 숲과 깊은 산골, 계곡, 길조차 없는 외진 곳에 숨어서 살기 때문에 부족이 얼마나 되는지 정확하게 파악조차 할 수 없다. 그저 대략의 추정으로 400~500여 개의 부족이 사는 것으로 알려졌을 뿐이다.

인류학자들은 아마존 원주민 부족의 조상은 적어도 1만 5000여 년 전에 시베리아에서 얼어붙은 베링해(베링 육교)를 건너 아메리카 대륙에 들어선 뒤, 차츰 남쪽으로 내려가다가 먹거리가 풍부한 아마존에 정착했을 것으로 추측하고 있다. 극소수였던 부족은 절멸해서 영원히 사라지기도 했지만, 수십 명에서 수천 명 또는 몇 만 명에 이르는 다양한 규모의 여러 부족이 광활한 아마존 정글에 흩어져 살고 있다.

각기 독특한 언어와 풍습·생활방식을 지니고 있는 이들 부족은 인류학적으로도 대단한 가치가 있다. 지금도 대다수 부족이 여전히 문명과 단절된 채 완전히 벌거벗고 살거나 신체의 주요 부위만 나뭇잎이나 마른 풀잎으로 가리고 사냥에 의존해서 살고 있다.

많은 원주민 부족이 아마존에서 사라진 주요 원인은 아마존 탐사대나 특정 종교의 선교단 등에 의한 현대 문명과의 접촉이다. 이후 젊은이들이 새로운 세상을 찾아 도시로 빠져나가 많은 부족이 와해됐다. 그리고 현대 문명에 동화돼 원시생활을 버리고 부족의 생활 터전을 관광지로 만들어 자신의 독특한 풍습을 몇 가지 보여주며 돈을 버는 관광자원화된 부족들도 적지 않다.

그런가 하면 국가의 산업화 정책에 따라 아마존 정글이 무차별적으로 개발되면서 숲이 사라져 생활 터전을 잃고 붕괴된 부족도 있고, 무분별한 벌목과 금광 개발 등으로 치열한 투쟁 끝에 소멸한 부족도 있다. 몇몇 부족은 벌목꾼이나 광부들과 필사적으로 맞서 싸웠다. 하지만 각종 총기류 등 최신식 무기를 가진 그들을 활과 칼로 맞서기는 역부족이어서 수많은 원주민이 목숨을 잃고 부족이 사라졌다.

그들을 피해 더욱 깊은 숲속으로 숨어 들어가 어디 있는지 존재조차 찾을 수 없는 원주민 부족이 100여 개나 된다고 한다. 그 밖에도 부족 간의 싸움으로 공멸한 부족들도 있다. 동물들이 자기 영역을 빼앗기지 않기 위해 다른 무리와 싸우는 것과 같은 형국이었다. 아마존 원주민 부족 가운데 아직 남아 있지만 머지않아 사라져버릴 위기에 있는 몇몇 부족을 살펴보자.

먼저 아마존의 대표적인 부족이라고 할 수 있는 야노마미족이다. 야노마미는 그들의 언어로 '사람'이라는 뜻이라고 한다. 이들은 브라질과 베네수엘라 지역의 아마존에 가장 먼저 들어온 선주(先住) 부족으로 알려져 있다. 한때는 규모가 커서 부족이 아니라 야노마미 민족으로 불렸을 정도로 번성했던 유서 깊은 부족이다. 그 때문에 이들이 최근에 발견된 1만 2000여 년 전의 바위 벽화를 그린 주인공이 아닌가 하는 추측까지 나오고 있다.

현재 1만 명 정도가 50~400명 규모로 부락을 이루고 아마존의 깊은 정글과 오지 곳곳에 흩어져 살고 있다. 20세기에 이르기까지 대다수의 야노마미 마을이 외부와 접촉이 없었기 때문에 언어와 풍습 등이 비교적 잘 보존돼 있다고 한다.

1719년 황금을 찾아 아마존까지 들어온 에스파냐 원정대는 다른 부족으로부터 야노마미족 이야기를 들었지만 아마존에서 가장 규모가 큰 부족이라는 사실만 알았을 뿐 그들과 접촉하지는 못했다. 그러다가 1970년대에 들어와 아마존의 야노마미족이 사는 지역에서 우연히 대규모 금광이 발견되면서 상황이 크게 달라졌다. 야노마미족 거주지역이 광산으로 가는 이동 경로가 돼버려 수많은 차량이 오가며 소음과 각종 공해에 완전히 노출된 것이다. 아울러 자연까지 크게 훼손되면서 야노마미족의 생활 터전이 크게 위협받게 됐다.

하지만 그것은 전초전에 불과했다. 야노마미족 거주지역 일대에서 대규모의 금광들이 잇따라 발견되면서 굴착기 등 대형 장비들이 쉴 새 없이 그 지역을 통과하는가 하면, 불과 몇 십 명이었던 광부들이 골드러시와 함께 무려 4만여 명으로 늘어났다. 아마존에 사는 야노마미족 전체의 5배나 되는 엄청난 숫자였다.

야노마미족은 더 이상 참을 수가 없었다. 선천적으로 강인하고 거친 성격의 그들은 무기를 들고 광부 및 개발업자들과 맞서 싸웠다. 전쟁이 벌어진 것이나 다름없었다. 그 때문에 숱한 야노마미족이 죽었다. 세계의 여론은 야노마미족을 편들었다. 순수한 원주민을 보호해야 한다는 것이었다. 그러자 브라질 정부가 나섰다. 정부로서는 광부도 보호하고 그 지역에 터를 일구고 농사짓는 농민·목장주도 보호해야만 했기에 군대를 투입하고 군사기지까지 만들었다. 또 국제 여론을 의식해서 야노마미족도 보호해야 했다. 그리하여 1991년 브라질 정부는 야노마미족 거주지역을 원주민보호지역으로 지정했다.

아마존의 대표적인 부족인 야노마미족

그러나 아마존의 야노마미족 거주지역은 이미 크게 파괴된 상태였다. 수많은 금광을 오가는 대형 차량들의 통행로가 돼버리고 자연환경이 크게 훼손된 지역에서 그들은 더 이상 살 수가 없었다. 결국 야노마미족의 여러 부족이 삶의 터전을 버리고 외지인의 발길이 닿을 수 없는 깊은 숲속으로 잠적했으며, 많은 사람이 노동력을 제공하는 금광 채굴의 광부가 되거나 도시로 나가 현지인에 흡수·동화됐다.

야노마미족은 그렇게 무너졌다. 보호구역이 있어서 아직은 명맥을 유지하고 있지만, 보호구역에 사는 미국의 원주민이 차츰 소멸하고 있듯이 아마존에서 가장 큰 부족이었던 야노마미족이 소멸할 날도 멀지 않았다. 브라질의 아마존에서만 1957년부터 1968년까지 11년 동안에 무려 10만여 명의 원주민 부족이 금광 개발 때문에 희생됐다고 한다.

다음으로 카야포족이 있다. 이 부족도 오랜 전통을 가진 아마존의 대표적인 부족 가운데 하나로 야노마미족과 함께 바위 벽화를 그린 부족일 것으로 추정되는 부족이다. 우리가 가끔 TV에서 보았던 입술에 손바닥 절반 크기만 한 나무접시를 꿰고 몸 전체에 검은색 문신을 하는 전형적인 아마존 원주민 부족이 카야포족이다.

이들이 산업 개발과 무분별한 대규모 벌목에 대처하는 방법은 전혀 달랐다. 그들에게는 지도력이 매우 뛰어난 고령의 족장 라오니 메투크티레가 있었다. 90세가 넘은 나이에도 그는 적극적으로 국제환경단체들과 손잡고 브라질의 아마존 환경 파괴에 맞서 자연보호운동과 원주민 부족의 권리를 지키기에 앞장서고 있다.

1980년대 말 브라질 당국이 카야포족 거주지역의 아마존강 지류에 댐을 건설하려고 하자 그는 "우리에게 전기는 필요 없다. 우리는 이곳의

아마존의 수호자로 존경받는 라오니 메투크티레 카야포족장

강물이 자유롭게 흐르기를 바랄 뿐이다. 우리 미래는 거기에 있다. 당신
들이 지으려는 댐은 필요 없다"며 유명한 가수와 함께 세계 각국을 돌며
지도자들을 만나는 등 적극적으로 자연보호운동을 펼쳤다.

그와 함께 카야포족은 아마존을 통과하는 고속도로와 그들 거주지역
에 만들어진 임도(林道)를 가로막고 끊임없이 집단시위를 벌였고, 불법 벌

목 집단을 막기 위해 부족의 젊은이들로 구성된 순찰대를 조직해 자연 파괴를 몸으로 막았다. 족장의 노력이 국제사회에서 지지를 받자 브라질 정부는 댐 공사 계획을 중단할 수밖에 없었다. 그는 2020년 노벨평화상 후보에까지 올랐다.

하지만 카야포족 거주지역 인근에 사는 카리푸나족의 거주지역은 벌목과 목장 개발로 50퍼센트 넘게 자연이 파괴돼 더 이상 원주민 부족이 살 수 없게 됐다. 그 때문에 카리푸나족은 이제 불과 50명도 남지 않았다고 하는데, 그들이 버티지 못한다면 카리푸나족은 영원히 사라지고 말 위기에 놓여 있다.

마지막으로 아마존 야루보족도 빼놓을 수 없다. 이들은 특이하게 여인들로만 이루어진 부족이다. 말하자면 아마조네스라고 할 수 있다. 원래 아마조네스는 그리스 신화에 나오는 여성 전사들이다. 인류학자들은 실제로 중앙아시아 스키타이 국경에 여성 전사들로만 이루어진 아마조네스가 있었다고 말한다. 그녀들은 활을 잘 쏘기 위해 오른쪽 가슴을 잘라버렸다고 한다. 아마존의 '아'는 고대 라틴어로 '없다'는 뜻이고 '마존'은 '가슴'을 뜻한다고 한다. 따라서 '아마존'은 가슴이 없는 여자라는 뜻이 된다. 남미의 아마존이 그것에서 유래해 지명이 됐는지는 모르지만, 아마존의 여인들로만 이루어진 원시 부족 야루보족과는 아무런 관련이 없다.

남미 페루 부근의 아마존강 유역에 거주하는 야루보족은 원래 당연히 남녀가 함께 사는 평화로운 부족이었다. 그런데 19세기 말 이곳에 고무 채취업자들이 집단으로 침입했다. 그들은 자기들 멋대로 야루보족 남자들을 노동자로 끌어갔다. 반항하는 남자들은 모조리 학살하거나 노예로 삼았고 여인들을 마구 강간했다.

그리하여 야루보족은 남자들이 모두 사라지고 여인들만 남게 된 것이다. 충격적인 경험을 피할 수 없었던 야루보족 여인들은 강해졌다. 남자들 못지않게 독침 화살로 짐승을 사냥하고 거침없이 강물에 뛰어들어 맨손으로 새끼악어와 물고기들을 잡는 전사가 됐다.

부족을 유지하기 위해 가임기의 여인들은 다른 부족에서 씨받이 남자를 데려와 아이를 낳았다. 태어난 아이가 남자이면 다른 부족에게 넘겨줬고 여자아이만 키웠다. 그런 상태에서 부족은 번성할 수 없었다. 점점 인구가 줄어들어 현재는 겨우 50여 명의 여인만 남았다고 한다. 야루보족이 아마존에서 영원히 사라질 날도 멀지 않은 것 같다.

아마존에서 원주민 부족이 점점 사라지는 것과 관련해서 한 가지 덧붙이면, 자연 상태에서 사는 원주민 부족의 본성도 원인 중 하나일 것이다. 전혀 문명과 접촉하지 않고 사는 그들은 야성을 그대로 유지하고 있다. 무리 지어 사는 동물은 영역을 지키기 위해 같은 종이나 다른 종을 불문하고 자기 영역을 침입하는 무리와 결사적으로 싸우는 본성이 있다. 원주민 부족도 마찬가지다.

동물적 야성을 지닌 그들은 다른 부족이 자신의 영역에 침입하거나 자신이 다른 부족의 영역을 빼앗으려 할 때는 목숨 걸고 싸웠다. 결코 순간적인 싸움이 아니었다. 싸웠다 하면 상대 부족의 남자들은 어린아이까지 모두 죽이는 대학살이었다. 여자들은 모조리 강간했다.

그리하여 세력이 약한 부족의 남자는 모조리 학살당하고 여자만 남게 돼 번성하기 어려웠고, 결국 완전히 사라졌다. 그렇게 사라진 아마존의 원주민 부족은 상당수에 달한다. 지금도 아마존 정글 깊은 곳, 우리가 모르는 곳에서 치열한 싸움이 벌어지고 있을 것이다. 원주민 부족은 대부분 만성적인 전쟁 상태에 있다고 한다.

그뿐만 아니라 아마존에서 발생하는 산불도 그들이 사라지는 주요 원인이라고 한다. 2020년 9월 21일의 신문 기사를 보면 2019년 8월부터 시작된 아마존 열대우림 산불은 1년째 계속되고 있으며, 하루에만 4000건의 산불이 관측된 날도 있다고 한다. 그리고 세계 최대 습지인 판타나우에서 2주 사이에 1만 건이 넘는 화재가 발생해 습지의 5분의 1가량이 불탔다고 한다.

일반적으로 산불이 발생한 지역은 차츰 회복돼서 마침내 원래의 모습보다 더 생물들이 번성한다고 한다. 그래서 농민이 일부러 특정 지역에 산불을 내기도 한다. 하지만 아마존의 산불은 그와 전혀 다르다는 것이다. 한번 산불이 나면 거의 회복이 되지 않는다고 한다. 그 때문에 원주민 부족과 동물이 삶의 터전을 잃고 새로운 터전을 마련하기 위해 다른 부족과 목숨을 건 싸움을 벌인다고 한다. 이래저래 점점 사라지고 있는 아마존 원주민 부족이 안타까울 뿐이다.

역사 속으로
사라진
아메리카 원주민

중년이 넘어선 사람들은 기억하겠지만, 지난날 미국의 서부영화에 환호하고 열광하던 시절이 있었다. 이 서부 활극은 미국 서부를 개척하려는 미국인과 토착 원주민인 아메리카 인디언이 치열하게 싸우는 액션 영화다. 철없는 우리는 미국인 총잡이들이 벌떼처럼 몰려오는 인디언들을 마구 쏘아 쓰러뜨릴 때마다 신이 나서 마냥 박수 치며 환호했다.

하지만 이러한 인디언 대학살은 제2차 세계대전보다 더 참혹했던 인류 최대의 비극 가운데 하나로 손꼽히고 있다. 아무런 잘못도 없이 1만 년 넘게 아메리카 대륙에서 살고 있던 원주민이 서양인의 토벌 작전에 무참히 희생돼 수많은 인디언 부족이 역사에서 영원히 사라지고 만 것이다.

아메리카 대륙의 원주민인 인디언(Indian)은 인도 사람이 아니다. 아메리카 대륙을 처음 발견한 콜럼버스가 그곳을 인도로 착각하고 원주민을 인디언이라고 부른 것을 계기로 토착화된 것이다. 그래서 남미의 원주민은 에스파냐어로 인디오(Indio)라고 했다. 때때로 경멸의 뜻으로 사용되고 의미도 불확실한 까닭에 현재 영어권에서는 일반적으로 아메리카 원주민(Native American)이라 부른다.

이들의 조상들은 약 1만 2000여 년 전, 시베리아에서 얼어붙은 베링해를 건너 아메리카 대륙으로 들어왔다. 따라서 그들의 조상은 보편적인 생김새를 봐도 알 수 있듯이, 고(古)아시아계라고 할 수 있다. 그리고 고아시아계의 어느 한 집단이 아메리카 대륙에 들어온 것이 아니라 숱한 세월에 걸쳐 수많은 집단이 들어와 드넓은 대륙의 방방곡곡으로 흩어져 자리 잡았다. 그래서 이들의 문화와 언어는 서로 달랐다.

대표적인 토착 원주민인 아파치족, 나바호족, 모히칸족, 모호크족, 수족 등은 한결같이 미국을 비롯한 서양 세력과 싸웠다는 공통점은 있었지만 서로 혈통과 문화, 신체적 특징 등이 다른 부족이었고 사용하는 언어도 달랐다. 이들 가운데는 유목 부족도 있었고 농경 부족도 있어서 자신들의 영토와 자원 확보 등을 놓고 자주 충돌했다. 그런 과정에서 같은 언어를 사용하는 부족끼리 서로 동맹을 맺고 다른 언어를 쓰는 부족의 동맹과 싸우게 되면서 전투의 규모가 갈수록 커져 많은 희생자가 생길 수밖에 없었다.

그와 같은 원주민 부족끼리의 전투가 오랜 세월 동안 끊임없이 이어지면서 원주민이 번성하기보다 오히려 점점 줄어들었다. 하지만 그것이 아메리카 원주민이 사라지게 된 요인은 아니다. 이들에게 진짜 비극이 일어난 것은 17세기에 이르러 유럽 열강이 본격적으로 아메리카 대륙 진출을 노리며 치열한 각축전을 벌이면서부터였다.

네덜란드, 에스파냐, 영국, 프랑스 등이 신대륙에 식민지를 확보하기 위해 원정대와 군병력까지 보내며 치열하게 경쟁하면서 원주민을 무차별적으로 공격한 것이다. 하지만 총탄보다 더 무서운 것이 그들이 가져온 전염병이었다.

다른 인종들과 거의 접촉을 하지 않아 면역력이 전혀 없던 아메리카 원주민은 유럽인이 가져온 천연두, 홍역 등의 전염병에 속수무책으로 쓰러졌다. 유럽인이 들어온 이후부터 100년 동안 원주민의 80퍼센트 이상이 전염병으로 희생됐다고 한다. 이때 이미 아메리카 원주민은 절멸의 위기를 맞은 것이다.

그리고 유럽 열강은 원주민 부족을 무자비하게 공격했다. 원주민은 필사적으로 맞서 싸웠지만 서양인의 근대식 신무기를 당할 수가 없었다. 수많은 원주민이 죽어 규모가 작은 부족은 사라지게 됐고 규모가 큰 부족은 점령군에 복속됐다.

하지만 거기서 끝나지 않았다. 열강끼리 전투를 벌일 때는 어느 쪽이든 편을 들어야 했다. 예컨대 영국과 프랑스의 식민지 전쟁에서 영국에 점령당한 부족은 영국군에 편입돼 강압적으로 전투를 치러야만 했다. 그렇게 열강의 전쟁에 억지로 참전하면서 또 수많은 원주민이 죽었다. 영국이 프랑스에 패배하면 영국군 편에 서서 전쟁에 참전했던 부족은 보복을 당해 무자비하게 학살됐다.

원주민 부족이 가장 많이 학살당한 전쟁은 미국과 영국의 두 차례 전쟁이었다. 하나는 미국의 독립전쟁이었고, 다른 하나는 1812년 전쟁이었다. 미국 편에 선 부족들도 있었지만, 대다수가 영군 편에 섰다. 원주민은 이미 식민지인(미국인)의 잔혹 행위를 경험했을 뿐만 아니라 영국이 자신의 영토를 침범하는 미국인을 막아줄 것이라고 기대했기 때문이었다. 영국 역시 미국의 팽창을 막기 위해 특히 북서부 지역에 살고 있던 원주민을 지원하는 정책을 썼다. 그러나 결과적으로 미국이 승리하면서 엄청난 원주민 부족들이 희생됐다.

그런데 아직 끝나지 않았다. 독립전쟁 이후 미국은 적극적으로 서부 개척에 나섰다. 그때까지만 해도 오늘날 미국의 중부와 서부는 원주민 부족의 땅이었다. 미국은 대규모 병력을 동원해서 중부·서부로 진격하며 아예 토벌 작전을 펼쳤다. 그들은 원주민 부족들을 닥치는 대로 학살하며 토벌했다.

유럽 열강이 침입한 이래 미국이 원주민 토벌 작전을 벌이며 서부의 캘리포니아에 이르는 동안 희생된 원주민이 거의 2000만 명에 달한다고 한다. 원주민이 거의 절멸됐다고 해도 과언이 아니다. 구체적으로 원주민 부족 가운데 가장 용맹했던 아파치족의 참상을 보면 미국의 원주민 학살이 얼마나 가혹하고 무자비했는지 짐작할 수 있다.

아파치족은 미국 남서부 지역에 여러 집단으로 나뉘어 거주하던 부족으로, 원주민 부족 가운데 가장 규모가 큰 나바호족과 함께 미국에 맞서 '아파치 전쟁'·'나바호 전쟁'을 벌인 매우 용맹한 부족이었다.

아파치족은 미국인이 오기 전부터 자신의 영토를 식민지로 만들려는 에스파냐와 싸웠다. 이들의 저항이 너무 강력해서 에스파냐 군대는 좀처럼 북쪽으로 진출하기가 어려웠다. 이들이 쉽게 무너졌다면 미국의 군대가 진출하기 전에 이미 에스파냐 영토가 됐을 것이다.

마침내 미국 군대가 중부 지역의 수족을 완전히 소탕하고 남서부의 아파치족 근거지까지 진출했다. 그런데 용맹하기로 정평이 난 부족인 아파치족에는 '제로니모'*라는 걸출한 지도자가 있었다. 제로니모의 명성을 잘 알고 있던 미국은 그와 싸우지 않고 서부 지역을 점령하려는 속셈으로 술책을 썼다. 4000여 명의 아파치족에게 산골 오지의 불모지에 보호구역을 지정해준 것이다. 그 당시 미국은 원주민 땅을 백인 정착민을 위해 몰수하고 그들을 정복하고 백인에 동화시키는 동시에 지정된 보호구역에 강제 이주시키는 정책을 폈다.

그러나 제로니모는 술책에 넘어가지 않았다. 그는 수천 년 동안 이어져온 조상들이 물려준 아파치의 땅을 지키기 위해 미군과의 결사 항전을 선언했다. 보호구역으로 쫓겨갔던 아파치족들이 그를 따랐다. 그리하여 아파치족과 미군의 치열한 전쟁이 일어났다. 이것이 '아파치 전쟁'이다.

무려 3년 동안이나 진행된 전쟁은 격렬했다. 하지만 아무리 용맹한 아파치라 하더라도 미군의 신무기를 당해낼 수 없었다. 대부분의 아파치족 전사가 목숨을 잃었다. 불과 수백 명만 살아남자 제로니모는 미군에게 투항할 수밖에 없었다.

그는 아파치족 보호구역으로 강제이송됐지만, 그곳에서 140여 명의 동족과 탈출했다. 성인 남성은 겨우 35명에 불과했고, 나머지는 여성과 어린이였다. 제로니모는 35명의 전사를 이끌고 다시 미군들과 싸웠다. 미군은 아파치 35명과의 싸움에 무려 1만여 명의 병력을 동원했다. 결과는 뻔했다. 제로니모와 불과 몇 명만 살아남았다. 용맹을 떨치던 아파치족은 그렇게 사라지게 된 것이다.

---

* 제로니모의 본명은 고야틀레이('하품하는 자')다.

아파치족의 지도자 제로니모(1886년 3월 27일)

아파치족만 그런 비극을 당한 것은 아니다. 모히칸족, 모호크족, 나바호족 등 비교적 규모가 큰 부족들도 미군과 용감하게 맞서 싸우다가 대부분이 전사하고 보호구역으로 끌려가는 신세가 됐다. 이와 같은 '인디언 보호구역(유보지)'은 1830년의 「인디언 이주법」에 근거하고 있다. 이 법안에 서명한 미 대통령 앤드루 잭슨은 "인디언을 백인이 없는 서부 인디언 준주(현 오클라호마)에 강제 이주시키고, 연방 정부가 신탁 유보한(reserve) 유보지(Reservation)에 살게 하고, 그래서 백인 사회 체제를 구축하고, 백인 사회에 동화시키는 일종의 인종 청소 정책이다. 이것에 따르지 않으면 그 인디언 부족은 멸족된다"고 선언했다. 다시 말해서 보호구역으로의 강제 이주와 동시에 원주민의 영토 약탈과 인종 청소를 자행했던 것이다.

남미 원주민의 상황도 크게 다르지 않았다. 에스파냐군은 그들을 무차별적으로 학살했고 포로로 잡힌 원주민을 강제노동에 투입하거나 개인의 노예로 삼았다. 그 때문에 카리브해, 칠레, 우루과이, 아르헨티나 등지에서 원주민이 사실상 거의 전멸했다고 한다. 그처럼 아메리카 대륙 전체에서 희생된 토착 원주민이 무려 6000만 명에 이른다고 한다.

아메리카 원주민 부족 대다수가 절멸되거나 소멸했다고 해서 완전히 멸종된 것은 아니다. 참혹한 비극을 겪으며 전쟁터에 나섰던 젊은 남성들은 거의 희생됐지만 보호구역에 강제로 수용된 소수 부족들 그리고 노인과 여성·어린이 등 살아남은 원주민이 있었다.

하지만 미국의 원주민은 백인화 정책과 특정 종교의 선교에 따라 부족이 와해됐고 고유의 정체성과 언어를 잃고 영어를 익혀야 했다. 예컨대 17세기 모호크족을 섬멸했던 프랑스군은 평화조약을 체결하면서 '예수회 선교회' 선교사들을 받아들인다는 조건을 넣었을 정도였다. 살아남은 수많은 원주민이 백인의 노예가 되거나 노동력을 착취당하면서 백인에게 동화될 수밖에 없었다. 백인 사회에 편입돼 공부하거나 직장을 얻어 스스로 동화된 원주민도 있었다.

보호구역에 사는 원주민의 삶도 비참했다. 부족이 해체되고 고유 언어를 잃게 되면서 결속력이 사라져 각자의 삶을 사는 개인이 됐다. 국가에서 최소한의 생계보장을 해주니까 하는 일이 없어져 나태해지고 무력해지고 알코올중독이나 마약중독 등에 시달리며 덧없는 삶을 이어가고 있을 뿐이다.

2015년 기준으로 미국 곳곳에 326개의 원주민 보호구역이 있고, 567개의 원주민 부족이 있다. 어떤 부족은 한 개 이상의 보호구역을 점유하고 있지만, 어떤 부족은 다른 부족과 보호구역을 공유하기도 한다. 그러나 대부분의 아메리카 원주민은 보호구역 밖에서 거주한다(2012년 기준 원주민의 수는 250만 명이다).

왜
매머드는
사라졌을까

매머드(Mammoth)는 1만 년 전쯤 지구에서 완전히 사라진 대형 초식동물로 자연사박물관에 가야 그 유골을 볼 수 있을 뿐이다. 매머드가 언제 지구에 출현했는지는 정확히 알 수 없지만, 매머드 화석을 분석해 보면 약 480만 년 전부터 존재했고, 구석기시대 사람들은 매머드를 사냥해 식량으로 이용했음을 알 수 있다.

매머드의 크기는 성체의 평균 높이가 3~4미터로 코끼리와 비슷하고, 코끼리의 것보다 크고 많이 굽은 긴 엄니(상아)가 있다. 서식 환경에 따라 여러 종이 있지만 거의 모두 추위에 적응하기 위해 온몸이 갈색의 긴 털로 덮여 있는데, 길이가 50센티미터쯤 되는 겉털과 25센티미터쯤 되는 속털로 이루어져 있다.

피부 안쪽에는 8센티미터쯤 되는 두꺼운 지방층이 있고 귀는 코끼리처럼 넓지 않고 훨씬 작아서 열 손실이 적은 구조다. 등에는 지방으로 이루어진 혹이 있으며 풀과 나뭇잎 등이 주요 먹이였다. 시베리아의 얼어붙은 땅 밑에서 발굴된 매머드의 엄니는 중국을 거쳐 유럽으로 수출된 적도 있다.

종합적으로 볼 때 매머드는 대부분 몹시 추운 지방인 시베리아, 북아메리카, 유럽 북부 지역 등에서 서식했다. 무척 오랫동안 번성했던 매머드는 아쉽게도 약 1만 년 전에 멸종돼 지구에서 완전히 사라졌다. 어떤 이유로 매머드가 사라졌을까?

약 20만~30만 년 전 매머드는 에스파냐 북부와 스칸디나비아반도의 북유럽에서 시베리아와 북아메리카 북부에 이르는 지구 북반부의 광활한 지역에서 서식했다. 그 시기는 빙하시대로 빙기와 간빙기 사이였으므로 얼음이나 눈이 덮인 매우 추운 지역에서 살았을 것으로 생각하지만 반드시 그런 것은 아니다. 매머드는 하루에 150킬로그램 이상의 풀이나 나뭇잎을 먹고 살았는데, 그런 극한 지역에 그만큼의 먹이가 있을 리 없다. 따라서 툰드라 지대의 초원에서 살았다는 것이 정설이다. 물론 나무가 울창한 초원이 아니라 생명력이 강한 잡초가 자라는 초원이었을 것이다.

인류의 먼 조상이라고 할 수 있는 호모에렉투스가 약 180만 년 전에 아프리카에 출현해서 약 100만 년 전에는 아프리카를 벗어나 아메리카 대륙을 제외한 지구 전역으로 진출했다. 약 20만~30만 년 전이라면 이들이 유럽 전역과 시베리아 전역까지 진출했을 시기다. 더욱이 그들의 생활방식은 수렵·채집이었다. 그들은 일찍부터 여성은 식물성 먹거리를 구했고 남성은 사냥으로 단백질이 풍부한 먹거리를 구했다. 20만 년 전이라면 사냥의 도구나 방식도 상당히 발전했을 것이다.

따라서 매머드가 멸종된 이유로 가장 먼저 제기된 가설이 매머드가

매머드 화석(스미소니언 자연사박물관)

인간에 의해 멸종됐다는 것이다. 극한 지대로 진출한 호모에렉투스에게 그곳의 초원에서 서식했던 매머드는 더없이 좋은 사냥 표적이 됐을 것이다. 매머드가 완전히 사라진 것이 약 1만 년 전이니까 두뇌가 뛰어났던 호모사피엔스, 즉 현생인류까지 합세해서 20만 년 동안이나 매머드를 잡아먹었다면 충분히 멸종시키고도 남을 만하다.

그 밖에 인류가 전염병을 옮겨 매머드가 멸종했다는 주장도 있다. 인류에게 끝없이 나타나는 전염병은 대부분 각종 동물을 숙주로 하는 바이러스에 의해 전염된다. 말하자면 동물이 인간에게 전염병을 옮기듯 인간도 동물에게 공기를 통해 전염병을 옮길 수 있다는 것이다. 그럴듯하지만 과연 전염병 때문에 지구 북부 전역의 넓은 지역에 서식하던 매머드가 멸종했는지는 확실하지 않다. 수만 년 전에는 인류의 숫자도 적었거니와 지금과는 완전히 다른 세상이었다. 어디서 전염병이 발생했든지 광활한 대륙을 지나 시베리아까지, 대서양과 태평양을 건너 수천 킬로미터 떨어진 곳에 서식하는 매머드까지 모두 전염시켰다는 것은 믿기 어렵다.

근래에 와서 매머드의 멸종과 관련해 미국의 과학자들이 좀 더 합리적이고 설득력 있는 견해를 제시했다. 매머드의 화석과 다양한 자료를 연구한 결과 매머드의 멸종 원인은 한 가지가 아니라 복합적이라는 견해였다. 요약하면, 기후 변화와 그에 따른 서식지 변화, 인간의 무차별적인 사냥 등이 복합적으로 작용해 매머드가 멸종됐다는 것이다.

급격한 기후 변화는 자연환경과 생태계를 크게 바꾸어놓는다. 수만 년 전 빙하기가 차츰 간빙기로 바뀌면서 기후가 한결 따뜻해졌고 그에 따라 매머드의 서식 환경도 바뀌었다. 지역에 따라 초원에 침엽수가 크게 늘어나면서 매머드의 먹이에도 변화가 생겼다. 영양가가 거의 없는 소나무나 자작나무 따위를 먹어 영양실조에 걸린 데다가 독이 있는 초목까지 먹을 수밖에 없어 병들어 죽었다.

매머드는 멀리 이동하는 동물이 아니라 정해진 서식지에서 정착 생활을 하는 동물이다. 서식 환경이 점점 열악해져도 한곳에 머물러 있을 수밖에 없었다. 그런데 기후가 따뜻해지자 인간은 더욱 활발하게 움직였다. 당연히 사냥이 한층 더 빈번해졌을 것이다. 매머드가 먹이를 찾아서 먼 곳까지 이동하는 동물이었다면 희생이 적었을 텐데 한곳에 머물러 있으니 매머드의 서식지는 인간에게는 아주 좋은 사냥터였다. 그 때문에 긴 세월에 걸쳐 수많은 매머드가 살육을 당했다.

그뿐 아니라 인류는 약 1만여 년 전 그동안의 끊임없는 이동을 멈추고 농경을 하며 정착 생활을 시작했다. 정착 생활은 인간이 밀집되는 도시화 현상을 가져오기 마련이며, 도시화는 필연적으로 주변의 땅을 쉴 새 없이 개척하고 개간하게 만든다. 그러자면 자연을 훼손해야 하고 오염시킬 수밖에 없다. 그로 인해 야생동물의 서식지가 점점 사라지는 치명적인 상황이 발생한다. 야생동물은 서식지가 줄어들면 그만큼 먹이를 구하기가 어려워져 결국 후손도 못 퍼뜨리고 굶어 죽고 만다. 매머드는 이러한 복합적인 원인으로 마침내 1만여 년 전에 완전히 사라졌을 것이다.

인간도 동물이다. 언젠가 인간이 저지른 자연파괴와 환경오염으로 멸종하게 될지도 모를 일이다. 누가 절대로 그런 일은 없을 것이라고 장담할 수 있겠는가.

2

인체____

사라진 언어,
사라지는 언어

언어를 '인체' 카테고리에 넣기에는 다소 무리가 있지만, 인체의 발성기관과 관련이 있기에 포함시켰다. 인류의 역사에서 가장 위대한 발명품인 문자(文字)는 그 기원이 역사시대에 들어선 수천 년 전에 불과하고 시각적인 기호 체계이기 때문에 생기고 변화하고 사라지는 발자취와 기록이 있다.

하지만 말(소리)은 한번 입에서 나오면 곧 사라지기 때문에 가시적인 흔적이 없다. 따라서 인류가 언제부터 말하기 시작했는지 아무도 모른다. 다만 발굴된 원시인류 유골의 발성기관 등을 분석하면서 막연하게 말의 기원을 추정할 뿐이다. 그러나 일치된 정설은 없다. 몇몇 학자는 약 150만~200만 년 전의 수렵·채집 시대부터 말을 했다는 견해를 내놓았고, 또 다른 학자들은 약 20만~30만 년 전 인류의 직계 조상인 호모사피엔스가 처음으로 말을 했다고 추정한다. 물론 다른 견해들도 적지 않다.

일본의 저명한 동물행동학자 다케우치 구미코는 원시인류에게 음성언어가 필요했다면 그 이유는 무엇일까, 도대체 무엇을 말하고 싶었던 것일까 하는 의문으로부터 언어의 기원을 연구했다. 가장 큰 요인은 절대적 본능인 남녀의 짝짓기였다(『진화의 원동력 짝짓기』 참조).

수렵·채집으로 살아가던 원시인류는 사냥을 통해 육류를 섭취하면서 영양 상태가 좋아져 급격하게 두뇌가 커지고 지능이 높아졌다. 그에 따라 보다 효율적인 사냥도구를 만들면서 한결 손쉽게 짐승을 포획하게 되자 더욱 사냥에 집중했다. 그런데 사냥은 혼자보다 여럿이 협동해야 좋은 성과를 거둘 수 있다.

협동에는 반드시 의사소통이 필요하다. 몸짓이나 손짓으로 의사소통을 할 수 있지만, 그것만으로는 부족하다. 세밀하게 포획 작전을 세우려면 음성언어, 즉 말이 필요하다. 이 과정에서 비록 짧은 단음절이지만 소리(음성)로 표현하게 되고 그것이 말의 밑거름이 됐다.

그뿐만 아니라 자신의 영역에 다른 무리가 들어오면 영역 수호를 위해 싸움을 벌여야 했다. 규모는 작지만 일종의 전쟁이었다. 전쟁을 수행하자면 긴박한 상황에서 자기편끼리의 빠른 의사소통이 필요했으며 그에 따라 음성적 표현이 더욱 다양화·세분화하면서 말이 점점 늘어나고 향상됐다.

하지만 이것으로 언어의 기원을 설명하기에는 부족하다. 더욱이 사냥이나 전쟁은 남성의 역할이었다. 그런데 말은 남성보다 여성이 더 많이 한다. 그 때문에 말을 먼저 시작한 것은 여성이었다는 주장도 있는데 이것을 어떻게 설명할 수 있을까?

그리하여 다케우치는 인류가 말을 하게 된 가장 큰 요인은 절대적 본능인 짝짓기라고 주장한다. 원시인류의 성 행태는 짝을 가리지 않는 난교(亂交)였다. 남성은 될 수 있는 대로 자신의 유전자를 많이 퍼뜨리려고 했으며, 여성은 짝짓기 상대의 선택에 본능적으로 신중했다. 남성이 자신을 붙잡으면 뿌리치며 무엇인가 말을 해야만 했다. 그래서 여성의 입에서 나온 첫 마디, 자기도 모르게 처음으로 꺼낸 말이 "싫어(No)"였을 것으로 추정했다.

그렇더라도 성 본능에 적극적인 남성은 쉽게 물러서지 않고 어떻게 서든지 설득하려고 했다. 설득하려면 말이 필요하다. 그리하여 남성은 "너 좋아", "괜찮아", "우리 둘뿐이야" 따위의 음성 표현으로 여성을 설득하면서 말이 발전하게 됐다는 것이다. 그 때문인지 지금도 설득력에서는 남성이 여성보다 앞선다.

그러면 왜 여성이 남성보다 더 많은 말을 하게 됐을까? 원시인류는 난교였지만 완전한 프리섹스(free sex)는 아니었다. 그것은 생물학적으로 수컷의 고환 크기로 알 수 있다. 고환이 클수록 정자를 많이 생산하기 때문에 난잡하다. 유인원 중에는 침팬지가 가장 크고 그다음이 인류, 그다음 고릴라다. 그렇게 볼 때 인류는 일부일처는 아니지만, 침팬지처럼 난잡하지는 않다. 그뿐만 아니라 인류는 지능이 높아서 본능을 절제할 줄 안다.

원시인류의 남녀는 처음 짝짓기한 상대에게 어느 정도 애착을 가졌을 것이다. 더구나 임신한 여성은 아이의 아버지가 될 짝짓기한 남성이 자기 곁을 떠나 다른 여성에게 접근하지 못하도록 붙잡아 놓으려고 했다. 바꿔 말하면 바람을 피우지 못하게 감시했다.

그러자면 그가 무슨 짓을 하며 돌아다니는지 정보가 필요했다. 그것이 여성의 수다가 생긴 기원이라는 것이다. 여성끼리 모여서 수다를 떠는 것은 정보 교환이 가장 큰 목적이라는 것이다. 수다와 함께 당연히 여성의 말하는 능력이 빠르게 발전했다. 이것이 여성이 남성보다 훨씬 더 많은 말을 하게 된 이유라는 것이다.

　지구상의 모든 인간은 인종이나 민족을 불문하고 모두 같은 조상의 후손이다. 약 15만 년 전 아프리카에 살았던 호모사피엔스의 한 여성이 공통의 조상어머니다. 하지만 사용하는 말은 서로 다르다. 말이 서로 다른 이유는 여러 가지다. 지역적인 서식 환경, 외부의 접근이 어려운 고립된 지역, 기후, 풍토, 먹거리, 생활수단, 풍습, 문화 등 많은 조건에 의해 저마다 다른 말이 생겨나고 변화를 거듭하면서 헤아릴 수 없이 숱한 말들이 생겨나고 사라졌다.

　현재 지구상에는 약 6000여 개의 말(음성언어)이 있다고 한다. 하지만 21세기 안에 2000~3000개가 사라질 것이며, 200년 안에 90퍼센트가 사라져 10퍼센트 정도만 남을 것이라고 전문가들은 지적하고 있다. 평균 2주에 하나씩 언어가 사라지고 있다는 것이다.

　그러면 말은 왜 사라지는 걸까? 먼저, 강력한 국가들의 지배력이 큰 영향을 미쳤다. 일찍이 산업화를 이룩한 유럽의 강대국들이 앞다투어 아프리카, 아메리카, 오스트레일리아, 동남아시아 등을 정복·식민화하면서 그 지역 소수민족·원주민의 토착어를 거의 말살시키고 강제적으로 자신의 언어를 사용하게 했다. 현재 영어, 에스파냐어, 중국어, 프랑스어, 독일어 등이 지배적인 언어가 된 것이 그 까닭이다.

　옛 소련에는 수십 개의 연방자치국이 있었으며, 광활한 시베리아에는 100개 넘는 소수민족이 흩어져 살고 있었다. 그들은 모두 자신만의 고유한 언어를 사용하고 있었다. 그런데 지배국인 러시아가 러시아어 이외의 다른 언어는 사용하지 못하도록 강제했다. 각급 학교에서도 현지어·토착어는 절대로 사용하지 못하게 하고 러시아어만 가르쳤다.

러시아의 개혁·개방과 함께 자치 독립을 하면서 비교적 인구가 많았던 연방국가는 자기 나라 말을 쓸 수 있게 됐지만, 러시아어를 공용어로 사용하지 않을 수 없었다. 더구나 시베리아의 수많은 소수민족은 토착어를 거의 잃어버렸다. 러시아어를 배우기 어려웠던 소수민족의 노인들은 습관적으로 토착어를 사용하지만, 젊은이들은 러시아어를 쓴다. 따라서 노인들이 죽고 나면 토착어도 영영 사라질 것이다.

이러한 언어 소멸 현상은 인구수가 아주 적은 외딴 오지의 부족, 고립된 생활을 하는 고산족이나 아마존의 수많은 소수 부족 등에서도 나타난다. 이미 젊은이들에게는 그들이 속한 국가의 지배적인 언어가 침투해서 노인들이 죽으면 그들의 토착어가 사라질 수밖에 없는 상황이다. 이미 토착어를 아는 노인이 단 한 명뿐이어서 그가 죽으면 그들의 토착어가 완전히 소멸할 부족이 여럿이다.

언어가 사라지는 데는 생태계 파괴도 중요한 요인으로 작용한다고 전문가들은 말한다. 무분별한 개발로 생태계가 파괴되고 도시화되면서 그 지역 국가의 지배적인 언어가 들어와 그곳에 살던 부족의 언어는 저절로 소멸될 수밖에 없다는 것이다.

언어는 어떠한 언어든 인류의 문화유산이다. 토착어에는 그 지역의 산과 강, 유적, 유물, 생명체 등의 온갖 명칭과 습속이 스며들어 있다. 그곳에 사는 사람들의 정체성과 유래, 역사와 전통, 춤과 노래, 악기, 미술 등을 비롯한 고유의 생활문화가 담겨 있다. 그것은 모두 인류가 함께 보존해야 할 유산이다. 언어의 소멸과 함께 인류는 너무 많은 것을 잃게 될 처지에 놓여 있는 것이다.

사람의 몸에서
왜 털이
사라졌을까

지구상의 생명체는 최초에 바다에서 탄생했다. 그 뒤 수억 년이 흐르면서 생명체의 몸집도 커지고, 물과 뭍으로 오가는 동물도 생기고, 완전히 물속에서 나와 뭍에서 사는 동물이 생겨났다. 그러한 진화 과정에서 물속에서 살아갈 때 지녔던 비늘이 뭍에서의 생활에 적응하기 위해서 털과 가죽으로 진화했다. 그 대표적인 동물이 포유류다.

포유류는 대부분 아랫배 등 일부 부위를 제외하고 거의 온몸이 털로 뒤덮여 있다. 침팬지, 고릴라, 원숭이 등 영장류도 예외가 아니다. 영장류인 인류는 약 600만 년 전에 침팬지에서 분화했다. 그 무렵 인류의 조상은 나무 위에서 살았다. 몸집 크기는 보통 원숭이 정도였으며 온몸이 다른 영장류처럼 털로 뒤덮여 있었다. 나뭇잎, 열매, 벌레 따위를 먹고 사는 잡식성 동물이었다. 나무 위에서 살았으니까 아프리카의 뜨거운 햇볕은 나뭇잎 그늘로 피할 수 있었고 추운 밤에는 온몸에 털이 있어서 체온을 유지할 수 있었다.

그런데 나무 위에 훨씬 몸집이 크고 힘이 센 강력한 동물이 나타나면서 인류의 조상은 그들에게 쫓겨 나무 아래로 내려올 수밖에 없었다. 나무 아래는 사바나, 즉 갈대와 작은 관목이 띄엄띄엄 늘어서 있는 초원지대였다. 더욱이 건조기여서 초원이 메말라 먹거리가 크게 부족했으며, 사자나 하이에나 같은 맹수가 들끓어 몹시 위험했다. 하지만 그 때문에 인류의 조상에게는 놀랄 만한 진화와 함께 획기적인 변화가 일어났다.

인류의 조상은 나무에서 내려왔을 때 침팬지처럼 두 손을 주먹 쥐고 상체를 엎드려 걷는 너클 보행을 했다. 그런데 갈대가 가득한 초원에서 먹거리를 찾고 맹수를 피하려면 몸을 일으켜 사방을 살펴야 했다. 그리하여 차츰 몸을 곧추세우고 두 발로 걷는 직립보행을 하게 됐다. 그야말로 다른 동물들에서 찾아볼 수 없는 획기적인 진화였다.

그로 말미암아 신체에 엄청난 변화가 일어나고 성적(性的) 행동도 크게 달라졌지만, 그것에 대해서는 여기서 다루지 않을 것이다. 먹거리도 바뀔 수밖에 없었다. 나뭇잎이나 열매 따위를 먹기는 했지만, 건조기의 가뭄 때문에 구하기가 쉽지 않았다. 마침내 동물에게 눈을 돌렸다.

하지만 몸집이 작은 인류의 조상이 살아 있는 동물을 포획하기는 어려웠다. 그래서 맹수가 먹다가 남긴 동물 사체를 찾았다. 사자와 같은 맹수가 초식동물을 사냥해서 살과 내장 따위를 먹고 나면 하이에나·독수리 등이 나타나 뼈에 붙은 살점까지 먹어치웠다. 나머지는 거의 뼈뿐이었다. 인류의 조상은 그 뼈를 차지했다. 운이 좋으면 뼈에 남은 살점을 먹기도 했지만 단단한 뼈를 돌멩이로 깨뜨려 뼛속의 골수를 먹었다.

그러나 어찌 됐든 영양이 풍부한 고기를 먹게 되면서 뇌가 커져 지능이 점점 높아지고 몸집도 커졌다. 더욱이 석기(石器), 즉 도구를 사용할 줄 알게 된 것이 비약적인 발전을 가져왔다. 도구를 사용해서 살아 있는 작은 동물도 잡을 수 있었으며, 석기를 날카롭게 갈아 동물의 사체를 분해할 수도 있게 됐다.

이처럼 인류의 조상이 사냥할 수 있게 됐지만 한 가지 문제가 있었다. 동물은 대부분 두 발로 걷는 원시인류보다 훨씬 빨랐다. 그런 동물을 잡으려면 끈질기게 뒤쫓아야 했다. 이러한 과정에서 원시인류의 지구력이 향상됐다. 하지만 뜨거운 햇볕 아래서 달리다 보면 체온이 급격하게 올라간다. 온몸이 털로 뒤덮인 동물이 높아진 체온을 낮추려면 입과 코로 가쁘게 호흡해야 한다. 집에서 기르는 애완견이 힘껏 달리다가 숨이 차서 혀를 내밀고 헐떡이는 것이 그런 까닭이다.

온몸이 털로 덮여 있던 원시인류도 마찬가지였다. 그러나 먹거리가 될 동물의 뒤를 쫓다가 멈춰서서 헐떡거리면 사냥감을 놓치게 된다. 그리하여 원시인류는 지구력과 함께 또 다른 놀라운 진화를 이루어냈다. 바로 '땀샘'이다. 피부의 땀샘을 통해 몸속의 땀을 밖으로 배출함으로써 체온을 조절할 수 있게 된 것이다. 그렇지만 몸을 뒤덮고 있는 털은 땀을 원활하게 배출하는 데 걸림돌이었다. 그리하여 차츰 털이 사라지는 쪽으로 진화하면서 마침내 인류는 피부에서 거의 모든 털이 사라지고 매끈하고 탄력 있는 피부를 갖게 됐다.

물론 원시인류에게서 동시에 일제히 털이 사라진 것은 아니다. 지금도 털이 많은 사람과 적은 사람이 있듯이 점진적으로 사라졌으며 사람마다 차이가 있었다. 그런데 털이 많은 사람은 땀을 원만하게 배출하지 못하면서 쉽게 지치고 지구력이 떨어져 사냥할 때 뒤처질 수밖에 없었고 사냥감을 놓치기 일쑤였다.

이것은 단순한 문제가 아니었다. 여성이 사냥을 잘해 고기를 많이 가져다주는 남성을 짝짓기 상대로 선호하게 된 것이다. 털이 많아 지구력이 떨어져 사냥을 제대로 못하는 남성은 외면당했다. 반면에 털이 적은 남성은 원활한 땀샘 작용으로 뛰어난 지구력을 갖게 되어 좀 더 사냥에 유리해졌으며 이것은 짝짓기로 이어졌다. 이와 같은 과정이 대를 이어 되풀이되면서 마침내 온몸에 털이 거의 없는 피부를 지닌 인류가 탄생했다.

　　인류의 몸에서 털이 사라졌다고 해서 완전히 사라진 것은 아니다. 일반적으로 머리·겨드랑이·음부에 털이 남아 있는데, 나름의 기능이 있기 때문이다. 머리카락은 뜨거운 햇볕을 막아주고 두피를 보호해준다. 겨드랑이와 음부의 털은 그곳에서 분비되는 성호르몬인 페로몬을 오래 머물게 하면서 이성을 유혹하고 짝짓기에 기여한다. 음부의 털은 성행위를 할 때 남녀의 치근과 피부 마찰을 완화한다는 견해도 있다.

　　남성과 여성 사이에도 큰 차이가 있다. 여성은 거의 모두 머리·겨드랑이·음부에만 털이 있지만, 남성은 턱에 수염이 있고 인종과 민족 또는 개인에 따라서 가슴과 등 그리고 팔다리에도 털이 많은 남성이 적지 않다. 이처럼 여성이 남성보다 털이 훨씬 적은 것은 진화적으로 여성이 남성보다 먼저 털이 사라졌다는 증거라고 인류학자들은 말하고 있다.

　　사냥은 남성의 몫이었다. 사냥감을 끈질기게 쫓아갈 수 있는 지구력도 여성보다 남성에게 더욱 필요한 신체적 조건이었다. 그런데 왜 여성에게서 먼저 털이 사라졌는지, 그 이유에 대해서는 지금까지 만족할 만한 견해가 제시되지 않았다.

여성의
사라진
성적 신호

인간과 침팬지는 유전자의 98.4퍼센트가 똑같다. 다시 말해서 침팬지는 유전적으로 고릴라나 오랑우탄보다 인간에 더 가깝고 인간과 침팬지는 '가장 가까운 종(next of kin)'이다. 불과 1.6퍼센트의 다른 유전자에 직립보행, 언어능력, 독특한 성생활 등 인간만의 특성이 담겨 있는 것이다.

독특한 성생활이란 성행위에서 정상위·여성상위 등 다른 동물에게서 볼 수 없는 다양한 체위와 긴 애무 행위 등을 말하는 것이지만, 그 본능적 행태는 침팬지와 크게 다르지 않다고 할 수 있다. 특히 원시인류는 더욱 비슷했을 것이다.

영장류 가운데 고릴라의 성 행태는 무리의 우두머리 수컷이 모든 암컷을 독점하는 구조이고, 침팬지는 무리의 수컷과 발정기의 암컷이 거리낌 없이 짝짓기하는 난교(亂交)다. 무리 지어 생활했던 원시인류의 성 형태도 난교였으며, 다른 동물들과 마찬가지로 성숙한 여성에게는 일정한 발정기가 있었으며 그 기간에만 짝짓기했을 것이다.

발정기란 암컷의 배란 등 주기적인 생리 변화에 따라 일정한 기간 동안 성욕이 증가하고 임신할 준비가 되면서 수컷에게 교미를 허용하는 기간을 말한다. 동물에 따라 4~5일 또는 15일 등 그 기간이 다르다. 암컷은 이 기간에 짝짓기해야만 임신할 수 있으므로 자발적으로 수컷에게 자신의 발정기를 알린다. 말하자면 성적 신호(sex signal)를 보내는 것이다.

발정기의 원시여성은 어떤 형태로든 성적 신호를 보냈고, 성적 신호를 감지한 원시남성은 짝짓기하려고 접근했을 것이다. 더욱이 원시남성은 뇌의 발달과 뛰어난 지능으로 섹스를 통해서 다른 동물에게서는 찾아보기 어려운 강렬하고도 환상적인 '쾌감'을 경험했다(쾌감은 점점 인류 성행위의 절대적인 가치가 돼서 인류는 임신을 위한 성행위보다 쾌감을 얻으려는 섹스에 거의 전적으로 집착하게 됐다). 따라서 발정기의 여성에게 수많은 남성이 짝짓기하려고 달려들었을 것이다. 더구나 짝짓기 기회는 누구에게나 있었다.

그러나 원시남성이 발정기의 여성을 쟁취하는 방법은 다른 동물과 달랐다. 보통 동물은 강한 수컷이 암컷을 차지하지만, 원시인류는 오직 힘만으로 여성을 쟁취하지 않았다. 발정기의 여성에게 부지런히 사냥한 고기를 가져다줘 환심을 사거나 탁월한 지능으로 설득하는 등의 방법으로 짝짓기에 접근했다. 여성의 주변을 맴돌면서 기회를 노리다가 운 좋게 짝짓기를 할 수도 있었다.

어떠한 경우든 발정기의 여성을 쟁취하면 은밀한 구석을 찾아 몰래 섹스를 했다. 짝짓기 기회를 노리는 남성이 많았기에 그들의 눈에 띄지 않게 숨어서 몰래 섹스를 할 수밖에 없었기 때문이다. 저명한 진화생물학자 재레드 다이아몬드는『제3의 침팬지』에서 그렇게 남들의 눈에 띄지 않게 몰래 섹스했던 원시인류의 습성이 유전자에 각인되어 오늘날에도 섹스는 남들이 보지 못하게 몰래 하는 행위, 그래서 주로 어두운 밤에 하는 행위, 은밀한 사적 행위로 이어지고 있다고 지적했다.

그런데 원시여성에게 큰 문제가 생겼다. 임신 후에는 훨씬 더 많은 영양분이 필요한데, 배가 불러올수록 활동에 제약이 생겨 먹거리 구하기가 어려워졌다. 아이가 태어나면 양육은 더 힘들었다. 동물 가운데 수유 기간이 가장 길고 아이가 워낙 무력해서 항상 곁에서 보살펴야 했다. 아이를 데리고 이동조차 힘들었다. 더군다나 아이가 성장해서 자립하려면 10년 가까운 세월이 걸렸다. 다른 동물과는 비교도 할 수 없이 기나긴 양육 기간은 원시여성에게 족쇄나 다름없었다. 무엇인가 특단의 대책이 필요했다.

오랜 고뇌 끝에 원시여성이 내린 최선의 방안은 남성을 곁에 있게 하는 것이었다. 남성이 항상 곁에 있으면서 임신과 양육 기간에 지속적으로 사냥한 고기를 가져다주고 온갖 위험을 막아주고 보살피게 하는 것이었다. 그런데 남성을 항상 곁에 있게 하려면 어떻게 해야 할까?

남성은 자신의 유전자를 널리 퍼뜨리려는 본능뿐만 아니라 섹스를 통해 말로 표현할 수 없는 쾌감을 얻기 때문에 짝짓기에 집착하기도 하지만 성행위가 끝나면 그만이었다. 아무런 책임도 지지 않고 짝짓기할 또 다른 여성을 찾아 떠나버린다. 원시여성의 입장에서 볼 때 결론은 간단했다. 지속적으로 섹스를 제공해서 남성이 다른 여성을 찾아 나서지 않도록 붙잡아 놓는 것이었다.

더없이 현명한 방법이었지만 또 다른 문제가 있었다. 발정기에만 가능한 짝짓기 행위를 어떻게 지속해서, 때에 따라서는 매일 할 수 있을까 하는 문제였다. 하지만 그것 역시 해답은 간단했다. 언제가 발정기인지를 모르게 하면 될 듯싶었다. 그리하여 원시여성은 배란기를 감추는 쪽으로 진화해갔다. 여성에게 배란기는 곧 발정기다. 원시여성은 매일매일 이 배란기인 것처럼, 다른 말로 하면 배란기가 언제인지 모르게 감추며 원시남성과 짝짓기했다. 이렇게 원시여성은 지속적으로 섹스를 제공하고 원시남성은 고기를 제공하고 보호해주는 것을 맞교환한 것이다.

『사랑의 해부학』 등을 쓴 미국의 저명한 인류학자 헬렌 피셔는 여성의 은밀한 배란기와 관련해서 이러한 상호교환적이고 일종의 계약관계인 일대일의 남녀 결합이 결혼과 가족 그리고 일부일처제의 시초일지도 모른다고 말한다.

오늘날에는 배란기가 완전히 감춰져 자신의 배란기를 잘 모르는 여성도 적지 않다. 그리고 젊은 남녀가 사귀는 과정에서 남성이 여성에게 크고 작은 선물을 하고, 또 결혼을 앞두고 반지나 목걸이 등 값비싼 예물을 주는 것도 원시남성이 짝짓기하기 위해 원시여성에게 부지런히 고기를 주며 환심을 사려던 행동에서 유전된 것이라고 해도 틀린 말은 아니다.

남성의
퇴화된
수유 기능

아기에게 젖을 줄 일이 없는 남성에게 왜 젖꼭지가 있는 걸까? 젖꼭지가 있다는 것은 남성에게도 수유 기능이 있었다는 증거다. 사실이 그렇다. 남성에게도 유두·유륜·유선이 있다. 다만 아주 까마득하게 먼 옛날 호미니드 시절 '성(性)의 전쟁'에서 수유 기능을 여성에게 떠넘겼다는 것이 여러 인류학자의 주장이다. 따라서 남성의 젖꼭지는 수유 기능을 수행하지 않게 되면서 퇴화했다는 것이다. 그런데도 왜 남성의 젖꼭지는 완전히 사라지지 않았을까?

이와 관련해서 세계적인 생리학자이자 진화생물학자인 재레드 다이아몬드는 『섹스의 진화』에서 다음과 같이 자세하게 설명하고 있다. "남성은 분명히 젖을 먹일 수 있는 해부학적 구조도 결핍돼 있고, 수유에 선행하는 임신 경험도 없으며, 젖을 나오게 하는 호르몬도 부족하다. 하지만 특별히 유방 발달이 나타나고 적절한 호르몬만 주어지면 젖이 분비되는 남성도 있다. 적지 않은 남성에게서 호르몬을 주입하지 않더라도 젖을 분비하는 현상이 나타난다. 다시 말하면 남성의 젖 분비는 잠재적 생리현상의 테두리 안에 있다."

그렇다면 남성은 왜 잠재적이지만 수유 능력을 갖추고 있는 걸까? 인간의 세포핵에는 23쌍의 염색체가 있다. 이 가운데 22쌍은 성에 관련 없이 암수에 공동으로 있는 염색체(상염색체)이고, 1쌍은 성 결정에 관여하는 염색체(성염색체)로 X염색체와 Y염색체다(XX는 여성, XY는 남성). 즉 23쌍(46개)의 염색체 가운데 단 한 개가 남성을 결정한다.

여성의 몸에 자리 잡은 태아는 6주 정도가 될 무렵까지 눈·코·입·귀와 팔다리의 윤곽이 형성되고 젖꼭지도 만들어진다. 이때까지는 성 구별이 없다. 그러다 6주가 지나면서 태아에게 Y염색체가 있다면 그것의 발현으로 정소가 만들어지고 고환·음경 등 남성의 상징이 나타나며 형태적으로 남녀가 구분된다. 이처럼 Y염색체 발현 이전에 생긴 젖꼭지로 인해 남성도 여성처럼 수유 기능이 가능하다는 것이다.

그런데 왜 남자는 아기에게 젖을 주지 않게 됐을까? 근본적으로는 젖을 주지 않는 것이 아니라 줄 수 없게 수유 기능이 퇴화했다. 그러나 그 과정은 단순하지 않다. 수유 문제를 놓고 진화적으로 남녀 간에 '성의 전쟁'이 일어난 것이다. 이해하기 쉽게 말해서 '성의 전쟁'이지, 새끼의 수유와 관련해서 암컷과 수컷의 진화적 다툼과 경쟁이라고 할 수 있다.

진화는 생명체가 주어진 환경에 적응하기 위해 발전적으로 변화하는 것이다. 예컨대 낟알이나 벌레를 먹고 사는 새는 그것을 먹기 편하도록 부리가 짧게, 물가에서 작은 물고기를 잡아먹고 사는 새는 물속의 고기를 잡기 쉽도록 부리가 길게 진화했다. 이처럼 진화는 생존을 위한 것이다.

생명체가 생존을 이어가자면 환경에 적응하는 것과 더불어 필요한 게 한 가지 더 있다. 바로 번식이다. 대를 이어 후손을 낳고 번식해야 자기 종이 생존하고 번성할 수 있다. 몸집이 큰 포유류는 새끼를 한 번에 한두 마리만 낳아도 살아남을 수 있지만, 물고기나 조개 등은 한 번에 수백·수천만 개 이상의 알을 낳는다. 그 대부분이 물속에서 다른 물고기의 먹이가 되기 때문에 확률적으로 좀 더 많이 살아남아서 대를 이어갈 수 있도록 그렇게 진화한 것이다.

짝짓기를 통해서 새끼를 낳는 일은 지구상에 생명체가 등장한 이래 거의 모두 암컷이 도맡았다. 문제는 새끼의 양육이다. 더러는 수컷이 양육을 책임지기도 하고 암수가 함께 양육하기도 하지만, 특히 포유류는 암컷이 출산과 양육을 도맡는다. 포유류인 인간도 예외가 아니다. 진화과정에서 남녀의 경쟁을 통해 그렇게 진화한 것이다.

왜 그렇게 진화했을까? 물론 아주 먼 초기 인류 시기의 일이다. 먼저, 남성과 여성은 수정에서 출산에 이르기까지 태어날 아이에 대한 투자와 기여도에서 크게 다르다.

난자의 숫자가 제한적인 여성은 짝짓기할 상대의 선택에 매우 신중할 수밖에 없다. 출산할 수 있는 아이의 숫자도 제한적이다. 그뿐만 아니라 임신하게 되면 행동에 제약을 받고 10개월 가까이 자신의 배 속에서 태아를 키워야 한다. 그만큼 태어날 아이에 대해 공을 들여야 하고 헌신적으로 기여해야 한다. 대단한 투자가 아닐 수 없다.

반면에 남자는 짝짓기를 통해 자신의 정자를 암컷에게 제공하면 그것으로 끝이다. 동물의 수컷은 짝짓기가 끝나면 떠나버린다. 엄밀히 말하면 별로 투자하는 것이 없다. 그러나 수컷(남성)은 여러 암컷(여성)과 언제든지 짝짓기를 할 수 있어 후손을 퍼뜨리는 데 크게 기여한다.

과연 태어날 아이가 남성과 여성, 어느 쪽에 더 소중할까? 당연히 여성에게 훨씬 소중하다. 따라서 여성이 출산과 함께 아이에게 젖을 먹이도록 진화한 것이다.

그다음, 친자 여부에 대한 확신이다. 여성은 당연히 임신한 아이의 어머니다. 그러나 남성은 짝짓기했더라도 그 여성이 임신한 아이가 자기 아이라고 확신하기 어렵다. 여성이 다른 남성과도 짝짓기했을 수 있기 때문이다. 그런 부담을 안고 태어난 아이에게 젖을 준다는 것은 남성에게 헛된 투자가 될 수 있다. 그래서 남성은 수유하지 않는 쪽으로 진화했다.

남성도 해부학적으로 수유 기능을 지니고 있었지만, 그러한 이유들로 수유를 하지 않으니 그 기관들이 퇴화할 수밖에 없었다. 남성의 젖꼭지는 수유 기능이 있었다는 흔적일 뿐이다.

사람의 몸에서 사라지는 것들

지구상에서 인간의 몸보다 더 정밀하고 정교하고 섬세한 생명체는 없을 것이다. 인체는 구조는 물론 온갖 신경과 소화 기관을 비롯한 각 기관의 작용에 이르기까지 그야말로 완벽하다. 그러면서도 불필요한 것이 하나도 없다. 그러나 인간의 몸도 진화의 산물이다. 생물의 진화는 서식 환경의 적응에 필요한 것은 더욱 기능을 향상시키고 불필요한 것은 도태시킨다. 도태는 쓸모없어지거나 부적당한 부위를 퇴화시키는 것이다.

인체에서 쓸모가 없어져서 퇴화한 부위는 없을까? 생각보다 훨씬 많다. 그 대표적인 몇 가지를 살펴보자.

꼬리뼈

거의 모든 척추동물은 꼬리가 있다. 꼬리는 몸의 균형을 잡아주고 달리는 속도와 방향을 조절하는 중요한 기능을 한다. 아울러 동물의 심리 상태를 나타내기도 한다. 긴장된 상황에서는 꼬리를 추켜세우고, 복종하거나 겁이 나는 상황에서는 꼬리를 잔뜩 내린다. 또는 꼬리를 흔들어 반가움을 나타내기도 한다. 인류도 척추동물이며 꼬리가 있었다. 그 증거가 바로 꼬리뼈다. 꼬리가 있었지만 퇴화하고 꼬리뼈만 남았다.

인류뿐만 아니라 침팬지·고릴라 같은 유인원도 꼬리가 없다. 그들에게서 약 2000만 년 전에 꼬리가 사라졌다는 견해가 있는가 하면, 나무 위에서 내려와 직립보행을 하면서 꼬리가 퇴화했다는 견해도 있다. 약 2000만 년 전이라면 꼬리가 없는 민꼬리원숭이가 유인원의 아주 먼 조상일 것이다. 직립보행을 하면서 꼬리가 퇴화했다면 불과 몇 백만 년 전이다. 유인원은 대부분 나무 위에서 생활하다가 땅으로 내려왔다. 인류가 그렇고, 침팬지나 고릴라도 대부분 땅에서 생활한다. 침팬지나 고릴라는 네 발로 걷기도 하지만 앞발을 주먹 쥐듯 하고 너클 보행을 한다.

그렇게 보면 유인원은 두 발로 걸으면서 차츰 꼬리가 사라지기 시작했을 것으로 보인다. 네발 척추동물은 대부분 달리는 속도가 매우 빠르다. 꼬리로 몸의 균형을 잡고 속도와 방향을 신속하게 조절할 수 있기 때문이다. 하지만 인류를 비롯한 유인원은 달리는 속도가 그들보다 훨씬 느리다. 그러나 한결 지능이 높은 유인원은 모든 동물을 제압할 수 있었으며 앞발이 손으로 진화해서 침팬지도 간단한 도구를 다룰 줄 안다. 인류는 한 걸음 더 나아가 작고 정밀한 물체도 능숙하게 다루었고, 각종 도구를 만들어 사용할 수 있게 됐다. 그리하여 인류에게서 꼬리가 완전히 사라졌을 것이다.

그렇지만 아무런 기능도 없는 꼬리뼈가 남아 있어 적지 않은 고통을 주고 있다. 꼬리뼈가 남들보다 길거나 이상이 생기면 앉거나 눕기에 몹시 불편하고 때로는 통증을 유발한다. 타박상을 입어 골절되거나 염증이 생기면 고통이 더욱 심해진다. 그뿐만 아니라 관절염, 퇴행성 척추 장애, 허리 디스크 등의 원인이 되기도 한다.

사랑니

사랑니 때문에 고통을 받은 사람이 적지 않을 것이다. 사랑니로 음식을 자르는 것도 아니고 씹는 것도 아니다. 삐죽하게 튀어나와 틈새에 음식물 찌꺼기가 잘 끼고 양치질하기에도 몹시 불편하다. 툭하면 통증을 일으켜 큰 고통을 준다. 이런 사랑니는 쓸데없이 왜 있는 걸까?

성인의 치아는 사랑니를 제외하고 모두 28개다. 그것으로 치열이 완성된다. 그런데 턱뼈에서 마지막으로 만들어지는 사랑니는 위턱·아래턱의 좌우, 이렇게 네 군데서 생성된다. 물론 개인별로 차이가 있다. 전혀 안 나는 사람도 있고, 한 개 또는 두 개가 나기도 하고, 네 개가 모두 나는 사람도 있다. 그래서 인간의 치아는 28개에서 최대 32개다.

사랑니는 대개 10대 후반에서 20대 초반에 난다. 이 시기가 사랑이 싹틀 때라서, 그리고 나올 때 첫사랑을 앓듯 아프다고 해서 이름도 사랑니다. 서양에서는 사람이 지혜를 갖추게 될 때 생겨난다는 뜻에서 wisdom tooth라고 한다. 이름은 그럴싸하지만, 지금은 인간에게 전혀 쓸모없는 치아다.

포식동물에게 크고 날카로운 송곳니가 있듯이 먹거리와 서식 환경에 적응하도록 동물의 이빨이 진화했다. 원시인류는 잡식성으로 작은 짐승을 잡아서 날고기를 먹었고 거친 음식을 먹었으니까 송곳니가 있었으며 어금니도 날카로웠을 것이다. 하지만 원시인류는 수십만 년 전 불을 이용해 고기와 음식을 구워 먹고 익혀 먹게 됐다. 한마디로 부드러운 음식을 먹게 된 것이다. 그에 따라 송곳니의 기능도 크게 줄어들었고 어금니도 부드러운 음식을 씹기 좋게 뭉뚝하고 편편하게 진화했다.

그와 함께 턱뼈가 점차로 작아졌다. 인류가 갖춰야 할 치아는 숫자가 정해져 있는데 턱뼈가 작아지면 치아가 들어설 자리가 그만큼 좁아질 수밖에 없다. 그리하여 28개의 치아는 치열을 형성했지만, 세 번째 어금니, 즉 사랑니가 들어설 충분한 자리가 없었다. 그 때문에 억지로 비집고 나오면서 비뚤어지거나 비스듬히 기울어졌다.

이렇게 사랑니는 유전자에 의해 어쩔 수 없이 생겨났지만, 아무런 기능도 하지 못하는 쓸모없는 치아가 되고 말았다. 아울러 비좁은 자리에 억지로 뚫고 나왔으니 잇몸 전체가 아프거나 사랑니 부근에 툭하면 통증을 일으키기도 한다. 운 좋게 아예 사랑니가 나오지 않는 사람도 있다. 태즈메이니아 원주민은 모두에게 사랑니가 있고, 멕시코 원주민은 누구에게도 사랑니가 없다고 한다.

치과에서는 사랑니를 뽑도록 권장한다. 심한 통증과 얼굴이 붓는 등 고통만 줄 뿐 아무런 쓸모가 없는 사랑니는 뽑아버리는 것이 낫다는 것이다. 특히 사랑니가 밖으로 나오지 않고 턱뼈에 묻혀 있는 사람은 그 위치가 자주 변하기도 해서 갖가지 합병증으로 고생한다. 반드시 의사와 상의해서 처치해야 한다.

맹장

맹장은 인체에서 불필요한 부위로 가장 널리 알려져 있다. 그런데 불필요한 부위는 맹장이 아니라 맹장의 끝에 있는 지름 1센티미터, 길이 6~7센티미터쯤 되는 가느다란 관 모양의 벌레처럼 생긴 충수(蟲垂)다. 우리가 보통 맹장염이라고 하지만, 의학적으로 정확하게 말하면 충수에 염증이 생기는 충수염 또는 충수돌기염이다. 맹장과 맹장 끝에 돌기한 충수를 합쳐 포괄적으로 또는 관행적으로 맹장이라고 한다.

사실 맹장은 인체에 꼭 필요한 기관이다. 입을 통해 음식물을 섭취하면 입→식도→위장→소장→대장을 거쳐 소화되고 찌꺼기는 항문으로 배출된다. 이러한 소화 과정에서 맹장은 소장에서 대장으로 이어지는 연결고리와 같은 부위로, 수분과 염분을 흡수하고 내용물에 점액을 섞어 더욱 부드럽게 하는 역할을 한다. 다시 말하면 소화 과정에서 꼭 있어야 할 기관이다.

그러면 맹장 끝에 가느다란 주머니처럼 매달려 있는 충수는 어떤 기능을 할까? 무엇인가 필요성이 있을 것이다. 소장에서 소화된 음식물은 맹장을 거쳐 대장으로 가지만 충수는 거치지 않는다.

다윈은 충수가 고릴라나 인간 같은 대형 영장류에게만 있는 장기로, 초식 위주로 살던 시절에 발달한 장이 퇴행해 남은 기관이라고 했다. 인류의 식성이 바뀌는 과정에서 기능을 잃고 점점 퇴화해가는 흔적기관에 불과하다는 것이다. 충분히 근거가 있는 주장이다.

육식동물은 대부분 맹장이 퇴화했거나 거의 없다. 맹장이 없으면 충수도 없다. 하지만 초식동물은 맹장이 길다. 섬유질의 풀을 소화시키는 데 시간이 오래 걸리기 때문이다. 맹장이 되새김 역할을 하는 것이다.

유인원이었던 우리 인류의 먼 조상들도 나무 위에서 살면서 초식 위주로 먹거리를 해결했다. 그러다가 땅으로 내려와 사냥하면서 육류를 섭취하게 됐고 불을 사용해 고기를 익혀 먹게 되면서 소화가 더욱 빨라져 소장·대장 등 장의 길이가 급속도로 짧아졌다. 그에 따라 충수는 필요

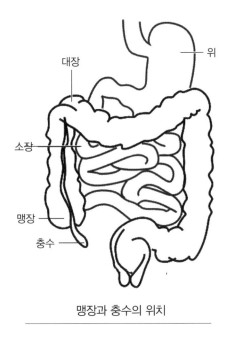

맹장과 충수의 위치

성이 거의 없어져 퇴화하고 흔적만 남았다고 할 수 있다. 더욱이 충수에
는 섬유질을 분해할 수 있는 박테리아가 없다.

　20세기에 이르기까지 다윈의 주장이 거의 정설로 받아들여졌다. 그
런데 근래에 와서 의학자들에 의해 충수는 소화기관의 일부가 아니라
면역기관이라는 주장이 제기돼 큰 설득력을 얻고 있다.

　인체에는 무려 100조 개에 이르는 박테리아가 있으며 그 가운데 인
체에 해로운 것도 있고 이로운 것도 있다. 충수에는 면역세포와 함께 이
로운 미생물이 가득 들어 있다는 것이다. 소화불량으로 인한 설사나 이
질·콜레라 등의 위험한 병원균이 장의 기능을 크게 악화시킬 때 충수에

보관하던 이로운 미생물을 대장으로 보내 회복을 돕는다는 것이다. 그 때문에 충수는 수십 차례의 진화 과정을 겪으면서도 염증(충수염)의 위험을 감수하면서 지금까지 유지되고 있다는 것이다.

하지만 여전히 충수를 수술로 제거하는 것은 손실보다 이득이 더 크기 때문이다. 충수가 탈이 난 장의 기능을 회복시키는 데 도움을 주는 면역 기능이 있다고 하더라도 그보다 충수염이 주는 인체의 피해가 더 크다는 것이다. 악화된 장의 기능은 충수가 있어서 회복이 빠를 수 있지만, 없어도 회복이 조금 더딜 뿐이라는 것이다. 더욱이 요즘은 좋은 약이 많다. 그러나 급성충수염에 걸렸을 때 제때 절제 수술 등 치료하지 않으면 생명을 잃을 수도 있다.

외국의 자료에 따르면 인구의 약 5~10퍼센트가 충수염에 걸리는데, 확률적으로 여성이 남성보다 두 배나 높다고 한다. 우리나라에서도 한 해에 10만 명 가까이 충수염 절제 수술을 받는 것으로 나타나고 있다.

귀 근육

생명체는 무엇인가 먹어야 생명을 유지할 수 있다. 따라서 동물은 먹이를 찾아 돌아다니는 것이 일상이다. 특히 포식동물처럼 움직이는 먹잇감을 사냥하려면 코와 귀가 예민해야 한다. 동물의 후각과 청각이 크게 발달한 까닭이다. 멀리 떨어져 있는 먹잇감을 찾으려면 냄새를 잘 맡아야 하고 아주 작은 소리라도 잘 들어야 한다. 그래서 떠돌아다니면서도 끊임없이 코를 킁킁거리고 귀를 쫑긋 세운다.

그뿐만 아니라 천적으로부터 자신을 방어하기 위해서도 예민한 후각과 청각이 필요하다. 천적이 가까이 있는지 냄새로 알아야 하고, 예민한

귀로 천적이 다가오는 소리를 들어야 한다. 그래서 개나 고양이, 토끼 같은 동물은 귀 근육이 발달해서 소리가 들리는 방향으로 귓바퀴를 움직인다. 먹잇감이 되는 초식동물도 마치 더듬이처럼 소리 나는 쪽으로 귀를 움직인다.

그러나 인간의 귀에는 근육이 없으므로 움직이지 않는다. 물론 아예 없지는 않고 9~10개 정도 있지만, 귀를 움직일 만한 능력은 없다. 하지만 인간의 아주 먼 조상은 다른 동물들처럼 귀를 움직일 수 있게 귀 근육도 발달해 있었다는 것을 알 수 있다. 다만 그 필요성이 사라져 귀 근육이 퇴화한 것이다.

귀 근육이 퇴화하게 된 중요한 이유 중 하나는 뛰어난 지능이다. 인류는 물론 침팬지나 고릴라 등 대형 유인원에게는 천적이 거의 없다. 사자나 호랑이 같은 맹수를 힘으로는 당해낼 수 없고 때로는 먹히기도 하지만, 뛰어난 지능으로 그들을 피할 수 있고 미리 대처하기 때문에 천적이 있을 수 없다. 오히려 그 반대로 인간이 그들의 천적이다.

동물은 귓바퀴를 안테나처럼 움직여 사방에서 들려오는 갖가지 소리를 모아 들으면서 먹이가 있는 곳으로 찾아가든지 다가오는 천적을 피해 도망친다. 하지만 인간은 뛰어난 지능으로 먹거리가 있을 만한 곳을 예측하고 위험성에는 미리 대비하기 때문에 그럴 필요가 없다. 따라서 집음(集音), 즉 안테나와 같이 소리를 모아야 할 필요성이 없어지면서 귀 근육도 퇴화한 것이다.

편도샘

편도샘은 입을 벌렸을 때 목젖 양옆에 있는 복숭아씨처럼 생긴 부위다. 그래서 이름에 복숭아 '도(桃)' 자가 들어갔을 것이다. 서양에서는 아몬드같이 생겼다고 한다. 편도샘은 일반적으로 입안 양쪽, 목젖 위, 혀뿌리, 이렇게 세 종류로 나누며 그에 따른 해부학적 명칭이 있다. 편도샘은 코와 입으로 들어오는 세균 등을 막아주는 면역 기능을 하지만, 세 살이 넘으면 그 기능이 크게 줄어들어 필요성이 거의 없으므로 제거해도 별다른 영향이 없다고 한다.

반드시 편도샘을 없앨 필요는 없지만, 편도샘에 문제가 자주 발생하는 사람도 있다. 무엇보다 편도샘이 비대해지면서 붓는 것이 문제다. 특히 환절기에 기후가 급변하면 체온도 변화를 일으키면서 저항력이 떨어져 감기에 걸리고 목이 붓고 열과 한기·두통을 동반하는 편도샘염에 걸려 큰 고통을 받는다. 편도샘이 붓게 되면 몸살도 문제지만 호흡도 불편하고 음식 삼키기가 여간 불편한 게 아니다. 이러한 편도샘염에는 급성과 만성이 있다.

편도샘이 비대해지면 기도를 가로막아서 잠을 잘 때 코를 심하게 골거나 무호흡증으로 위험한 상황을 맞기도 한다. 또 편도결석도 있다. 편도의 작은 구멍들 사이에 음식물 찌꺼기가 끼고 세균이 증식하면 이물질이 생기고 심한 악취가 난다. 입 냄새가 매우 심한 사람은 편도결석을 의심해볼 필요가 있다. 편도샘암도 있다.

편도샘 질환은 좀처럼 완치되지 않고 자주 재발한다는 것도 문제다. 심하면 의사와 상의해서 적절한 치료를 받거나 아예 제거하는 것도 좋은 방법이다.

정자(精子)가 사라지고 있다

정자는 인간뿐만 아니라 대부분 동물의 수컷에서 생성되는 생식세포다. 정자가 여성의 몸 안으로 들어가 난자를 만나 수정돼야 후손이 태어난다는 것은 누구나 알고 있는 상식이다. 그런데 남성의 정자가 갈수록 점점 줄어들고 있다는 것이다. 정자가 줄어들수록 그만큼 수정이 어려우므로 요즘 사회문제가 되고 있는 저출산의 한 가지 원인이 된다.

도대체 정자는 왜 줄어들고 있는 걸까? 남성의 정자 수가 줄어들게 된 원천적 이유로 일부일처제를 지적하는 학자들이 적지 않다.

동물의 짝짓기 행태는 종(種)마다 다르다. 침팬지의 짝짓기 행태는 난교다. 암컷이 발정기가 되면 상대를 가리지 않고 닥치는 대로 짝짓기한다. 그와 달리 고릴라는 우두머리 수컷이 혼자서 무리의 모든 암컷을 독점한다. 인류는 침팬지와 고릴라의 중간 형태였다. 이러한 차이는 고환 크기에서 나타난다. 난교를 하는 침팬지는 그만큼 정자를 많이 생산해야 하므로 고환이 가장 크다. 반면에 암컷을 독점하는 고릴라는 경쟁 상대가 없으므로 고환이 가장 작다.

이와 같은 생물학적 근거로 볼 때 인간의 남성은 침팬지와 고릴라의 중간으로 적어도 한 명 이상의 여성과 짝짓기할 수 있는 생식 구조를 가지고 있다. 그것은 키 차이에서도 나타난다. 여러 암컷과 짝짓기하는 동물일수록 수컷과 암컷의 몸집 차이가 크다. 인간은 남성이 여성보다 평균적으로 15~20퍼센트 키가 크다. 말하자면 남성과 여성이 일대일의 관계가 아니라 남성에게 20퍼센트 정도의 바람기가 있다는 것이다. 남성의 외도, 즉 혼외정사가 많은 것도 그 까닭이다. 그런데 대략 1만여 년쯤 전부터 일부일처제가 되면서 정자를 많이 생산해야 할 필요성이 줄어들어 차츰 정자 수도 감소했다는 것이다.

그런데 왜 정자 수가 급격하게 줄어들고 있는 걸까?

전문가들은 보편적인 이유로 생활습관의 변화를 손꼽는다. 문명이 발달하면서 남성은 육체적 노동보다 의자에 앉아 있는 시간이 많이 늘어났다. 거의 온종일 의자에 앉아서 일하는 남성도 많다. 앉아 있는 시간이 길수록 고환이 더욱 따뜻해진다. 고환이 더워지면 열(熱)의 영향으로 정자 생산이 줄어든다는 것이다.

하지만 정자가 줄어드는 치명적인 이유는 흡연, 화학물질 섭취, 공해 등이라고 한다. 어느 자료에 따르면 1973~2011년 미국, 유럽 국가들, 오스트레일리아 남성의 정자 수가 그전보다 무려 절반 가까이 줄어들었다고 한다. 그 이유가 바로 흡연과 화학물질에의 노출이라는 것이다.

문명의 발달과 함께 인간은 숱한 화학물질과 더불어 살아가고 있다. 몇몇 천연식품과 유기농식품을 제외하면 대부분 화학물질이 첨가된 가 공식품이다. 자신도 모르게 매일같이 많은 양의 화학물질을 섭취하는 것이다. 이러한 화학물질이 정자 생산을 저해하거나 정자를 소멸시킨다.

특히 담배는 한마디로 화학물질 덩어리다. 니코틴·타르·일산화탄소를 비롯해서 무려 4000여 가지의 발암물질과 독성물질로 구성돼 있다. 지나친 흡연은 정자의 감소는 물론이고 발기력의 저하를 가져온다. 오염된 공기 등에 포함된 각종 공해물질이 코와 입을 통해 인체로 침투한다. 결과적으로 온갖 화학물질을 섭취하는 것과 다름없다.

이러한 이유로 남성의 정자 수가 갈수록 크게 줄어들면 결국 저출산은 더욱 심화될 것이다. 그런데도 뾰족한 대책이 없는 것이 더욱더 문제가 되고 있다.

사라진
나폴레옹의
성기

두말할 필요 없이 나폴레옹은 프랑스의 전쟁영웅이자 황제로서 온 세상에 널리 알려진 인물이다. 그런데 1821년, 그가 죽어 장례를 진행하던 사람들이 깜짝 놀랐다. 그의 성기(性器)가 감쪽같이 사라진 것이다. 아니, 황제의 성기가 없어지다니 그럴 수가 있을까?

그 연유를 알아보기 전에, 잠깐 나폴레옹의 생애부터 간단히 살펴보자. 나폴레옹은 1769년 이탈리아 영토였다가 프랑스령이 된 지중해의 코르시카섬에서 태어나 프랑스 육군사관학교를 졸업하고 포병장교가 됐다. 그 뒤 탁월한 지도력으로 승승장구하다가 프랑스 혁명이 일어나자 1799년 불과 30세에 제1 집정관이 됐다. 비약적인 출세였다.

이어서 1804년에는 국민투표에 의해 황제로 등극하면서 유럽 대륙을 휩쓰는 정복전쟁에 나서 잇따라 파죽지세로 승리하며 프랑스의 영웅이 됐다. 그러나 영국을 봉쇄하는 데 실패하고 무리하게 러시아 원정에 나섰다가 크게 실패하면서 1814년 폐위돼 엘바섬으로 유배됐다.

1년 뒤 다시 파리로 돌아와 황제에 즉위했지만, 워털루 전쟁에서 유럽연합군에 패배하면서 영국에 항복했다. 그 때문에 또다시 황제에서 쫓겨나 대서양의 세인트헬레나섬에 유배됐다가 1821년 그곳에서 사망했다.

　나폴레옹은 약간 오동통한 땅딸보 스타일로 키가 작았던 것으로 알려졌다. 그러나 실제로 그의 키는 167센티미터 정도로 당시 프랑스군의 평균 키가 164센티미터였으니까 오히려 약간 큰 키였다고 한다. 하지만 그를 호위하는 근위대는 체격이 건장하고 대부분 키가 180센티미터 이상이어서 상대적으로 매우 작아 보였을 것이다.

　그러나 키보다 그를 따라다니는 악성 루머는 불임 등 그의 성적 능력에 문제가 있다는 것이었다. 그는 26세 때 여섯 살이나 많은 연상녀이자 아이가 둘인 32세의 과부 조제핀과 결혼했다. 그녀의 첫 남편은 귀족 재력가였지만 프랑스 혁명 후 공포정치를 펼쳤던 로베스피에르에 의해 반혁명분자로 몰려 처형당했다.

　하지만 웅대한 야망을 품고 있던 나폴레옹이 조제핀에게서 재력의 도움을 받으려고 결혼했다는 견해가 있다. 나폴레옹은 자신의 뒤를 이을 후손을 기대했지만, 그들 사이에는 아이가 없었다. 그 때문인지 나폴레옹은 폴란드의 20대 기혼여성에게 끈질기게 접근해서 마침내 귀족 남편과 이혼시키고 정부로 삼았다. 더욱이 그녀는 1년 만에 나폴레옹의 아들을 낳았다.

　그러자 조제핀이 "나폴레옹은 불임이다. 내가 그와 잠자리를 같이했기 때문에 잘 안다. 그의 정부가 낳은 아이는 절대로 나폴레옹의 아들일 수 없다"라고 공개발언을 했다. 조제핀의 질투심 때문이었는지 모르지만, 그때부터 나폴레옹은 불임이며 성 능력에 문제가 있다는 루머가 사실처럼 떠돌았다. 나폴레옹은 폴란드 출신 정부가 낳은 아들에게 자기 성을 부여하지 않고 엄마의 성을 따르게 해서 그의 성 능력에는 문제가 있는 것으로 더욱 굳어졌다.

황제가 된 나폴레옹은 아내 조제핀이 있는데도 불구하고 후계자를 얻으려고 러시아 황제의 15세 된 여동생과 결혼을 추진한 적이 있었다. 하지만 러시아 황실에서는 불임 등 그의 부실한 성 능력을 구실로 거절했다. 나폴레옹은 다시 오스트리아의 18세 황녀와 결혼을 추진해서 재혼을 성사시켰다. 그에 따라 조제핀과는 결혼 13년 만에 어렵게 이혼했으며, 황녀가 아들을 낳아 나폴레옹이 불임이 아니라는 사실이 증명됐다.

그렇더라도 나폴레옹의 성적인 문제와 관련해서 그의 성기와 고환이 무척 작았던 것은 틀림없었던 것 같다. 아주 작은 성기는 그의 콤플렉스였다. 그래서 40대의 나이에도 성 경험이 없어서 성적 만족감을 모를 수밖에 없는 15세·18세의 황녀들과 결혼을 추진했을지도 모른다. 그는 자신의 해소할 수 없는 콤플렉스를 정복전쟁으로 풀었다. 그리하여 훗날 역사가들은 나폴레옹이 자신의 성욕을 만족스럽게 표출했더라면 유럽을 휩쓴 전쟁도 없었을 것이라고 말한다.

나폴레옹이 유배지 세인트헬레나섬에서 파란만장한 인생을 끝내고 사망하자 그의 정확한 사인을 밝히기 위해 영국의 저명한 의사가 부검했다. 그때 영국 의사가 나폴레옹의 너무 작은 성기를 보고 놀랐을지 모른다. 어찌 됐든 영국 의사는 나폴레옹의 성기를 절단해서 나폴레옹의 고향인 코르시카섬의 비그날리 신부에게 전해줬다고 한다. 그런가 하면 비그날리 신부가 나폴레옹의 성기와 다른 유품들까지 함께 빼돌렸다는 주장도 있다.

그 뒤 100년이 넘도록 사라진 나폴레옹의 성기는 행방조차 알 수 없어 잊혔는데 어찌 된 영문인지 1927년 미국 뉴욕의 박물관에 전시돼 다시 관심을 끌었다. 당시 미국의 시사주간지 《타임》은 그것을 보고 "마치 가죽 구두끈 토막 같았다"고 보도했다. 바짝 말라서 쪼그라든 탓도 있겠지만 역시 무척 작았다는 이야기다.

뉴욕의 박물관에서 왜 팔게 됐는지 모르지만, 1977년 뉴욕의 한 비뇨기과 의사가 그것을 3000달러에 매입했다. 그것의 유물 가치로 따지면 무척 헐값이었다. 하지만 가치가 폭등해서 2011년에는 10만 달러까지 치솟았다고 한다. 그러자 많은 사람이 "호랑이는 죽어서 가죽을 남기고 사람은 죽어서 이름을 남긴다"고 하지만, 나폴레옹은 죽어서 이름뿐만 아니라 성기까지 남겼다고 멋쩍게 웃었다고 한다.

3 종교

인도에서
사라진
불교

인도는 거의 모든 국민이 돈독한 신앙심을 가진 나라로, 긴 머리와 긴 수염의 수행자들이 넘쳐난다. 그들이 추앙하는 신(神)만 하더라도 무려 3만에서 3만 5000 정도라고 한다. 어찌 보면 국민이 저마다 떠받드는 신이 있는 것 같다.

그런가 하면 인도는 불교를 창시한 석가모니가 태어나고 불교를 널리 전파한 나라다. 상식적으로 불교가 인도의 국교가 되거나 다른 어느 나라보다 불교가 융성해야 맞을 것 같다. 그런데 실상은 전혀 다르다.

유대교·기독교의 발상지인 이스라엘의 예루살렘이나 이슬람교의 발상지 사우디아라비아의 메카는 그 종교의 성지로 수많은 순례자의 발길이 끊이지 않는다. 하지만 불교의 발상지 인도에는 불교의 성지도 없고 참배할 만한 전통 깊은 사원도 없다. 인도의 불교 신자 수는 전체 인구의 0.1퍼센트에 불과하다. 불교가 태어난 곳에서 사라졌다고 해도 과언이 아니다. 대체 왜 인도에서 이렇게 불교가 쇠락했을까?

인도는 세계 4대 문명의 하나인 인더스문명의 발상지로 5000~6000년 전부터 찬란한 문화를 꽃피우며 풍요로운 농경 생활을 하고 있었다. 워낙 국토가 넓어 수많은 민족이 곳곳에 흩어져 소왕국을 이루고 살았지만 그들의 정신세계를 하나로 집약시키는 공통된 신앙 요소가 있었다. 『베다(Veda)』였다.

『베다』의 정확한 기원은 알 수 없지만, 기원전 1500~1200년경에 만들어진 문헌으로 일종의 찬가(讚歌) 모음이다. 보편적인 신화에서 보듯이, 우주와 자연과 세상 만물을 인격화시킨 신들을 찬양하는 시(詩)나 노래 따위를 모아놓은 것이다. 이러한 『베다』가 인도에 사는 사람들의 공통적인 사유의 세계가 되고 차츰 종교로 발전해서 예배와 의식을 만들어냈다.

그럴 무렵 북쪽에서 아리안족이 침입해 왔다. 아리안은 흑해와 카스피해 연안, 중앙아시아에서 오래 살아온 유목민족으로 당시 청동기·철기문화를 가지고 있었다. 그들은 남쪽으로는 인도 북부, 서쪽으로는 유럽으로 세력을 확장했다. 유럽에 진출한 아리안은 게르만이 됐다.

인도 북부로 진출한 아리안은 농경이 주업이었던 인도 원주민 드라비다족을 앞선 철기문화로 쉽게 제압했다. 아리안족은 전통적으로 조로아스터교와 브라만교, 두 가지 종교를 가지고 있었다. 조로아스터교는 유대교와 기독교에 큰 영향을 미쳤으며, 인도 북부의 대부분을 차지한 아리안족의 종교는 브라만교였다.

브라만교는 우주의 섭리와 삼라만상을 지배한다는 신적 존재인 브라흐마를 신봉하는 종교다. 그런데 우주와 자연현상의 오묘한 조화를 찬양하는 인도의 『베다』와 별 차이가 없어서 쉽게 인도 원주민의 정신세계·신앙세계를 잠식할 수 있었다. 그와 함께 우수한 문화로 정복자가 되어 인도 북부를 지배하면서 아리안의 우월성을 확고하게 자리매김하기 위해 철저한 계급제도를 만들었다. 그것이 바로 오늘날까지도 이어지고 있는 인도의 카스트 제도다.

카스트 제도에서는 브라만교의 사제가 가장 높은 계급이고, 그다음은 왕과 왕족, 그다음은 상인이나 농민으로 세금을 내는 평민, 가장 아래 계급은 노예나 정복당한 부족 등 천민(불가촉천민)이다. 이러한 계급은 엄격하고 철저하게 지켜졌으며 다른 계급과는 결혼할 수도 없었다.

브라만교의 사제는 왕이나 왕족보다도 계급이 높았으니, 세상이 그들의 것이었다. 그들은 최고의 특권층으로 온갖 부귀영화를 누리며 갖가지 세금을 철저하게 거둬들였다. 인도는 워낙 국토가 넓어서 벵골어·카슈미르어·우르두어·드라비다어 등 다양한 지방어가 있었지만, 브라만교에서는 경전의 서술과 종교의식의 진행에서 오직 산스크리트어만 사용했다. 브라만교 사제들은 산스크리트어로 뽐내듯 난해하고 현실과 동떨어진 관념적인 이론만 늘어놓아 평민은 그들의 말을 제대로 알아듣지도 이해하지도 못했다.

하지만 가난한 평민에게 그보다 더 고통스러운 것은 가혹한 세금 수탈과 가축 문제였다. 가난한 농민은 농사지을 소가 부족해서 어려움을 겪는데, 브라만교는 신에게 제사 지낼 때마다 소를 마구 잡아 제물로 바쳤다. 그러한 갖가지 이유로 평민들 사이에서 브라만교에 불평·불만이 커지고 있을 때 등장한 것이 바로 불교와 자이나교였다.

불교를 창시한 석가모니는 인도 북부 네팔과 접경 지역에 있던 소왕국 카필라의 왕자였다. 그는 29세에 부귀영화를 버리고 왕궁을 나와 고

행하며 깨달음을 얻었다. 그의 본명은 고타마 싯다르타였다. 석가모니(釋迦牟尼)는 'Sakiyamuni(샤키아족 출신 성자)'를 한자로 음사한 것이고, '붓다'는 '깨달은 자'라는 뜻이다. 그는 철저하게 평민 편에 서서 브라만교와는 거의 정반대의 교리를 내세웠다. 카스트 제도의 부당함과 현세에서의 평등, 내세에서의 구원 등을 설파하며 가난과 과중한 세금 등으로 고통받고 있는 평민을 위해 중생제도(衆生濟度)에 나섰다.

그는 다른 종교처럼 절대적인 신을 내세우지 않고 깨달음을 얻으면 누구든지 부처가 될 수 있다고 설파했다. 더욱이 모든 생명을 존중하는 불살생(不殺生)을 내세우고 채식과 소의 도살 금지를 주장하면서 평민으로부터 큰 호응을 얻어 빠르게 교세를 확장했다.

기원전 4세기경 인도 북부에 강력한 마우리아 왕조가 들어서 소왕국들을 통합하고 남쪽으로 세력을 넓혀가고 있었다. 특히 통치력이 뛰어났던 제3대 아소카 왕은 많은 사람이 심취해 있는 불교를 정치적으로 이용하기 위해 적극적으로 장려했다. 그리하여 불교가 빠르게 대중화됐지만, 차츰 문제점을 드러냈다. 중생 편에 섰던 불교가 집권층 편에 서게 되면서 권력 집단이 돼갔다. 승려도 지배층과 어울리며 그들의 기반인 중생을 소홀히 했다.

그즈음 마우리아 왕조보다 더 막강한 굽타 왕조가 들어서 인도 북부를 평정하고 중서부까지 장악하면서 절대권력을 행사했다. 더욱이 찬드라굽타 1세는 자신을 살아 있는 신으로 신격화하고 떠받들게 하면서 불교를 강력하게 탄압했다. 불교 사원이 가차 없이 파괴됐고 승려는 갈 곳을 잃었다. 이러한 상황에서 불교는 자연히 크게 위축될 수밖에 없었다.

한편 빠르게 확산되던 불교의 위세에 눌려 존재감이 없을 정도로 움

츠러들었던 브라만교는 완전히 탈바꿈하고 전혀 새로운 모습으로 대중 앞에 나타났다. 종교의 명칭도 브라만교가 아니라 힌두교였다. '힌두'는 인도를 뜻하니까 힌두교는 '인도의 종교'라는 의미다.

명칭도 그처럼 포괄적일 뿐만 아니라 교리도 포괄적이었다. 대중으로부터 큰 호응을 얻었던 불교의 교리도 상당 부분 포함시켰다. 대표적인 것이 모든 생명을 존중하는 불살생이다. 브라만교가 신에게 제사 지낼 때마다 수많은 소를 잡아 제물로 바치면서 가난한 대중의 원성을 샀었는데 거꾸로 소를 신성시한 것이다.

더 나아가 인도인이 저마다 떠받드는 헤아릴 수 없이 많은 신을 모두 받아들이고 붓다(석가모니)도 인도인이 가장 숭배하는 비슈누 신이 환생한 것이라며 그들의 신 가운데 하나로 집어넣고 불교를 아예 힌두교에 편입시켰다. 심지어 인도의 전통적인 민간신앙, 미신, 관습 등 인도인의 정신세계와 관련 있는 것은 모두 포함시켰다. 그 때문에 훗날 종교학자들이 힌두교는 종교이면서 인도인의 생활방식이자 힌두문화의 총체라고 말하듯 힌두교에는 인도의 모든 것이 담겨 있다.

어찌 됐든 힌두교는 인도의 거의 모든 신앙과 융합했기 때문에 창시자도 없고 특별한 교리도 없으며 체계적인 조직도 없었다. 하지만 몇 가지 공통된 특성은 있었다. 이를테면 형체가 없는 브라흐마가 그들의 신이며 비슈누는 브라흐마가 인격을 갖춘 신이라는 것이다. 기독교에서 하나님이 있고 하나님의 대리자격인 예수가 있는 것과 비슷하다. 아울러 『베다』를 인정하고 생명존중의 불살생과 불교적인 업과 윤회를 믿는다.

업(業)이란 어떤 결과에는 반드시 원인이 있으며 현재의 삶은 과거에 있었던 행위의 결과라는 것이다. 윤회(輪廻)는 자신의 업에 따라 삶과 죽음이 반복적으로 순환한다는 것이다. 이것에 대해 힌두교와 불교는 차이가 있다. 힌두교는 개인의 운명에 신이 간섭한다고 했지만, 불교는 신을 믿지 않았다.

인도인의 입장에서 힌두교를 믿지 않을 이유가 없었다. 다른 종교는 그들만의 특정한 교리가 있어서 그것을 믿어야 하고 반드시 지켜야 하지만, 힌두교는 다른 종교의 특성도 포함돼 있고 그들의 생활방식이나 풍습·풍속 등의 문화까지 포함하고 있으니까 힌두교만 믿으면 더 없이 편하고 만사형통이었기 때문이다.

이러한 신앙적 환경에서 불교는 차츰 설 자리를 잃고 말았는데, 설상가상으로 8세기에는 힌두교와 비슷한 성격의 '탄트라불교'가 등장했다. 탄트라불교는 『베다』 이후에 나온 탄트라 경전을 교리의 기본으로 삼고 힌두교의 대중적 요소들을 포함시켜 밀교(密教) 형태로 전파됐다. 그 때문에 정통 불교는 더욱 쇠락할 수밖에 없었다. 탄트라불교는 뒤에 네팔·티베트로 건너가 라마교가 됐다.

그러나 인도에서 불교가 결정적인 치명타를 맞은 것은 10세기 이슬람의 침략이었다. 아프가니스탄을 지배하던 이슬람 왕조들이 인도를 침략해서 막대한 피해를 주었다. 이때 그나마 남아 있던 불교 사원이 대부분 파괴되고 약탈당했다. 불교를 지키려던 승려는 이슬람의 노예가 되거나 네팔·티베트 등으로 피신했다. 이것이 인도에서 불교가 사라지게 된 결정적인 이유라고 할 수 있다.

13세기부터 델리를 수도로 하는 인도의 이슬람 왕조인 델리 술탄 왕조가 들어서고, 16세기 이후에는 무굴제국이 수백 년 동안 인도를 지배하면서 이슬람교와 힌두교는 서로 영향을 주고받으며 유지됐으나, 불교는 거의 자취를 감추었다. 현재 인도 총인구의 약 81퍼센트가 힌두교, 약 13퍼센트가 이슬람교를 믿는 것으로 알려졌다. 불교는 전체의 약 0.1퍼센트에 불과하다. 불교가 발상지인 인도에서 사라졌다고 해도 틀린 말이 아니다.

인도에서 불교의 영향력이 사라지면서 불교 내부에서도 갈등이 생겼다. 교리에 충실하며 수행에 집중할 것인가, 아니면 대중에 대한 포교에 더 노력할 것인가가 갈등의 핵심이었다. 그리하여 2세기경에 대승불교와 소승불교로 크게 나뉘었다. 원래부터 대승·소승이 있었던 것이 아니라 중생에게 포교에 주력하는 일파가 자신을 대승불교라고 하고 교조적 보수파를 소승불교라고 한 것이다.

대승불교와 소승불교는 추구하는 수행의 궁극적 목표에 차이가 있다. 깨달음을 얻고자 하는 것은 같지만, 소승불교는 스스로 깨달음을 얻은 성인 '아라한'이 되는 것이 궁극적 목표이고, 대승불교는 깨달음에 이르렀으나 부처가 되는 것을 늦추고 보살로서 중생을 제도하는 것이 궁극적 목표다. 단순하게 비교하면, 대중과 밀접하게 교감하는 것이 대승불교라면 자신의 수행에 더 치중하는 것이 소승불교다.

대승불교는 한국·중국·일본·티베트 등에 전파됐으며, 소승불교는 스리랑카·미얀마·태국·라오스·캄보디아 등 동남아 국가에 널리 퍼졌다. 소승불교를 믿는 곳에서는 포교에 의해 불자가 되기보다 일정한 연령이 되면 의무적 또는 스스로 출가해서 승려가 돼서 오직 수행에만 몰두한다. 일정 기간이 지나면 다시 속세로 돌아오기도 하고 평생 승려로 살아가기도 한다.

요즈음에는 대승불교든 소승불교든 불교의 수행과 깨우침에 큰 관심을 가지고 출가하는 서양 사람들이 늘어나고 있다.

자취를
감춘
'언약궤'

'언약궤(Ark of the Covenant)' 또는 '계약의 궤'로 부르는 성궤는 유대교와 기독교 그리고 이스라엘 최고의 보물이겠지만, 그 실체도 정확히 알 수 없고 행방조차 모른다. 그 때문에 이 성궤를 찾기 위해 중세 유럽의 십자군을 비롯해 오늘날까지 많은 고고학자와 탐사대가 이스라엘 일대를 뒤졌지만, 여전히 행방을 모르고 있다.

과연 성궤는 실제로 존재하는 것일까? 실제로 존재했는데 행방이 묘연하다면 도대체 어디로 어떻게 사라졌을까? 아프리카 에티오피아의 정교회 교회에 보관돼 있다는 주장은 사실일까? 미리 밝히건대, 종교와 관련된 역사에는 종교적 요소와 상징성 그리고 과장된 전설적 요소가 많이 담겨 있어 확실하고 객관적인 사실을 확인하기가 매우 어렵다. 그렇지만 언약궤는 기독교 구약성서에 근거했더라도 매우 구체적이어서 지금까지 많은 고고학자가 이 성궤의 행방을 추적하는 것이다.

히브리어로 된 성경에 따르면, 유대인의 선지자 모세는 애급(이집트)에서 심한 핍박에 시달리며 고통받고 있는 많은 유대인을 이끌고 탈출한다. 이것이 유명한 '엑소더스'다. 그들은 하나님이 '약속한 땅'을 찾아 황량한 광야를 하염없이 걸었다. 그러한 고난 속에서 시나이산에 이르렀는데 모세가 산에 올랐다가 하나님의 계시를 받고 그것이 새겨져 있는 두 개의 석판을 들고 내려온다. 십계명이 새겨져 있는 석판이었다.

모세는 스스로 그것을 담을 상자를 정성껏 만든다. 하나님의 계시에 따라 아카시아나무로 튼튼하고 정교하게 만든 길이 약 1미터, 폭과 높이가 약 60센티미터인 상자 위는 두 명의 천사가 상자 뚜껑을 감싸고 있는 모습으로 장식하고 상자 전체에 금박을 입히고 금장식을 붙였다. 아울러 상자 밑에는 네 개의 고리를 만들어 긴 장대를 꽂아 어깨에 메고 갈 수 있게 했다.

상자 안에는 모세가 하나님에게서 직접 받은 계시가 새겨진 두 개의 석판과 대제사장인 아론의 지팡이, 신이 내린 음식이라는 '만나'를 항아리에 담아 넣었다. 이것이 언약궤다. 이 성궤의 운반은 오직 레위 지파만 할 수 있었다. 레위는 유대인이 조상으로 모시는 아브라함의 손자이며 야곱의 열두 명 아들 가운데 셋째 아들이다.

유대인은 12지파가 통솔하는 공동체 형태로 운영됐는데, 레위 지파는 별개의 지파라기보다 오직 하나님을 섬기기 위해 별도로 만들어진 집단이었다. 그들은 성궤를 가죽과 푸른색 천으로 만든 막으로 감싸서 운반했다. 성궤는 사제들은 물론이고 레위 지파의 고위 성직자들도 함부로 볼 수 없을 만큼 신성하게 다루어졌다.

모세와 유대인은 무려 40년 동안이나 광야를 헤맨 끝에 마침내 '약속의 땅' 가나안 가까이 이르렀다. 여호수아가 이끄는 그들의 군대는 성궤를 앞세우고 전진했다. 이윽고 성궤가 요르단강에 다다랐을 때 불현듯 강물이 말라버리는 기적이 일어나 성궤와 유대인이 모두 걸어서 강을 건널 수 있었다.

그들이 예리고 성에 이르렀는데 또 한 번 기적이 일어났다. 레위 지파 사제들이 성궤를 메고 성벽 주위를 하루 한 번씩 여섯 번 돌고, 일곱 번째 돌았을 때 갑자기 성벽이 무너지고 적군들이 깔려 죽어 아무런 저항도 받지 않고 무혈입성할 수 있었다. 하지만 가나안은 텅 비어 있는 땅이 아니었다. 그곳에는 블레셋인이 살고 있었다. 블레셋인은 지금도 이스라엘과 싸우고 있는 팔레스타인의 거주민이다. 유대인은 블레셋인과 전쟁을 피할 수 없었다.

당시 고대 이스라엘의 사울 왕은 군대의 사기를 높이고 신의 가호가 있기를 기대하며 성궤를 앞세우고 치열한 전투를 벌였지만 크게 패하면서 블레셋인에게 성궤를 탈취당하고 말았다. 블레셋인은 이 엄청난 전리품을 자랑하며 방방곡곡 행진을 펼쳤다. 그런데 성궤를 보관하는 곳마다 불행한 사태가 벌어졌다. 느닷없이 수많은 쥐 떼가 몰려들었고 갑자기 전염병이 나돌았다. 그 때문에 블레셋인은 성궤를 탈취한 뒤 7개월 만에 유대인에게 돌려줬다.

그 뒤 고대 이스라엘의 다윗 왕은 성궤를 시온산에 보관했고 뒤를 이은 솔로몬 왕은 특별히 예루살렘에 성전을 지어 그곳에 소중히 보관했다. 그런데 기원전 587년, 바빌로니아가 예루살렘을 침공했다. 이때 성궤를 어떻게 했는지 특별한 언급이 없다. 다만 그리스어로 된 성경에는 성궤를 운반하는 장대와 이스라엘 왕의 보물들이 바빌론으로 옮겨졌다고 기술하고 있을 뿐, 성궤 자체에 관한 이야기는 없다고 한다. 그렇지만 여러 고고학자는 그때 장대만 옮긴 것이 아니라 성궤도 함께 옮겼을 것으로 추정하고 있다. 장대를 가져가면서 성궤를 그냥 두고 갈 리는 없지 않은가?

그렇게 성궤가 사라진 이래 지금까지 수천 년 동안 행방을 찾지 못하면서 온갖 가설이 난무하고 있다. 애초부터 성궤는 없었을 것이라는 가설 등도 나돌았지만 실제로 성궤가 존재했다는 주장이 설득력을 얻고 있다. 그와 함께 제기된 주장들도 다양하다.

먼저 바빌로니아가 예루살렘을 침공하고 약탈을 자행할 때 성궤가 파괴됐거나 실종됐다는 주장이 있는가 하면, 이스라엘의 왕이 약탈당하기 전에 성궤 안에 든 항아리를 시온산의 비밀장소에 묻어놓았는데 아직 찾아내지 못하고 있다는 주장도 힘을 얻었다. 이스라엘의 카리아스 지방에 있을 가능성이 크다는 주장도 있다. 기원전 7~8세기경 가장 활발했던 신앙 중심지였던 그곳에서 고대 이스라엘왕국의 거대한 신전이 발굴된 것을 근거로 제시하고 있다.

고고학자나 성경학자 가운데는 당시 팔레스타인 지방에서 상자 속에 물품을 넣어 운반하는 것은 흔한 일이어서 성궤 안에는 하나님의 십계명을 새긴 석판이 아니라 비교적 가치 있는 석상들이 들었을 것이라고 주장하는 학자들이 있다. 그리고 성궤는 아예 존재하지 않았지만, 고대 이스라엘에 비슷한 형태의 보물이나 성물이 있었을 것이라고 주장하는 학자들도 있다.

그와 함께 느보산의 비밀장소에 묻혀 있다는 주장도 있다. 기록에 의하면 예언자 예레미야가 바빌로니아의 침공을 예언하면서 약탈하지 못하게 성궤와 성막을 몰래 느보산의 성스러운 동굴에 묻었다는 것이다. 느보산은 『출애굽기』에서 모세가 올라가 '약속의 땅'을 바라보았다는 산으로 예루살렘에서 남쪽으로 47킬로미터쯤 떨어진 곳에 있다.

그런가 하면 잃어버린 성궤를 찾아서 보관하고 있다고 주장하는 단체들도 있다. 그 가운데 성궤가 아프리카 에티오피아에 보관돼 있다는 주장이 가장 유력하다. 에티오피아 정교회에 따르면, 성궤는 북부에 있는 도시 악숨의 '시온의 공녀 마리아 교회(Church of Our Lady Mary of Zion)'에 엄중한 감시 아래 소중하게 보관돼 있다고 장소까지 구체적으로 밝히고 있다. 그들의 주장에 따르면 고대 이스라엘 솔로몬 왕의 아들인 메넬리크 1세가 에티오피아왕국을 세우면서 성궤를 가져왔다는 것이다. 에티오피아 정교회는 성궤를 최고의 성물로 받들고 있으며 정교회의 모든 교회에는 성궤의 작은 모형을 보관하고 있다고 주장한다.

『신의 지문』으로 잘 알려진 영국 작가 그레이엄 행콕은 성궤는 잠시 이집트에 보관됐다가 나일강을 거슬러 올라가 에티오피아까지 갔을 가능성을 제시하기도 했다. 그 때문에 성궤가 스핑크스 밑에 숨겨져 있다는 주장까지 나왔다.

어찌 됐든 지금까지 성궤가 에티오피아에 있다는 주장이 상당한 지지를 받고 있지만, 그들은 성궤가 진짜 성궤라는 확실한 증거는 제시하지 못하고 있다. 물론 여전히 성궤는 종교적 예언에 불과하므로 아예 존재하지 않는다는 주장 역시 만만치 않고, 틀림없이 존재하지만 찾아내지 못하고 있다는 주장과 그 위치에 대한 논란이 그치지 않고 있다.

사라진
바벨탑의
진실

바벨탑이 무슨 탑인지는 몰라도 낯설지는 않을 것이다. 구약성서 창세기에 나오는 높은 탑이다. 구약성서에 따르면, 인간이 자신의 우수성과 위력을 과시하기 위해 꼭대기가 하늘까지 닿는 높은 탑을 짓고 있었는데 그 탑의 이름이 바벨탑이다. 하지만 하나님이 인간의 지나친 오만함에 벌을 내려 일꾼들이 저마다 다른 말을 쓰게 했다는 것이다. 그리하여 지구 곳곳에서 모여들어 탑을 쌓던 일꾼들은 의사소통이 되지 않아 결국 바벨탑 건설을 포기하고 뿔뿔이 흩어졌다는 것이다. 이것이 오늘날 지구상에 수많은 민족이 있고 다양한 언어가 생겨난 최초의 원인이라는 것이다.

그렇다면 바벨탑은 실제로 있었던 걸까? 완성되지는 못했지만 흔적이라도 남아 있을까?

어느 종교의 경전에든 상징성이 많이 포함돼 있기 마련이다. 바벨탑 역시 인간의 오만함을 꾸짖기 위해 만들어진 가상의 상징물일 뿐, 실제로는 존재하지 않는다는 것이 일반적인 견해였다. 그러나 구약성서에는 고대 이스라엘의 역사로 평가받을 만큼 상당한 역사적 사실들이 기록돼 있다. 기독교는 예수의 행적이 중심인 신약성서에 더 비중을 두지만, 구약성서는 유대교의 경전이다.

구약성서는 유대민족에게 구술로 전해지는 민족사를 약 3500년 전부터 문자화하기 시작해서 수천 년에 걸쳐 완성했으므로 고대 이스라엘의 5000년 역사를 담고 있다는 것이다. 이를테면 인간을 비롯해 모든 생명체가 번성하는 계기가 됐던 구약성서의 대홍수와 '노아의 방주'는, 실제로 약 7000년 전 지중해가 소용돌이치면서 일어난 대홍수가 흑해 연안 일대를 휩쓸어 모조리 물에 잠기게 했다는 역사적 사실에 근거한 것이다. 또 구약성서에 기술된 수많은 사건은 대부분 인류 최초의 문명 발상지인 메소포타미아에서 실제로 일어났던 천재지변이나 사건을 유대인에게 맞게 변형시키거나 상징화한 것들이다.

이런 관점에서 보면 바벨탑도 어디엔가 있었던 고대의 건축물이라고 판단할 여지가 충분하다. 따라서 많은 고고학자·역사학자가 바벨탑의 근거를 찾으려고 애써왔는데 가시적인 성과들이 나타나기 시작했다. 그 가운데 가장 지배적인 가설은 역시 메소포타미아가 발상지로, 그곳에 기념비적인 성탑(聖塔)이 많이 세워졌다는 것이다. 따라서 바벨탑은 하나의 특정한 탑이 아니라 '바벨에 있는 탑들'을 일컫는다는 것이다.

약 6000년 전 티그리스강과 유프라테스강을 중심으로 인류 최초이자 가장 오래된 메소포타미아문명이 융성했다. 메소포타미아는 '강과 강 사이'라는 뜻이라고 한다. 이 지역은 흔히 말하는 '초승달 지역'으로 기후가 좋고 땅이 비옥해서 일찍이 인구가 밀집돼 문명과 문화가 융성하기에

바벨탑(상상도)

더없이 좋은 환경이었다.

지금의 이라크 남부인 이 지역에서 수메르, 메소포타미아, 바빌로니아, 아시리아 등이 문명을 이어가며 더욱 발전시켰는데 바빌로니아의 수도가 바벨(Babel)이었으며 뒤에 바빌론으로 바뀌었다. 그런데 이 바빌로니아의 수도 바벨이 바벨탑의 기원이라는 것이다. 쉽게 말하면 프랑스 파리에 있는 에펠탑을 막연하게 '파리탑'이라고 하는 것과 같다. 바벨은 바빌로니아에서 '신(神)의 문'이라는 뜻이지만, 히브리어로는 '혼동'·'혼란'을 뜻한다고 한다. 하나님이 인간의 오만함에 대한 징벌로 저마다 다른 말을 쓰게 해서 혼란하게 했다는 것과 뜻이 통한다. 그렇게 보면 바벨탑은 '혼란의 탑'일 수도 있다.

학자들은 지금의 이라크 수도 바그다드에서 남쪽으로 90킬로미터쯤 떨어져 있었던 바빌론에 높이 90미터가 넘는 아주 높은 탑이 약 3400년 전에 세워졌다는 기록을 찾아냈다. 이 탑은 바빌론 사람들이 자신들의 수호신 마르두크를 흠모하는 강렬한 신앙심으로 세운 것이다. 그런데 탑이 세워진 시기가 구약성서가 문자로 기록되기 시작하던 시기와 비슷해서 바빌론에 세워진 그 높은 탑을 바벨탑이라고 했을 것으로 추측했다.

그런가 하면 몇몇 학자는 바빌론이 아니라 그보다 훨씬 남쪽에 있는 에리두가 바벨탑의 근원지라는 견해를 내놓기도 했다. 에리두는 바빌로니아보다 훨씬 앞서 수메르에 있었던 가장 오래된 도시였다. 이곳에는 '지구라트', 즉 성스러운 탑들이 있는데 나선형의 계단식 피라미드 형태로 이집트의 피라미드보다 먼저 세워졌다고 한다. 이 지구라트가 바벨탑의 근원이라는 것이다.

물론 바빌론에 있던 높이 90미터의 탑이나 지구라트는 모두 사라졌다. 인류의 위대한 고대 유적들이 왜 허망하게 역사에서 사라졌을까?

현재 소아시아 지역의 시리아, 요르단, 레바논, 이스라엘, 팔레스타인 등 비옥한 이른바 레반트 지역이 대부분 사막화됐듯이, 한때 더없이 땅이 기름지고 풍요롭던 이라크·이란 등의 초승달 지역도 기후 변화와 함께 오랜 세월이 흐르면서 대부분 사막으로 변했다. 특히 수메르의 에리두 같은 도시는 모래언덕 위에 세워진 도시였다. 말하자면 수천 년의 세월이 흐르면서 끊임없이 밀어닥치는 거대한 모래바람에 모조리 묻혀버렸다는 것이 전문가들의 보편적인 견해다.

하기는 근래에 와서 그 지역에서 고대의 유적들을 많이 발굴하고 있으니까 바벨탑의 원형도 언젠가는 찾아낼 수 있을지도 모른다.

잃어버린
성배

'성배(聖杯)'라는 말 자체를 못 들어본 사람은 없을 것이다. 이미 중세 때부터 수많은 문학작품의 주요 소재가 됐으며 심지어 오락영화 〈인디애나존스〉에 이르기까지 성배와 관련된 많은 영화가 우리나라에서도 상영됐다. 특히 근래에 전 세계에서 베스트셀러가 됐던 댄 브라운의 『다빈치코드』는 성배의 행방을 추적하는 작품이다.

만약 성배가 실제로 존재한다면 '언약궤'와 함께 기독교에서 최고의 가치를 지닌 보물이 될 것이 틀림없다. 하지만 '언약궤'에서도 지적했듯이, 종교와 관련된 미스터리는 종교적 편향성과 그 종교의 출현과 성장 과정에 갖가지 신화 또는 전설적 요소가 스며들어 있다는 사실을 전제해야 한다.

성배 역시 예외일 수 없다. 성배가 등장하게 된 근거를 찾자면 2000년 가까이 거슬러 올라가야 하는데, 이미 중세부터 헤아릴 수 없이 많은 문학작품과 전설이 뒤섞여 본질 자체가 더 혼란스러워졌다. 따라서 그만큼 성배의 객관적 사실성을 입증하기 어려울 뿐만 아니라 여러 가설이 자리 잡고 있어서 성배의 존재 여부부터 단정하기 어려운 실정이다.

성배와 관련된 여러 가설에 공통점이 있다면, 성배는 예수 그리스도의 죽음과 관련된 것이며 현재 실체(실물)가 없다는 것이다. 그 때문에 성배를 잃어버렸다는 견해, 아예 성배 자체가 없다는 견해, 성배는 실물이 아니라 직접 밝히기 어려운 '그 무엇'에 대한 상징이라는 견해 등이 맞서고 있다.

성배는 성스러운 잔 또는 그릇을 의미한다. 가장 널리 알려진 보편적인 견해는 성배가 실제로 있었다는 것이다. 따라서 그것을 전제로 성배가 등장하게 된 배경과 그 행방부터 살펴볼 필요가 있다.

예수 그리스도는 죽음을 앞두고 제자들과 최후의 만찬을 갖는다. 이때 예수가 마지막으로 제자들과 포도주를 나눠 마신 술잔이 바로 성배라는 주장이 있다. 그런가 하면 예수가 당시 로마제국의 예루살렘 총독 빌라도에 의해 혹세무민의 중죄로 두 명의 강도와 함께 십자가에 못 박혀 죽음을 맞을 때 아리마태아 사람 요셉이 창에 찔린 예수의 몸에서 흐르는 피를 잔에 받아 소중히 보관했는데, 그 잔이 바로 성배라는 주장이 있다. 이 견해가 가장 유력하게 전해지고 있다.

예수의 제자였던 요셉은 자신이 예수의 장례를 치를 수 있게 해달라고 로마 군사들에게 사정해서 시신을 인수한다. 그리고 예수의 시신을 깨끗이 닦은 뒤 천(베)에 싸서 바위를 깎아 만든 가(假)무덤에 안치한다. 이처럼 바위를 깎아 만든 가무덤에 시신을 안치했다가 유골만 남으면 유골함에 모시는 것이 유대인의 장례풍습이었다고 한다.

그런데 예수가 부활하며 시신이 사라진 것이다. 그 때문에 요셉은 시신을 훔쳤다는 누명을 쓰고 40년형을 선고받고 감옥에 들어가야만 했다. 그렇게 요셉이 억울한 옥살이를 하고 있던 어느 날, 예수가 나타나 그에게 성배를 주면서 이것을 지키는 수호자가 되라고 했다는 것이다.

오랜 수감생활을 끝내고 늙은이가 돼서 출옥한 요셉은 성배를 갖고 아들과 처남과 함께 영국의 글래스턴베리로 이주했다. 그리고 그곳에 교회를 지었는데 1184년에 불에 타버려 후세 사람들이 그 자리에 큰 수도원을 지었다고 한다. 하지만 1539년 당시 영국의 왕 헨리 8세는 자신의 결혼 문제를 놓고 로마 교황청과 심하게 대립하면서 종교개혁을 단행했는데 그때 수도원을 파괴해버려 지금은 폐허가 된 빈터만 남아 있다고 한다.

어찌 됐든 요셉이 영국으로 이주할 때 성배를 가지고 왔는데 그가 죽은 뒤부터 행방이 묘연해진 것이다. 그가 성배를 가지고 온 것이 사실이라면 어디엔가 비밀스런 장소에 소중하게 숨겨놓았을 텐데 그곳이 어딘지 아무도 모르는 채 수많은 세월이 흐른 것이다. 그럭해서 '잃어버린 성배'가 되고 말았다.

개신교와 가톨릭에서는 성배가 예수가 최후의 만찬에서 사용했던 포도주 잔이라는 것과 요셉이 예수의 몸에서 흐르는 피를 받은 잔이라는 것을 모두 수용하고 있는 것 같다. 특히 가톨릭이 더욱 그러하다. 가톨릭의 미사에는 '성체 전례(영성체)'라는 순서가 있는데 이 성체 성사에서 사제는 포도주가 담긴 잔과 빵을 높이 들어 올린다. 이 잔을 초기 기독교 시절부터 성작(聖爵)이라고 했지만 흔히 성배라 부른다. 말하자면 최후의 만찬에서 예수가 제자들과 빵과 포도주를 나눠 먹은 것을 상징한다.

사제는 성배를 치켜들고 "너희는 모두 이것을 받아먹어라. 이는 너희를 위하여 내어줄 내 몸이다" 하고, 이어서 "너희는 모두 이것을 받아 마셔라. 이는 새롭고 영원한 계약을 맺은 내 피의 잔이니 죄를 사하여 주려고 너희와 많은 이를 위하여 흘린 피다. 너희는 나를 기억하여 이를 행하여라" 하고 경건하게 높은 음성으로 말한다.

이러한 가톨릭의 성체 성사로 볼 때 예수가 최후의 만찬에서 사용했던 포도주 잔과 요셉이 예수의 피를 담은 잔을 혼합해서 성배라고 하는 것 같다. 그 경위가 어떠하든지 분명한 것은 적어도 예수를 주님으로 섬기는 기독교에서는 성배가 실제로 있다는 것을 믿고 있지만, 안타깝게도 성배의 실체는 아무도 본 적이 없고 어디로 사라졌는지도 모른다.

성배의 존재는 종교적 가치를 한층 더 거룩하게 승화시킨다는 데 큰 의미가 있다. 그 때문인지 오래도록 잊혔던 성배는 기독교가 유럽을 절대적으로 지배하던 12세기에 들어와 갑자기 부각됐다. 그 무렵 수많은 영웅담, 무용담, 음류시 등 전설과 민담이 중심이었던 기사문학(騎士文學)의 주요 소재가 성배 이야기 또는 성배를 찾아다니는 내용이었다. 그 중에서도 대표적인 것이 아서 왕 이야기다.

아서 왕은 오늘날의 영국 사람인 켈트족 브리튼인의 전설적인 영웅으로 5~6세기경 브리튼을 침략한 게르만족을 물리친 위대한 인물로 묘사되고 있다. 하지만 그가 실존했던 인물인가에 대해서는 논란이 멈추지 않고 있는데 대체로 전설이라는 견해가 크게 우세하다.

아무튼 '아서 왕과 원탁 기사' 전설은 기사문학의 대표적인 소재였으며 성배를 찾아다니는 이야기가 중심을 이룬다. 더욱이 아서 왕이 죽어서 묻힌 곳이 바로 성배를 가져온 요셉이 살았던 글래스턴베리여서 무척 신빙성 있는 전설이 됐다. 이 전설에 따르면 아서 왕에게는 능력이 뛰어난 원탁의 기사들이 있었는데, 기사들이 몇 명이었는지는 작품마다 다르지만, 서로 우월한 지위를 갖지 못하게 둥근 탁자에 둘러앉았다고 해서 원탁의 기사로 불렀다. 아서 왕도 이 원탁에 앉았다.

아서 왕은 그들 원탁의 기사들 가운데 '퍼시벌'이라는 천진난만하고 순수한 기사를 가장 가까이했다. 따라서 그가 주인공이 돼서 성배를 찾아다니는 이야기가 가장 흥미를 끌었다고 한다. 특히 퍼시벌이 성배를 가져온 요셉의 후손이라는 이야기도 있다. 아서 왕과 퍼시벌의 무용담은 성배에 거룩함과 함께 신적인 초능력, 기적, 마법 등을 부여해서 더욱 흥미롭게 꾸며졌는데, 켈트족의 전설에 나오는 초능력 그리고 '마법의 가마솥'과 성배를 결합했을 것으로 보고 있다.

퍼시벌이 주인공인 아서 왕 이야기에서는 퍼시벌이 성배를 찾았다는 이야기도 나온다. 한 번은 찾을 기회가 있었는데 그냥 지나쳤고, 그다음에 마침내 성배를 찾아 그 신비함과 초능력에 감탄하는 이야기지만 어디까지나 전설이어서 실질적인 신빙성은 없다.

그런데 에스파냐의 발렌시아 대성당에 매우 오래전부터 전해오는 진짜 성배가 있어서 교황 요한 바오로 2세가 그곳을 방문해서 참배했으며 현재 프란치스코 교황 바로 전의 베네딕토 16세도 에스파냐를 방문했을 때 이 성배로 미사를 집전했다고 한다. 역시 전해지는 이야기에 따르면, 이 성배는 예수가 승천한 뒤 사도 베드로가 로마에서 순교할 때까지 썼는데 박해를 피해 에스파냐로 옮겨져 수도원에 보관됐다가 발렌시아 대성당으로 다시 옮겨졌다고 하는데 그 사실 여부와 과연 진짜 성배인지는 알 수 없다.

그러나 지금까지의 설명과는 전혀 다른 견해도 있다. 성배는 실제로 존재했던 실물이 아니라 예수의 가문, 즉 예수의 혈통을 뜻한다는 주장이다. 이러한 주장은 20세기 후반 뉴질랜드 작가 마이클 베이전트 등이 함께 쓴 『성혈과 성배』에서 제기됐는데, 그 내용이 몹시 충격적이다.

나름대로 치밀하고 철저한 조사·연구 끝에 쓴 이 책에서 예수는 십자가에 못 박혀 죽지 않았으며, 성경에서 창녀로 묘사된 막달라 마리아와 결혼했고 유대 왕이 되려고 구세주 행세를 하다가 유대인의 반발로 처형될 위기에 놓였다는 것이다. 그러자 예수는 아리마태아에 사는 처남 요셉을 통해 빌라도 총독에게 엄청난 뇌물을 바치고 십자가에 못 박혀 죽은 것처럼 꾸민 뒤 부활했다고 속이고 로마 병사들의 호위를 받으며 프랑스로 망명했다는 것이다. 그리고 아내 막달라 마리아와 은둔생활을 하며 자녀를 낳고 잘 살다가 천수를 누리며 여든 살 넘게 살다가 죽었다는 것이다.

그들의 주장이 너무 충격적이어서 기독교계가 발칵 뒤집혔다. 예수의 부활을 부정하면 기독교 자체가 성립하기 어렵기 때문이다. 그 때문에 이 책은 우리나라에서도 1983년 번역·출간됐지만, 기독교계의 반발로 절판됐다가 20년이 더 지나서야 다시 출간되는 사태가 있었다.

세계적 베스트셀러인 댄 브라운의 『다빈치 코드』도 결론은 『성혈과 성배』와 거의 비슷하다. 다만 철저하고 빈틈없이 예수의 행적을 추적하면서 구체적인 근거들을 제시함으로써 설득력과 공감을 높인 것이 특별하다. 『다빈치 코드』도 예수가 결혼했다는 것이 핵심이다. 예수는 막달라 마리아와 결혼해서 아이를 가졌는데 그 후손들에 대한 비밀을 상징적으로 표현한 것이 성배라는 것이다. 그리고 그 비밀을 레오나르도 다 빈치의 그림 속에 기호로써 숨겨놓았다는 것이다.

이 지경에 이르면 성배를 어떻게 생각해야 할지 한층 더 혼란스럽다. 성배가 과연 실물인지 아닌지, 실물이라면 잃어버린 성배는 어디 있는지, 성배가 예수의 혈통과 가문을 상징적으로 암시하는 것이라면 그 사실을 객관적으로 확실하게 입증하고 명확한 자료를 제시할 수 있는지, 알 수가 없다. 어쩌면 그에 대한 해답을 영원히 들을 수 없을지도 모른다.

그런 까닭인지 요즘 '성배'라는 단어가 '결코 얻을 수 없다'라는 뜻으로 쓰이기도 하고, '독이 든 성배' 또는 '독배'처럼 절대로 갖거나 해서는 안 될 것을 맡아야 하거나 어쩔 수 없이 하게 됐을 때 안타까워하는 뜻으로 쓰이기도 한다.

예수의 수의(壽衣)는
사라진 걸까,
가짜일까

어느 종교든 그들이 신성시하는 성물(聖物)이 있기 마련이다. 견해 차이가 있겠지만 기독교의 3대 성물을 손꼽으라면 언약궤, 성배 그리고 '예수의 수의'가 될 것이다. 그런데 언약궤와 성배는 실체(실물)가 없지만, 예수의 수의는 실물이 있다. 하지만 오래전부터 그것이 진짜인지 가짜인지 논란에 싸여 있다.

이탈리아 북서부의 최북단에 토리노라는 큰 도시가 있다. 프랑스와 접경 지역이기도 한 이곳에 유서 깊은 지오바니 바티스타 성당이 있다. 흔히 '토리노 성당'이라고 부른다. 1978년 이 성당에서 보관해오던 예수의 수의를 공개했다. 400년 만에 처음 공개된 것이어서 6주 동안의 제한된 공개에도 불구하고 전 세계에서 300만 명이 넘는 기독교 신자가 몰려들어 대성황을 이루었다고 한다.

죽은 사람의 시신에 입히는 수의(壽衣)는 국가나 민족의 장례풍습에 따라 차이가 있다. 우리는 삼베로 만든 수의를 입히지만, 고대 유대인은 세마포(細麻布)로 된 넓은 천으로 시신을 덮어 감쌌던 것 같다. 따라서 토리노 성당에서 공개한 예수의 수의는 너비 1.2미터, 길이 약 4.4미터의 넓은 세마포 천이었다.

공개된 예수의 수의에는 여러 흔적이 보이는데, 좌우에 반점과 아주 옅은 붉은색의 반점 몇 개가 있으며 조금 떨어져서 바라보면 얼핏 사람의 형체가 보이는 것 같고 여러 얼룩진 자국들이 누워 있는 사람을 천으로 덮었을 때 얼굴과 몸의 굴곡에 따라 생겨난 자국들 같았다. 그러한

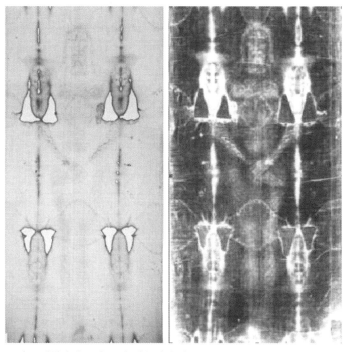

토리노 대성당에 보관 중인 예수의 수의(오른쪽은 네거티브 방식으로 찍은 수의)

형국이 기독교 신자에게는 십자가에 못 박혀 처형당한 예수의 시신을 덮었던 분명한 흔적으로 보일 만했다.

사실 토리노 성당에서도 당연히 예수의 수의 진품으로 소중히 여기며 수백 년 동안 보관해왔으며 진품이 틀림없기에 일반공개까지 하게 된 것이다. 어찌 됐든 예수의 수의 공개가 세계 각국의 매스컴에 크게 보도되고 축복받은 듯 열광하는 기독교인의 모습이 세계적인 화제가 되자 기다렸다는 듯 그것은 가짜 수의라는 주장을 여러 학자가 강력하게 제기했다.

물론 예수의 수의가 가짜라는 주장이 갑작스럽게 터져 나온 것은 아니다. 이미 12~13세기부터 제기됐지만 당시는 기독교가 유럽을 절대적으로 지배하던 시대여서 곧바로 묻혀버리고 말았다. 그러나 이번에는 여러 학자가 오랫동안 연구를 계속해왔기 때문에 그 어느 때보다 강력했다. 그들이 토리노의 수의를 의심하게 된 것은 예수의 행적과 부활까지 빈틈없이 언급한 신약성서에 예수의 수의에 대해서는 별다른 언급이 없다는 것이 발단이었다. 종교학자나 역사학자들은 먼저 성경에도 없는 예수의 수의가 언제부터, 어떻게 대두됐는지를 살펴봤다.

유럽에서 기독교는 5세기경부터 뚜렷한 성장세를 보이기 시작했다. 그와 함께 기독교를 신봉하는 많은 사람이 예수나 성자들이 남긴 성스러운 유물에는 무엇인가 초능력이 있다고 믿었다. 기독교 교회(성당)에서도 신도를 많이 확보하기 위해서는 그러한 성 유물에 관심을 기울이지 않을 수 없었다. 기독교 교회(성당)는 물론 수도원·수녀원도 무엇이든 한 가지라도 성물이 있어야 성스러운 곳, 하나님의 은총이 충만한 곳, 그곳에서 기도하면 성물의 초능력으로 기적이 이루어질 수 있다고 믿는 신도들이 몰려들고 헌금도 많이 늘어날 것이 분명했다.

하지만 성물이 결코 흔한 것은 아니었다. 어쩌다 성자가 죽으면 시신을 여러 조각으로 분리해서 기독교 시설들이 나눠 갖기도 했다. 마치 불교에서 부처의 사리를 여러 사찰에서 나눠 보관하는 것과 같았다. 그렇지만 성물은 턱없이 부족했다. 그러자 기독교의 실정을 잘 아는 사기꾼들이 먼저 움직였다. 그들은 가짜 유물을 교묘하게 조작해서 비싼 값을 받고 비밀리에 공급했다.

더욱이 12~13세기에 이르러 유럽에서는 기독교가 절대권력을 행사하고 있었다. 그들의 십자군은 성지를 차지한 이슬람을 물리치기 위해 중동으로 잇따라 출정했다. 그들은 머나먼 원정길에 '성배'와 같은 성물을 찾아내려고 했다. 예로부터 아랍인은 상술이 뛰어났다. 아랍의 장사꾼은 십자군이나 성지순례자가 무엇을 원하는지 재빠르게 간파했다.

어떤 기독교 성물을 내밀어야 그들이 벌떼처럼 달려들까? 이런 궁리 끝에 기독교인들에게 최고의 가치가 될 '예수의 수의'를 생각해냈다. 예수의 수의라면 상상할 수 없는 거액을 제시해도 앞다퉈 달려들 것이라고 확신했다. 그렇게 아랍 장사꾼들에 의해 예수의 가짜 수의들이 만들어졌다. 그 때문에 전혀 이야기가 나온 적이 없었던 예수의 수의가 12~13세기에 갑작스럽게 부각된 것이다. 따라서 학자들은 토리노 성당 예수의 수의도 그 무렵에 만들어진 가짜 수의일 거라고 판단했다. 그들에게 남은 일은 토리노 수의가 가짜라는 것을 과학적으로 증명하는 일이었다.

종교학자나 역사학자들은 과학자들과 협력해서 예수가 십자가에서 처형됐던 당시 상황을 재현해놓고 실험했다. 모델, 조각상 또는 실제 시신에 예수가 처형당할 때 로마군의 창에 찔린 상처까지 만들어 세마포를 덮어서 감싸놓고 천에 어떤 흔적이 나타나는지 실험했다. 또 그 당시 유대인의 장례풍습에 따라 시신을 향유로 깨끗이 씻고 질산과 암모니아로 적신 세마포를 덮어놓았다가 햇볕 잘 드는 곳에 말리기도 하고, 탄소 분말이나 산화철 안료를 사용하기도 하고, 동전을 종이로 덮어 연필로 문지르면 종이에 동전의 윤곽이 거의 뚜렷하게 나타나는 실험 등을 통해 토리노 예수의 수의에 나타난 흔적들이 얼마든지 조작될 수 있다는 것을 증명했다.

그뿐만 아니라 유대인의 장례풍습에 따라 예수의 시신을 깨끗이 씻었다면 결코 핏자국이 남아 있을 수 없다는 주장도 설득력을 얻었고, 여러 과학자가 토리노 예수 수의는 13~14세기에 만들어진 위조품이라는 결론을 내렸다. 그 때문에 토리노 성당은 난처한 상황에 빠졌고 그곳의 예수 수의를 진품으로 믿었던 많은 기독교인이 실망했다.

그러자 이번에는 그 수의가 진짜라고 주장하는 학자들이 온갖 가짜 설을 반박하고 나섰다. 1981년, 미국의 조사팀은 수의에 사용된 세마포를 조사한 결과, 예수가 활동하던 시대 팔레스타인 지방에서 쓰이던 직조기술로 제작됐다면서 진품일 가능성이 크다고 발표했다. 또 막스 프라이라는 저명한 범죄학자는 토리노 수의에서 강한 접착제로 먼지를 채취해서 조사한 결과 58가지의 꽃가루를 발견했으며 그 가운데 44가지가 팔레스타인과 아나톨리아에서만 서식하는 식물이라는 사실을 알아냈다고 발표했다. 따라서 토리노의 예수 수의는 팔레스타인 지역에서 터키와 프랑스를 거쳐 이탈리아로 들어간 것이 틀림없다는 결론을 내렸다고 했다. 상당한 설득력이 있는 진품 주장이었다.

사실 토리노의 수의는 프랑스 동부 지방에 있는 리레 성당에서 1357년 처음으로 전시됐었다. 그런데 당시는 앞서 설명했듯이 기독교 교회(성당)나 여러 시설이 신도를 끌어들이고 헌금을 늘리기 위해 성물 확보에 혈안이 되었던 시대였다. 어떤 경로로 어떻게 손에 넣었는지는 모르지만 리레 성당은 이 수의를 확보하면서 많은 신도가 모여들게 됐고, 큰돈을 벌었다고 한다.

　그다음, 리레 성당이 있었던 프랑스 동부 지방에서 멀지 않은 이탈리아의 사르데냐왕국 움베르토 1세가 이 수의를 소유하게 됐다는 것이다. 이 왕국의 수도가 바로 토리노였다. 움베르토 1세는 1900년 한 무정부주의자에게 암살당했다. 1978년 토리노 성당에서 400년 만에 예수의 수의를 공개한다고 밝힌 것을 보면 16세기경 리레 성당에서 이탈리아로 옮겨진 것으로 짐작된다.

　진짜설을 주장하는 학자들 가운데는 수의에 남아 있는 흔적들을 조사한 결과, 당시 로마군이 사용하던 채찍에 맞은 흔적과 로마군이 사용하던 특수한 창에 찔린 핏자국 그리고 뭔가 무거운 것을 운반할 때 생긴 타박상의 흔적들이 예수가 십자가에서 처형당할 때 남겨진 흔적들이 분명하다고 주장하는 학자도 있었다.

　그런가 하면 1984년 영국의 사진작가는 미국 NASA의 연구팀과 8년 동안 공동으로 조사하면서 수의에 남아 있는 얼굴 형상을 컴퓨터로 재현했는데, 수의의 주인공은 키 181센티미터, 체중 77킬로그램의 근육이 잘 발달한 30~40대 남성으로 밝혀져 예수와 일치한다고 주장했다.

　여기서 한 가지 짚어보고 싶은 것은 예수의 형상이다. 예수의 얼굴은 5세기에 와서 초상화로 형상화되기 시작했는데 처음에는 얼굴 모습이 저마다 달랐다. 그러다 정형화 과정을 거쳐 오늘날 서양의 젊은 백인 모습에 다다랐다. 하지만 전문가들은 예수의 얼굴은 서양의 백인이 아니라 중동 지방의 아랍인이나 유대인 모습이었을 것으로 추정하고 있다.

진짜라는 주장에서 이탈리아 토리노 대학의 교수 주장이 크게 부각됐다. 그는 여러 자료를 통해 토리노 수의의 주인공과 예수가 일치할 확률을 계산했는데, 예수의 수의가 아닐 확률은 2250억분의 1로 나타나 진품이 확실하다는 것이다. 2250억은 예수가 살았던 시대까지 지구상에 살았던 사람들의 총 숫자라고 했다. 이러한 주장에 바티칸 교황청과 기독교인이 일제히 환호했다.

그러자 가짜설을 주장했던 학자들이 토리노 수의를 탄소연대 측정을 해보면 정확한 진실을 알 수 있을 것이라는 견해를 내놨다. 그전에도 탄소연대 측정을 하자는 건의가 여러 번 있었지만, 교황청은 번번이 거절했다. 탄소연대 측정을 하려면 수의의 일부분을 잘라내야 했기 때문이다. 아무리 작게 잘라내도 그것은 신성모독이라는 교황청의 거절 사유는 충분히 설득력이 있었다.

하지만 토리노 수의의 진위 여부가 큰 화제였던 상황에서 마냥 거부할 수는 없었다. 더욱이 가짜일 확률이 무려 2250억분의 1이라는 데 자신감을 얻은 교황청이 수의에서 아주 작은 조각을 잘라내 미국 애리조나 공립대학(투손), 영국 옥스퍼드대학, 스위스 취리히 포리텍대학 등의 연구진에게 나눠주고 진위를 가리게 했다.

1988년 10월 13일 오전 10시, 마침내 토리노 성당에서 추기경이 참석한 가운데 세 대학 연구진이 그동안의 연구결과를 발표했다. 역사적인 순간이었다. 전 세계의 이목이 집중됐다.

세 대학 연구진은 수의에 사용된 세마포를 방사성 탄소동위원소로 측정한 결과, 토리노 수의가 제작된 연대는 예수의 수의가 유럽에서 처음 공개된 시기인 1260~1390년이라는 결과가 나왔으며 세 대학이 모두 같았다고 공식 발표했다. 결론적으로 토리노 수의는 진품이 아니라 중세에 만들어진 위조품이라는 것이다. 그것으로 토리노 예수의 수의에 대한 진위 논란은 일단 마무리됐다.

　　바티칸 교황청에서는 "누구나 이 천이 예수의 몸을 감았던 것이라고 믿는다면 그렇게 믿을 수 있다"라는 성명을 발표했다. 예수의 수의가 진품이 아니라는 사실을 우회적으로 수용하면서 그것의 진위를 따지기보다 믿음의 가치가 더 크다는 것을 강조한 것이다.

　　지금도 토리노 성당에는 예수의 수의 사진이 걸려 있다. 설명문에는 '예수의 수의' 대신에 '토리노의 수의'라고 적혀 있다고 한다. 예수가 십자가에 못 박혀 처형당한 것은 틀림없는 역사적 사실이다. 그렇다면 예수의 시신을 덮었던 수의가 있었을 것은 분명하다. 그 진짜 수의는 언제 어떻게 사라졌을까? 안타깝게도 그것은 아무도 모른다.

허무하게
사라진
바미얀 불교 유적

아프가니스탄은 파키스탄, 이란, 투르크메니스탄, 타지키스탄 등으로 둘러싸인 내륙국가다. 그리고 북동쪽 끄트머리에 중국으로 이어지는 통로가 있다. 수도 카불 등 일부 도시를 제외하면 국토는 대부분 나무 한 그루 없는 벌거숭이 민둥산, 그리고 바윗돌과 큰 자갈들과 모래언덕의 평원으로 이루어진 황량한 나라다.

더욱이 아프가니스탄은 끝없는 전쟁과 끔찍한 테러로 얼룩지고 황폐해진, 세계에서 가장 가난하고 불안하고 위험한 국가다. 아프가니스탄이 참담한 비극을 겪게 된 것은 1970년대에 들어와서였다. 국민 대다수가 이슬람으로 비교적 온건한 중도파였던 정부를 1978년 당시 소련 군대의 지원을 받은 좌익 장교들이 쿠데타를 일으켜 무너뜨리고 공산정권을 세우면서 비극이 시작됐다.

공산정권은 소련과의 유대관계를 강화하고 반대파를 무자비하게 숙청하는가 하면, 공산주의식으로 토지개혁·사회개혁을 실행하면서 순수한 이슬람교도 및 공산주의를 반대하는 다수의 국민과 심각한 갈등을 빚게 됐다. 그리하여 이슬람교도의 폭동이 일어났고, 이를 진압하기 위해 3만 명의 소련군이 진입하면서 큰 전쟁이 벌어졌다.

하지만 이슬람 반란군도 만만치 않아 마침내 소련은 10만 명의 병력을 투입해 전쟁은 더욱 커졌으며 이슬람 반란군은 아프가니스탄 전역으로 흩어져 크고 작은 테러로 맞섰다. 그러자 소련은 미사일 등 온갖 최신 무기를 총동원해서 아프가니스탄 전역을 파괴하고 국민을 학살했다. 그 때문에 수백만 명에 이르는 국민이 파키스탄의 수용소로 도피하거나 해외로 탈출했다.

1988년 10년 만에 소련군이 철수하자 이번에는 공산주의자와 지역의 군벌들 사이에 내전이 벌어졌고, 1992년에는 이슬람 반군이 총공세를 펼쳐 공산주의자인 대통령을 몰아내고 이슬람공화국을 세웠다. 그와 함께 탈레반이 실권을 잡았다. 근본적으로 이슬람 극단주의자·원리주의자인 그들은 국가 재건은 제쳐두고 자신의 종교적 이념에 맞지 않는 것은 닥치는 대로 파괴하기 시작했다. 그 대표적인 것이 세계문화유산인 바미얀의 불교 유적 파괴였다.

아프가니스탄의 수도 카불에서 북서쪽으로 130킬로미터쯤 떨어진 중부 한복판, 힌두쿠시산맥 기슭에 있는 바미얀은 1세기에서 13세기에 이르기까지 크게 번성했던 교역과 문화·예술의 중심지이자 동서양을 잇는 교통로여서 동서양의 상인이 쉴 새 없이 오가는 활기 넘치는 지역이었다.

이 지역에는 하자라족이 살았다. 그들은 몽골의 칭기즈칸이 이곳을 정복했을 때 특별히 주둔시킨 100명의 몽골족 병사와 정복로를 따라 차

바미얀 유적 전경

즘 이주해온 몽골인의 후예라고 한다. 몽골 병사 100명은 끝내 머나먼 고향에 돌아가지 못하고 이곳에서 뿌리를 내리고 후손을 남겼다. 일부에서는 하자라족이 튀르크계라고도 한다.

그런데 이 일대와 파키스탄 북서부 지역에는 오래전부터 파슈툰족이 살고 있었는데 그들은 8세기경 이슬람교가 들어오면서 불교를 믿는 하자라족을 박해하고 불교 유적을 파괴했다. 더욱이 그 무렵의 아프가니스탄은 불교국가였다. 불교는 인도에서 탄생했지만, 그곳에서 번성하지 못하고 오히려 이곳에서 크게 융성했다. 이곳은 대승불교의 발상지였다. 이곳에서 흥성한 대승불교는 중국과 한반도를 거쳐 일본까지 전파됐다.

53미터에 이르는 바미얀 석불(파괴 전후)

『대당서역기』라는 견문록을 남긴 중국 당나라의 고승 현장도 다녀갔
으며, 『왕오천축국전』을 쓴 신라의 혜초도 772년에 다녀갈 정도로 바미
얀은 불교의 중심지였다. 지난날 불교가 크게 융성했던 아프가니스탄에
는 3700여 개의 불교 유적이 흩어져 있는데 그중 가장 빼어난 유적이 바
미얀의 석불이었다. 드높은 암벽을 깎아서 암벽 안쪽으로 세운 석불이
두 개인데 하나는 높이가 53미터의 서 있는 부처로 세계에서 가장 큰 석
불이었다. 또 하나는 높이 38미터의 석불이었다. 그런데 탈레반이 이 세
계적 문화유산을 가차 없이 파괴한 것이다.

2001년 탈레반은 이 석불을 자신이 파괴하겠다고 대외적으로 공개

선언했다. 두 개의 석불과 함께 그 주변에 있던 승려들이 수행하던 여러 석굴과 고승의 무덤들도 모조리 파괴하겠다고 선언한 것이다. 그들이 내세운 구실은 우상을 파괴한다는 것이었다. 그러나 그보다는 당시 국제사회에서 인정받지 못하고 있던 탈레반 정권이 자신들의 존재감을 드러내면서 국가로서 인정받으려는 속셈으로 자행한 만행이었다.

이런 이유로 그들은 파괴하기 전에 미리 공개 선언했지만, 국제사회는 그들을 인정하기보다 세계문화유산 파괴를 적극적으로 만류했다. 대부분의 이슬람 국가도 탈레반의 석불 파괴를 반대했다. 석불이 비록 불교 유적이지만 인류 공동의 문화재라는 이유에서였다. 하지만 소용이 없었다. 탈레반은 마치 고층건물을 폭파공법으로 순식간에 무너뜨리듯 다이너마이트와 로켓포를 이용해서 두 개의 석불을 절대로 다시 복구할 수 없도록 완전히 파괴했다. 온 세계는 그들이 공개한 영상을 보면서 경악했다.

하기는 바미얀 석불의 수난은 처음이 아니었다. 13세기 인도 무굴제국의 침입, 18세기 페르시아군의 침입, 19세기 하자라족의 반란 때도 거대한 석불의 얼굴이 훼손되는 수난을 겪었지만, 그래도 크게 손상되지 않고 버텨왔다. 그러나 이제 탈레반에 의해 완전히 파괴돼 산산조각이 나고 돌가루가 된 것이다.

바미얀의 석불은 4~5세기경에 세워진 것으로 알려졌다. 무려 1700년이 된 인류의 세계문화유산이 불과 17초도 안 되는 순간에 다시 복원할 수도 없을 정도로 파괴돼 영원히 사라진 것이다. 대다수의 이슬람 국가도 탈레반의 야만적인 만행을 규탄했다.

바미얀의 석불들이 파괴되자 유네스코는 2003년 바미얀의 문화 경관과 고고 유적을 세계문화유산으로 등재하고 위기에 놓인 문화유산으로 분류했다. 그와 함께 석불을 복원하자는 주장이 제기됐다. 이미 원형은 사라졌으나 석불의 사진 자료와 여러 기록이 있으니까 옛 모습대로 복구할 수 있다는 것이었다. 구체적으로 복구 기간 5년, 복구 비용으로 약 2000만 달러가 든다는 계획까지 나왔다. 그와 관련해서 국제회의도 열렸다.

하지만 복구하지 말고 그냥 두자는 주장도 강력하게 제기됐다. 문화재에 대한 만행도 큰 교훈을 준다는 이유였다. 아프가니스탄 정부는 강력하게 복구를 주장했다. 석불이 복원되면 많은 관광객과 불교 신자들이 찾아와 외화 수입을 기대할 수 있었기 때문이다.

유네스코의 입장은 복원하자는 쪽과 그대로 두자는 양쪽으로 나뉘었다. 하지만 반달리즘(Vandalism)에 대한 경고와 교훈으로 그냥 내버려두자는 쪽이 다소 우세한 실정이어서 석불의 복원 작업은 언제 이루어질지 알 수 없는 상황이다.

반달리즘이란 종교 또는 문화적 차이에서 오는 적대감으로 다른 종교와 문화의 유적을 파괴하는 행위를 말한다. 5세기 초 북아프리카에 본거지를 둔 반달족이 로마를 침략해서 문화 유적을 마구 파괴한 것에서 비롯됐다. 대표적으로 에스파냐의 잉카문명 파괴가 손꼽힌다. 어떤 경우라도 비인간적 만행인 반달리즘은 사라져야 한다. 그 때문에 인류의 문화유산 바미얀의 석불이 영원히 사라진 것이다.

사라질 운명의
팀북투
이슬람 유적

아프리카 하면 문명과는 거리가 먼 미개 부족, 지독한 가난에 찌든 비참한 모습을 먼저 떠올린다. 마실 물조차 부족해서 흙탕물을 먹을 정도로 가난한 부족이 적지 않고, 아직도 뙤약볕에서 원시적으로 살아가는 부족이 많은 것도 사실이다. 하지만 아프리카에는 인류의 대표적인 문명인 이집트문명을 빼놓고도 찬란한 문화가 있었다. 사하라 사막에서 찬란한 문화가 꽃핀 적이 있었다면 믿지 않을 것이다. 그렇지만 틀림없는 사실이다. 말리의 팀북투가 그 좋은 예가 될 것이다.

아프리카 북서부의 말리공화국은 모리타니, 세네갈, 부르키나파소, 알제리, 니제르 등 무려 7개국과 국경을 맞대고 있는 내륙국가다. 오랫동안 프랑스의 식민 통치를 받다가 1960년 독립했다. 국토의 대부분은 사하라 사막이며, 이슬람 무장단체들의 준동과 잇따른 쿠데타 등으로 내정이 불안해서 위험한 국가로 분류되고 있다.

그러나 14~16세기에는 말리왕국·송가이왕국 등이 크게 융성하며 교역의 중심지, 문화·예술의 중심지로서 눈부신 이슬람 문화를 꽃피웠다. 특히 말리의 중심부에 있는 팀북투는 전 세계가 주목하는 신비에 가득 찬 이슬람 문화·예술을 간직했던 불가사의한 도시였다.

　광활하고 황량한 사하라 사막의 끊임없는 모래바람에 휩싸여 있는 팀북투(Timbuktu), 이 지역을 지배했던 프랑스어로 통부투(Tombouctou)는 13세기경에 형성된 도시다. 모래사막 한복판에 도시가 세워졌다는 것도 경이로운 일이지만, 도시의 구조나 이슬람 사원과 대학교 등의 건축물들도 축조양식이 신비스럽고 독특해서 유네스코가 1988년 도시 전체를 세계문화유산으로 등재했다.

유네스코 세계문화유산에 등재된 팀북투

도시가 형성되기 전에 팀북투는 드넓은 모래사막에 불과했다. 다만 서부 아프리카에서 멀리 북쪽으로 지중해까지 오가며 교역했던 아랍 상인들 집단인 대상(隊商)이 반드시 지나가야 하는 경유지였으며 인근 지역의 아프리카 유목 부족들이 낙타 떼를 이끌고 이동하는 통로이기도 했다. 그런 부족 가운데 투아레그족이 있었다.

드넓은 아프리카 대륙에는 헤아릴 수 없이 많은 크고 작은 부족이 있다. 그 가운데 북아프리카에서 투아레그족은 베르베르족·무어족과 더불어 비교적 규모가 큰 부족이었다. 투아레그족은 아프리카 부족 중에서 '죽음의 전사들'로 불릴 만큼 죽음도 두려워하지 않는 용맹성이 뛰어나고 결속력이 매우 강한 부족이었다. 또 투아레그족은 베르베르족 계열이지만 자신의 고유언어가 있었으며, 일부다처제의 아랍계에서는 유일하게 일부일처제였고, 소규모 혈연집단으로 구성된 모계사회였다. 역시 다른 아랍계와 달리 남녀가 평등했던 특이한 부족이었다.

투아레그족은 북아프리카에서 가장 큰 유목 부족이었지만, 사하라 사막 남단에서 북아프리카를 오가며 낙타와 황금을 거래하는 이동 무역에 종사하는 부족민도 많았다. 팀북투는 그들이 주로 거주하는 지역은 아니었지만, 사하라의 남북을 오가며 이동 무역을 하는 투아레그족 대상이 반드시 팀북투를 거치게 되면서 그곳을 야영지로 정하고 임시숙소들을 지었다. 그런데 투아레그족 대상만 쉬어갈 수 있는 숙소였지만 모래사막 한복판에 고정된 야영지가 생기자, 다른 부족 대상도 이곳에서 머물거나 자신의 임시숙소를 만들면서 점점 규모가 커지게 됐다.

팀북투에 마침내 도시가 형성됐다. 많은 대상이 끊임없이 오고 가고 머물고 서로 거래를 하고, 대상을 위한 상점이 점점 늘어나 시장이 생겨

나고, 대다수가 이슬람인 그들을 위해 사원들이 세워지면서 인구 4만 명이 넘는 도시가 형성된 것이다. 당시로서는 대도시였다. 14세기에는 팀북투를 기반으로 말리왕국이 세워졌다. 팀북투가 이렇게 번성할 수 있었던 것은 근처에 나이저강(니제르강)이 있어서 사막이었지만 물이 비교적 풍부했기 때문이다.

14세기에서 16세기까지 말리왕국과 그 뒤의 송가이왕국까지 약 200여 년 동안은 팀북투의 전성기였다. 북아프리카의 소금과 남아프리카의 황금이 오고 가는 요충지여서 황금이 넘쳐났다. 팀북투의 황금 보유량에 따라 아프리카 최대의 강대국이었던 이집트의 금값이 좌우될 정도였다.

팀북투의 최고 전성기였던 14세기 중반 말리왕국의 영토는 대서양 연안에서 지금의 나이지리아 국경까지 이어져 칭기즈칸의 몽골제국 이래 영토가 가장 컸다니 놀라지 않을 수 없다. 1324년 말리왕국의 술탄(왕)이 사우디아라비아의 메카를 성지 순례할 때 무려 6만 명의 수행원을 거느리고 떠났는데, 얼마나 많은 황금을 지니고 갔는지 이집트 카이로의 금값이 12년 동안이나 계속해서 하락했다고 한다.

말리왕국과 송가이왕국은 그러한 풍요로움으로 팀북투에 대형 사원들과 대학교, 이슬람 교육기관, 도서관 등을 지으면서 이곳은 교역 도시로서뿐만 아니라 이슬람 전파의 중심지, 문화·예술의 중심지, 아프리카 최대의 지적·영적 도시로 발돋움했다.

팀북투의 상코레대학은 이슬람 경전인 쿠란 연구의 메카로 학생 수가 2500명에 이르렀으며 도서관에는 중세 유럽의 유서 깊은 대도시 도서관 못지않게 무려 70여만 권의 장서를 보유하고 있었다고 한다. 상코레대학뿐만 아니라 '상코레 마드라사'라는 이슬람 최고의 교육기관도 있어서 수많은 이슬람의 성인·대학자가 이곳에 와서 사제들을 교육했다. 그러다가 세상을 떠난 이슬람 성인들의 영묘가 16기나 됐다. 그리하여 "금은 남쪽에서 나고 소금은 북쪽에서 나고, 진정한 지식은 팀북투에서 난다"는 유명한 말이 전해질 정도였다.

팀북투를 불가사의한 신비의 도시로 자리매김하게 만든 것은 건축물들이었다. 이곳의 모든 건축물은 사막이어서 석재를 구하기 어려워 진흙을 빚어 만든 흙벽돌로 지었다. 따라서 이곳에 세워진 세 개의 이슬람 사원(모스크)은 일반적인 모스크에서 볼 수 있는 둥근 돔 형식의 지붕이나 여러 개의 첨탑이 없는 독특한 모습이다. 그런데도 세계의 '10대 아름다운 모스크'에 들어갈 정도로 예술적인 모스크를 지었다.

모스크뿐만 아니라 궁전, 대학, 도서관, 공공시설 등 모든 대형 건축물을 흙벽돌로 지었는데 그 모습이 너무 아름다워 신비스러움을 자아내고 있다. 일반주택도 당연히 흙벽돌로 지었는데 요즘의 주택처럼 네모반듯하고 지붕이 편편한 슬라브형이다. 그것이 전부가 아니다. 모래벌판에 상점들이 줄지어 선 상가(商街)들도 있었고, 주택가의 골목길은 미로처럼 이어져 있어 유럽의 대도시를 방불케 한다. 도대체 그런 건축물들을 어떻게 세울 수 있었는지, 흙벽돌로 사원이나 대학 같은 대형 건물을 지었는데 어떻게 수백 년을 무너지지 않고 그 모습 그대로 서 있는지 너무 신기할 따름이다.

하지만 16세기 말경 모로코의 침입을 받아 차츰 쇠락하기 시작한 팀북투는 세월이 흐르면서 말리가 유럽 강대국들의 식민지 전쟁에 휘말리고 모래사막 깊은 곳에 있어서 잘 모르기 때문에 오랫동안 잊혔다. 유럽이 팀북투를 다시 발견한 것은 19세기에 이르러서였다. 1828년 프랑스 탐험가 르네 카이에가 팀북투에 발을 디뎠다.

그러나 신비로운 옛 모습은 찾아보기 어려웠다. 서아프리카 여러 곳에서 근대식 항구가 개항하고 유럽과 북아프리카를 왕래하는 선박들이 많이 증가하면서 내륙의 대상에 의한 교역은 쇠퇴할 수밖에 없었다. 대상이 거의 사라지면서 팀북투는 차츰 폐허로 변하고 흉측한 모습의 흙벽돌 건물들만 남게 됐다.

팀북투가 다시 역사의 현장으로 대두된 것은 불과 10년 전이다. 2012년 말리로부터 분리독립을 외치던 투아레그족은 아자와드 이슬람 운동을 중심으로 말리에 반기를 들었다. 말리 정부가 정규군을 투입하고 치열한 전투 끝에 투아레그 반군이 북부 대부분을 장악했다. 말리 군인들은 정부가 제대로 군수 지원을 해주지 않은 탓에 국토를 빼앗겼다면서 3월 22일 쿠데타를 일으켜 정부를 뒤엎었다. 투아레그 반군은 쿠데타로 인한 혼란 상황을 이용해 키달·팀북투·가오 등의 도시들을 장악하고, 4월 6일 말리 북부에서 투아레그족을 주축으로 아자와드이슬람공화국을 선포했다.

그 와중에 아자와드 이슬람 운동과 협력하여 말리에 저항했던 '안사르 알딘'이 팀북투의 우상숭배 유적들을 모조리 파괴하겠다고 공개 선언했다. 그러자 유네스코는 즉각적으로 상코레 마드라사 등 세 개의 대모스크와 이슬람 학자·성인의 영묘 16기를 모두 묶어 팀북투를 세계문화유산으로 지정했다. 그러나 안사르 알딘은 유네스코의 성명에 자극을 받은 듯, 이슬람 성인의 영묘 16기 중 14기를 파괴하고 나머지도 파괴하겠다고 선언하고, 팀북투의 유명한 이슬람 사원인 '시디 야히야'의 문을 폭파했다. 주민 사이에서 사원의 문이 열리면 불행이 닥친다는 전설이 전해지고 있었다.

투아레그족도 90퍼센트가 이슬람이다. 팀북투의 그 빛나는 유적들도 모두 이슬람 유적이다. 그들은 "우리는 신의 이름으로 행동하는 것이다"라고 하지만, 알라를 섬기는 이슬람끼리 왜 그렇게 서로 싸우고 만행을 저지르는지 도무지 알 수가 없다.

유네스코는 즉각 안사르 알딘을 규탄하는 성명을 냈으며 국제전범재판소는 안사르 알딘에 대해 전쟁범죄로 조사하겠다는 성명을 발표했고 국제사회의 비난이 쏟아졌다. 팀북투 주민의 전설대로 불행해지기 시작한 것 같다.

인류의 문화유산이자 이슬람의 문화유산을 파괴하는 만행을 자행한 안사르 알딘의 두목은 결국 헤이그 국제사법재판소에서 재판을 받았다. 전쟁범죄 이외에 최초의 테러범죄 재판이었다. 문화유산 파괴 명령을 내린 이슬람 극단주의 단체의 두목에게 역사적인 문화유산 파괴를 준엄하게 꾸짖자 그는 자신은 그런 사실이 없다며 한사코 부인했다.

국제사법재판소가 그들을 범죄자로 규정한다고 해서 이미 파괴된 이슬람 최대의 유적이 다시 살아날 리는 없다. 팀북투는 아프리카의 그 어느 지역보다 풍토병이 심각해서 외부에서 들어가기도 어렵고, 더구나 혹독한 기후 변화로 불과 몇 십 년 안에 거센 모래폭풍에 파묻힐 위기에 있다고 한다. 어쩌면 머지않아 팀북투의 이슬람 유적들이 영원히 사라지게 될지 모른다.

4

유적,
유물

다시 볼 수 없는 바빌론의 공중정원

'사라진 것'들을 이야기하면서 바빌론의 '공중정원'을 빼놓으면 구색이 맞지 않는다. 공중정원이 어느 날 갑자기 사라진 것은 아니지만, 그 황홀하고 아름다웠던 모습과 그것에 얽힌 아름다운 사랑 이야기는 오늘날에도 변함없이 머릿속에 그려보는 환상이기 때문이다.

티그리스강과 유프라테스강 유역의 평원에서 인류의 역사상 가장 먼저 메소포타미아문명이 출현했다. 5000~6000년 전이었다. '비옥한 초승달 지역'으로 불리는 이곳은 그 당시 기후가 좋고 땅이 기름지고 물이 풍부해서 사람들이 살기 좋은 지역이었다. 메소포타미아문명을 이룩한 민족은 수메르인이었지만, 그보다 훨씬 앞선 약 7000~8000년 전에도 이곳에 사람들이 살고 있었다.

우바이드인으로 불리는 그들은 인류 최초로 수로를 만들어 물을 끌어오는 등 계획된 농사를 지었다. 아울러 상거래도 하고 가죽·도기·석재공예품을 만드는 산업을 발전시키며 이른바 '우바이드문화'를 탄생시

컸다. 우바이드인이 어디서 이곳으로 왔는지는 정확하지 않지만, 아랍계 셈족은 아니었다.

우바이드문화가 쇠락한 것은 대홍수 때문이었다고 한다. 구약성서 『창세기』에 등장하는 '노아의 방주'가 바로 이 대홍수를 가리키는 것이라고 한다. 그렇게 우바이드문화가 무너진 뒤 아랍계 셈족이 시리아, 아라비아반도 등에서 이곳으로 이주해 왔다.

이어서 약 5300년 전에 수메르인이 이곳으로 들어왔다. 그들 역시 어디에서 이곳으로 왔는지는 분명치 않다. 아나톨리아반도(지금의 터키)에서 이주해 왔다는 견해가 있는가 하면, 티그리스강과 유프라테스강 상류에서 남쪽으로 내려왔다고도 하고, 그보다 훨씬 북쪽에서 왔다고도 한다. 수메르인이 중국 랴오둥 지역에서 이동한 동이족이고 찬란한 수메르 문명은 약 7000~8000년 전에 이룩한 홍산문화(紅山文化)에서 비롯됐다는 주장도 있다. 이러한 주장은 흥미롭지만 아직 국제적으로 입증된 것은 없다.

아무튼 수메르인은 메소포타미아에서 인류 최초의 획기적인 문명을 이룩했다. 인류 최초로 문자(설형문자)를 만들었고 계획된 도시를 건설했으며 최초로 바퀴라는 운송기구를 만들었다. 수메르 연구의 권위자인 새뮤얼 크라이머는 문자, 도시 건설, 수학의 십진법 고안 등 인류 문화에서 빼놓을 수 없는 중요한 27가지를 수메르인이 만들어냈다고 했다. 그리하여 수메르를 기준으로 인류의 선사시대와 역사시대를 나누기도 한다.

수메르를 멸망시킨 것은 약 4000년 전 이곳으로 들어온 아모리인이었다. 아모리인은 구약성서에도 등장하는 민족으로 시리아, 팔레스타인 등 가나안 지역이 본거지였던 유목민족이다. 구약성서에 따르면 가나안에 7개 부족 또는 11개 부족이 뒤섞여 살았다고 하는데, 아모리인은 그 중 강력한 부족의 하나였다. 그 때문에 아모리인은 가나안족으로 불리기도 한다. 그들이 십여 개의 부족 집단을 이루고 동쪽으로 이동해서 메소포타미아에 이주한 것이다. 아모리인은 바빌로니아왕국을 세우고 바빌론을 수도로 정했다. 그와 함께 수메르문명을 이어받아 더욱 발전시켰다. 약 3700년 전 함무라비 왕은 인류 최초의 법전인 '함무라비 법전'을 만들었으며 민주적 대의제도를 만들었다.

바빌로니아를 최대 강국으로 만든 것은 약 2700년 전, 그러니까 기원전 7세기의 네부카드네자르 2세였다. 바빌로니아의 가장 위대한 군주로 손꼽히는 그는 끊임없는 정복전쟁을 통해 주변국을 모두 정복했으며 중동의 최강국이었던 아시리아까지 멸망시켰다. 그리하여 훗날 그를 가리켜 '바빌로니아의 나폴레옹'이라고 칭했다.

네부카드네자르 2세는 바빌론이 세계의 중심이라며 그것을 상징하는 바벨탑을 세웠다. 구약성서에도 등장하는 바벨탑은 그 당시로는 가장 크고 높은 탑으로 요즘의 30층 건물 높이였다. 하지만 그를 더욱 유명하게 하고 역사에 남을 수 있게 한 것은 바로 '공중정원'이었다.

그는 메디아왕국의 아미티스 공주와 정략결혼했다. 메디아왕국은 지금의 이란 중부 고원지대에 있었던 왕국으로 수도는 현재 이란 하마단주의 주도인 엑바타나였다. 네부카드네자르 2세는 아미티스 공주와 정략적으로 결혼함으로써 메디아와 동맹을 맺고 아시리아를 멸망시켰던 것이다.

비록 정략결혼이었지만 네부카드네자르 2세는 아마티스 공주를 진심으로 사랑하게 됐다. 그런데 좋은 기후와 나무들이 빽빽하게 들어선 울

네부카드네자르 2세의 왕궁터

창한 숲, 온갖 꽃이 만발한 산기슭에서 태어나고 자란 공주는 사막이나 다름없는 바빌론에서 여러 해를 살면서 하염없이 고향을 그리워하는 향수병에 걸렸다. 그러한 모습을 안타깝게 지켜보던 네부카드네자르 2세는 아내를 위해 큰 결단을 내렸다. 그녀가 살던 고향 풍광을 바빌론으로 옮겨오는 계획이었다. 무려 7층으로 된 대규모의 지구라트를 왕궁 안에 짓고 그곳에 공주의 고향 모습을 그대로 재현해서 공중정원을 꾸미고자 했다.

　그는 바빌론에서 동쪽으로 500킬로미터나 멀리 떨어진 공주의 고향 엑바타나에 대규모의 짐꾼을 보내 그곳의 갖가지 나무와 꽃과 꽃씨를 바빌론까지 옮겨오게 했다. 몇 달씩 걸려 이동하는 짐꾼 행렬의 모습도 장관이었다. 그야말로 대단하고 방대한 공사였다. 그렇게 오랜 세월에 걸쳐 만들어진 '공중정원'은 그 시대 최고의 기술과 예술이 결합된 말로 표현할 수 없을 만큼 아름다운 최고의 걸작이었다.

바빌론을 에워싸고 있는 성벽보다 무려 20미터나 높은 7층으로 된 너비가 120미터에 이르는 대형 건물을 왕궁 안에 세웠다. 그런 건물을 지구라트라고 하는데 계단으로 이어지는 피라미드와 같은 석조 건축물이다.

이 왕궁 안에 있는 지구라트는 곡선의 계단으로 이어졌고 각층마다 돌기둥이 받치고 있고 테라스가 있었다. 그 테라스마다 엑바타나에서 옮겨온 각종 나무와 꽃으로 채워졌다. 그리고 가장 높은 곳에 매우 큰 정

우르에 있는 지구라트 유적

원이 꾸며져 공중정원이 됐다. 그 공중정원에는 무려 100여 개의 방과 넓은 광장이 있었고 목욕탕도 있었다.

공중정원이라고 해서 공중에 떠 있거나 매달려 있는 정원은 아니다. 높은 언덕에 세워진 아름다운 지구라트를 온갖 나무와 꽃들로 꾸며 멀리서 보면 정말 공중에 있는 정원처럼 보였다. 이 공중정원을 본 히브리의 역사학자는 "푸른 나무와 꽃과 갖가지 풀로 이루어져 있고, 온갖 과일이 열려 있으며 꿀과 물이 흐르는 연못이 많다"라고 했고, 그리스인들은 "공중정원의 아름다움은 인간 영역을 넘어서기 때문에 말로 표현할 수가 없다"라고 했다. 그리스의 시인 안티파트로스는 서슴없이 '세계의 불가사의'라고 표현했다.

세계 정복을 꿈꾼 마케도니아의 알렉산드로스 대왕은 페르시아를 정복한 뒤 기원전 323년 바빌론도 점령했다. 그는 공중정원을 비롯한 바빌론의 아름다움에 넋을 잃고 바빌론을 자신이 꿈꾸는 대제국의 수도로 삼으려고 했다. 하지만 그는 대망을 이루지 못하고 갑작스러운 열병으로 불과 33세에 바빌론에서 죽었다.

공중정원의 꽃과 나무가 살아 있으려면 흙과 물이 있어야 한다. 흙을 두껍게 깔아 나무와 꽃을 심는 것은 그다지 어려운 일은 아니지만, 의문은 어떻게 그 높은 곳까지 물을 끌어올려 계속해서 물이 흐르도록 할 수 있었을까 하는 것이었다. 그러자면 각층으로 이어지는 수로가 있어야 하고 물을 7층까지 끌어올리는 방법이 있어야 하는데, 그것이 많은 사람의 의문이었다. 과연 2700년 전에 그런 기술이 있었을까?

학자들에 따르면 유프라테스강에서 물을 길어 올려 여러 저수조에 모아놓고 특수한 기술을 이용해 먼저 가장 높은 꼭대기의 정원에 물을 공급했을 것으로 보고 있다. 그리고 그곳의 물이 아래쪽으로 흘러내리게 해서 각층에 있는 정원에 공급했다는 것이다. 그 증거로 맨 위층에서 아래층까지 이어지는 여러 개의 구멍이 있다고 했다. 하지만 아직도 정확한 과정은 파악하지 못하고 있다. 한 가지 분명한 것은 그 시대에 펌프와 같은 고도의 기술이 있었다는 것이다. 결국 공중정원은 불가사의하고 신비로운 유산이 되었다.

안타깝게도 공중정원은 네부카드네자르 2세가 죽은 지 50년도 안 돼 페르시아의 침략을 받아 바벨탑과 함께 파괴되고 말았다. 그 뒤에도 몽골제국의 침략을 받았으며 급격한 기후 변화로 바빌론이 사막화되면서 유적의 흔적마저 모래에 파묻혀 완전히 폐허가 됐다. 일부 학자들은 건설 당시부터 바빌론이 사막이었다는 견해를 내놓기도 했다.

이렇게 공중정원은 역사 속으로 사라졌지만, 그 아름답고 환상적인 모습을 그리워하는 많은 고고학자·역사학자들이 공중정원이 있던 자리가 어딘지 흔적이라도 찾으려고 지금도 탐사를 계속하고 있다. 그런 가운데 거의 폐허가 된 바빌론의 유적지들이 속속 드러나고 공중정원이 꾸며졌던 건축물의 토대와 기반 등을 찾았다고 한다. 그에 따라 이라크 정부는 공중정원의 복원을 적극적으로 추진하려고 했다. 원래의 모습은 아니더라도 복원만 한다면 더없이 훌륭한 관광자원이 될 수 있기 때문이다.

그렇더라도 이제 공중정원 원래 모습을 다시 볼 수는 없다. 하지만 여러 자료를 근거로 공중정원의 모습을 상상한 그림들이 많이 나와 있다. 서로 조금씩 차이가 있지만, 공중정원의 상상도만 봐도 가슴이 설렐 정도로 너무나 아름답다.

이집트
네페르티티 왕비의
무덤

찬란한 고대 이집트문명이 한창 꽃피우던 기원전 14세기, 이집트의 파라오 이크나톤(아멘호테프 4세)에게는 두 명의 왕비가 있었다. 그 가운데 둘째 왕비가 네페르티티였다. 네페르티티는 고대 이집트어로 '완벽한 아름다움' 또는 '미녀가 왔다'라는 뜻이라고 한다. 이름에 걸맞게 그녀는 출중한 미인이어서 지금도 클레오파트라와 함께 이집트의 2대 미녀로 손꼽히고 있다. 그녀의 빼어난 미모는 이집트의 벽화나 전설이 아니라 석회석에 채색토를 입힌 그녀의 흉상이 발견되면서 알려졌고 유명해졌다.

약 3300년 전에 만들어진 이 가치 높은 네페르티티의 흉상은 1912년, 독일의 고고학자가 이크나톤 왕이 이집트의 수도로 정했던 나일강 동쪽의 아마르나 유적지에서 발굴했다. 독일 고고학자는 단번에 이 흉상의 놀랄 만한 역사적 가치를 알아보고 몰래 자신의 허접한 짐 속에 숨겨 독일로 가져왔다. 현재 독일 베를린 박물관섬 신박물관(Neues Museum)에 보존·전시되고 있는데, 이집트로부터 돌려달라는 끈질긴 요구를 받고 있다. 네페르티티 흉상은 그 시대 최고의 걸작 가운데 하나로 손꼽히고 있다.

네페르티티 왕비가 귀족 출신은 분명하지만 언제 어디서 태어났는지는 분명치 않다. 지금의 터키 쿠르디스탄 지역에 있었던 소왕국 미탄니에서 온 아시아계라는 주장도 있었고, 이집트 왕실과 관련 있다는 주장도 있었다. 하지만 근래에 와서 그녀의 출생 신분이 어느 정도 밝혀지고 있다.

그녀의 남편이자 이집트 왕인 이크나톤은 왕으로 즉위한 초기에 아버지 아멘호테프 3세와 공동으로 이집트를 통치했는데, 아멘호테프 3세의 왕비였던 티이에게 '아이'라는 오빠가 있었다. 그는 귀족은 아니었지만 이집트 왕실에서 고위 관리로 일하며 왕에게 충성했던 인물이다. 그런데 아이의 아내가 네페르티티의 유모였다는 것이다. 그런 사실들로 볼 때 아이가 네페르티티의 아버지라는 견해가 정설로 굳어지고 있다.

아무튼 네페르티티는 이크나톤의 왕비가 된 뒤 왕의 총애를 받으면서 이크나톤 왕을 적극적으로 내조하며 어디든지 함께 다녔다. 이크나톤이 왕이 되고 나서 가장 먼저 한 일은 종교개혁이었다. 그 무렵 이집트는 아몬 신을 비롯해서 여러 신을 숭배하는 다신(多神) 국가였다. 특히 아몬 신의 위력이 절대적이어서 이집트의 왕이 되려면 아몬 신으로부터 신탁을 받아야 했는데, 신탁을 주재하는 사제들의 권력이 대단했다. 따라서 국가 통치는 왕이 맡고 지배는 아몬의 제사장이 맡는 이원(二元) 체제였다.

이크나톤은 이것을 과감하게 개혁해서 아몬 신을 배척하고 태양신만 유일신으로 숭배하도록 했으며 자신이 곧 신이자 왕(god-king)으로 일원화

네페르티티 흉상

하며 왕권을 크게 강화했다. 이 과정에 네페르티티의 적극적인 협조가 있었다. 이크나톤 왕과 그녀는 딸만 6명을 낳았다.

이크나톤 왕이 일찍 죽자 황금가면의 미라로 잘 알려진 투탕카멘이 왕위에 오른다. 그는 이크나톤과 공동으로 이집트를 통치했던 아멘호테프 3세의 어린 동생으로 알려졌다. 어떤 이유에서 그가 왕위에 오르게 됐는지는 모르지만, 투탕카멘이 왕위에 오를 때는 겨우 8~9세였다.

네페르티티는 투탕카멘의 계모 또는 이모 또는 장모로도 알려졌다. 어느 것이 맞는지는 정확히 알 수 없다. 어쩌면 모두 맞을지도 모른다.

고대에는 동서양 구별 없이 근친혼이 성행했다. 특히 왕족은 왕권 계승과 순수 혈통을 위해 근친혼이 관습이었다. 이집트도 예외가 아니어서 왕족들은 남매지간, 아버지와 딸, 어머니와 아들이 혼인하는 것이 예사였다. 그 때문에 왕족들의 족보를 따지기가 무척 복잡하다.

아무튼 네페르티티는 너무 어린 투탕카멘을 대신해서 2년 동안 섭정을 했다. 그래서 네페르티티 왕으로 불리기도 했다. 그러면 그 뒤에 네페르티티 왕비는 어떻게 됐을까? 그와 관련해서 또 다른 역사가 전해지고 있다.

네페르티티의 본명은 타투키파였으며 미탄니왕국의 공주였다고 한다. 그녀는 남동생 마티자와와 서로 사랑했는데 아버지가 정략적으로 이집트의 늙은 아멘호테프 3세의 후궁으로 보냈다는 것이다. 사랑하는 누이를 빼앗긴 마티자와는 누이가 쓰던 방을 아무도 손대지 못하게 그대로 보존했고, 울분을 참지 못해 거칠고 잔혹한 성격으로 변해 '흑태자'라고 부르게 됐다고 한다.

이집트 아멘호테프 3세의 후궁이 된 타투키파는 이름을 네페르티티로 바꾸고 분풀이하듯 아멘호테프 3세의 아들을 유혹했다. 그가 바로 이크나톤이다. 네페르티티의 빼어난 미모에 반한 그는 왕위에 올라 아버지와 이집트를 공동으로 통치하게 되면서 아버지의 후궁이었던 네페르티티를 둘째 왕비로 삼았다.

이크나톤 왕이 죽고 아직 열 살도 안 된 투탕카멘이 왕위를 이어받자 네페르티티는 태후가 돼서 섭정하며 강력한 권력을 행사했다. 그러다 보니 왕위에 욕심이 생긴 그녀는 이집트에서 멀지 않은 소아시아의 강대국 히타이트제국과 손잡고 투탕카멘을 제거하려다가 들통이 났다. 그 때문에 아마르나 외곽의 작은 궁궐에 유폐돼서 그곳에서 40세를 일기로 삶을 마감했다고 한다.

그런데 문제는 네페르티티의 무덤이나 미라가 지금까지 발견되지 않고 있다는 것이다. 고대 이집트 왕들의 전통적인 장례풍습은 왕의 시신을 미라로 만든 다음 석관에 넣고 크고 화려한 무덤을 만들어 그곳에 보존하는 것이었다. 왕이나 왕비를 화장하는 풍습은 없었다. 그런데 무덤도 미라도 없다니, 있을 수 없는 일이었다.

이집트 룩소르에는 '왕들의 계곡'이 있어서 왕이 죽으면 그곳에 안치했고, 그곳으로부터 남쪽으로 1.5킬로미터쯤 떨어진 '여왕들의 계곡'에 왕비가 안치된다. 고대 이집트 역대 왕과 왕비의 무덤은 그곳에 다 있는데, 왜 하필 네페르티티만 없는 걸까? 정말 없는 걸까? 못 찾는 걸까? 이러한 의문이 지금까지 미스터리로 남아 있다.

20세기에 들어와서 고고학과 과학기술이 크게 발전하면서 네페르티티의 무덤을 찾으려는 노력이 활발해졌다. 그런 가운데 1922년 11월 영국의 고고학자 하워드 카터가 투탕카멘의 무덤을 발굴해서 세상을 놀라게 했다.

무려 3200여 년 만에 발굴해낸 투탕카멘의 무덤은 20세기 발굴 역사상 최대의 성과로 꼽힐 만큼 대단한 것이었다. 왕들의 계곡에 있는 무덤들은 대부분 도굴당했는데 투탕카멘의 무덤과 시신은 아무런 손상 없이 완벽했다. 외진 골짜기 람세스 6세의 무덤 바로 밑에 있어서 도굴범들이 미처 발견하지 못한 것이다. 애초에 투탕카멘의 무덤을 만들 때 도굴을 방지하려고 계획적으로 람세스 6세의 무덤 아래에 감추듯이 만들었던 것 같다.

갖가지 우여곡절 끝에 투탕카멘의 무덤을 열었을 때 또 한 번 놀라지 않을 수 없었다. 그 유명한 황금가면을 비롯해 수많은 유물이 쏟아져 나왔기 때문이다. 눈부시게 찬란한 각종 유물이 넘쳐나 그것만으로도 전시관을 차리고 남을 정도였다.

그렇지만 네페르티티의 무덤이나 미라는 여전히 오리무중이었다. 고고학자들은 투탕카멘의 무덤에 주목했다. 무덤에서 엄청난 유물이 쏟아져 나왔지만, 무덤의 크기가 다른 왕들의 무덤보다 훨씬 작았기 때문이다. 그 무덤은 마치 왕비의 무덤으로 만들다가 확장된 것 같은 형태였다. 대체 왜 그랬을까?

이러한 의문을 연구하던 고고학자들은 마침내 그 무덤은 네페르티티의 무덤으로 공사를 진행하다가 투탕카멘이 갑자기 죽는 바람에 대형의 무덤을 만들 겨를이 없어 그곳을 확장해 투탕카멘의 무덤으로 개조한 것으로 판단했다. 사실 투탕카멘은 불과 18세에 요절했다. 따라서 그 무덤이 곧 네페르티티의 무덤이라는 것이다. 많은 고고학자가 이 의견에 동의했다. 하지만 네페르티티의 무덤으로 입증할 만한 확실한 근거가 없었다.

그러던 2014년, 역시 영국의 고고학자 니컬러스 리브스가 투탕카멘의 묘실을 촬영해서 디지털 스캔을 한 결과 북쪽과 서쪽 두 곳에서 숨겨진 비밀의 방을 찾아냈다면서 그 비밀의 방이 네페르티티의 무덤이 틀림없다고 주장했다. 그러나 그 비밀의 방을 확인하려면 투탕카멘 묘실을 훼손하지 않을 수 없었다. 이집트 유물관리위원회는 그런 바람직하지 못한 상황과 함께 한 무덤에 두 개의 묘실이 있을 수 없으며 네페르티티가 왕들의 계곡에 묻혔을 가능성은 거의 없다고 부정적인 견해를 나타냈다. 왜냐하면 네페르티티가 그전의 여러 왕이 섬기던 아몬 신을 부정하고 태양신을 섬겼기 때문이라는 것이다.

하지만 X선을 이용하면 묘실 벽 뒤쪽에 그런 비밀의 방이 있는지, 묘실을 훼손하지 않고도 확인할 수 있다는 주장이 강력하게 제기됐다. 그러자 2015년 이집트 문화유산부가 레이더 탐사를 결정했다. 묘실 벽을 파손하지 않고 지하 투시 레이더를 통해 두 개의 방이 있는지 확인하겠다는 것이었다.

온 세계 매스컴들과 세계인이 잔뜩 긴장하며 지켜본 결과는 어떠했을까? 한마디로 실망이었다. 투탕카멘의 묘실 뒤에는 아무것도 없었다. 우리는 과연 네페르티티의 무덤이 있는지 없는지 그것조차 모른다. 그리하여 영원히 세계 불가사의의 하나로 남아 있다.

폼페이에서
사라진
사람들

'폼페이 최후의 날'은 낯설지 않다. 많은 사람이 잘 알고 있을 것이다. 그러한 제목의 영화도 있었다. 약 2000년 전 이탈리아의 항구도시 폼페이가 화산 폭발로 역사에서 사라진 대재앙을 말한다. 지구에는 여러 차례의 대멸종이 있었지만 대부분 수억 년 전에 일어난 천재지변이어서 그 시대에 태어나지 않았던 인류는 아무런 피해도 입지 않았다.

하지만 폼페이 화산 폭발은 인류 역사상 최대의 대재앙이었다. 비교적 널리 알려진 이 인류의 참사를 새삼스럽게 거론하는 것은 그만한 까닭이 있다. 바로 우리 민족의 정기가 깃들어 있는 백두산이 머지않아 화산 폭발을 일으킬지 모른다는 위기설이 심심치 않게 들려오기 때문이다.

약 2000년 전 이탈리아 남서부의 나폴리만 연안에 위치한 폼페이는 화려한 항구도시였다. 교통과 교역의 중심지일 뿐만 아니라 날씨가 좋고 겨울에도 따뜻해서 귀족이나 부자들이 선호하는 휴양지였다. 그 때문에 귀족들의 별장이 많아서 활기 넘치는 환락의 도시이기도 했다. 조금 북서쪽으로 베수비오산이 있었고 그 너머에는 유명한 도시 나폴리가 있었다.

79년 8월 한여름이었다. 폼페이 거리에는 활력 넘치는 도시답게 한낮의 더위에도 불구하고 많은 사람이 생업에 열중하고 있었고 바쁘게 오가거나 시원한 바닷바람을 즐기고 있었다. 그때 갑자기 땅이 흔들렸다. 사람들은 대수롭지 않게 생각했다. 얼마 전에도 지진이 일어나 땅이 심하게 흔들렸기 때문에 그와 비슷한 지진이 잠깐 스쳐 가는 것으로 가볍게 생각했다.

하지만 큰 착각이었다. 눈 깜짝할 사이에 베수비오산 정상에서 어마어마한 폭발이 일어나며 순식간에 엄청난 화산재가 하늘을 뒤덮어 캄캄해졌다. 많은 사람이 비명을 지르며 우왕좌왕하고 이리저리 마구 달렸다. 앞이 안 보일 정도로 캄캄해서 서로 부딪쳐 넘어지고 그 위에 또 넘어지고 또 다른 사람이 걸려 넘어져 밑에 깔린 사람이 압사당하는 등 그야말로 아비규환이었다.

그렇게 지옥과 다름없는 상황이 겨우 서너 시간쯤 지났을 때 폼페이는 완전히 화산재에 묻혀 사라졌다. 그처럼 화려했던 도시와 수많은 사람이 거리에서 그리고 집에서 두께가 6~7미터나 되는 화산재에 묻혀 흔적도 없이 사라져버린 것이다. 그때 10여 시간에 걸쳐 무려 100억 톤의 화산재가 순식간에 쏟아졌다고 한다.

베수비오산은 높이가 1300미터 정도로 그다지 높은 산은 아니었다. 그런데 지구의 화산 폭발 역사에 남을 만큼 엄청난 대폭발을 일으킨 것이다. 다행히 베수비오산에서 멀리 떨어진 곳에 있던 사람들은 화산재와 먼지를 피해 도피할 수 있었지만 가까운 곳에 있던 주민 2000여 명은 한순간에 화산재에 매몰됐다.

하필 바람이 폼페이 쪽으로 불어 전체 주민의 약 10퍼센트가 겁에 질려 우왕좌왕하다가 순식간에 목숨을 잃은 것이다. 바람의 반대쪽에 있는 나폴리는 별다른 피해를 입지 않았다. 아주 오랫동안 화산재와 먼지와 용암과 유황냄새가 가득한 폼페이에 접근조차 할 수 없었다. 폼페이는 아예 지도에서 사라졌다.

그렇게 수백 년이 흐르면서 화산재에 덮였던 땅이 굳어지고 허허벌판이 숲과 초원으로 바뀌었다. 농사꾼들이 텅 빈 땅에 밭을 일구고 집을 짓고, 차츰 인구가 늘어나 다시 새로운 폼페이가 됐다. 옛 폼페이는 잊힌 지 이미 오래지만 새로운 폼페이는 지형이 완전히 바뀌어 항구는 아니었지만 다시 교역의 중심지가 됐고 유럽의 전략적 요충지가 됐다. 옛 폼페이는 기원전 6세기경부터 그리스 영토였으나, 완전히 사라질 무렵에는 로마제국의 영토였다. 이후 유럽의 수많은 크고 작은 나라들이 영토확장을 위해 치열하게 각축전을 벌이면서 에스파냐, 프랑스 등으로 주인이 자주 바뀌었다.

그렇게 무려 1500년 넘게 세월이 흘렀다. 1592년 당시 폼페이를 차지하고 있던 에스파냐가 이 지역에 운하를 건설하려고 땅을 파기 시작했다. 그런데 땅을 깊이 파다 보니 석조 건물 잔해, 토기 따위가 계속해서 나오는 것이었다.

그러나 운하 건설 작업을 하는 일꾼들은 그 밑에 1500여 년 전의 폼페이라는 도시가 묻혀 있으리라고는 상상도 못했다. 저마다 유물을 차지하기 위해 이 구석 저 구석을 파헤치느라고 운하 공사가 제대로 되지 않았다. 이 소식이 알려지면서 유럽 여러 나라에서 유물 사냥꾼들이 밀려들어 유물 찾기 경쟁을 벌였다.

그렇게 또 150여 년이 흘러간 1738년, 베수비오산 기슭에서 밭을 갈던 농부가 땅속에서 뭔가 딱딱한 것들이 자꾸 부딪치자 큰 돌멩이가 묻혀 있다고 생각하고 그것을 없애려고 더욱 깊게 땅을 팠다. 그런데 그것은 돌멩이나 바윗돌이 아니라 석조 건물의 지붕이었다. 무려 1500여 년 만에 땅속에 묻혔던 옛 폼페이가 처음으로 모습을 드러내는 순간이었다.

이 사실이 에스파냐 왕 카를로스 3세에게 알려지자 그는 대대적인 발굴을 지시하고 적극적으로 후원했다. 그러자 유럽 각국의 수많은 유물 사냥꾼과 도굴꾼이 벌떼처럼 몰려들었고, 돈 많은 부호들, 보이지 않는 검은손들까지 몰려들어 베수비오산 일대가 난장판이 돼버렸다. 그 때문에 정상적인 발굴 작업은 제대로 진행될 수가 없었다.

결국 정상적이고 본격적인 옛 폼페이 발굴 작업은 1861년, 이탈리아가 통일된 뒤에야 이루어졌다. 주변을 통제하고 집중적으로 발굴 작업을 진행하면서 차츰 드러나는 옛 폼페이의 모습에 이탈리아는 말할 것도 없고 유럽, 나아가서 온 세계가 놀라움을 금치 못하며 발굴 과정을 숨죽이고 지켜봤다.

그야말로 놀라움의 연속이었다. 성터, 주택들, 빵가게, 채소가게, 공중목욕탕, 넓은 마차길과 인도, 상하수도와 관개시설 등이 옛 모습 그대로 나타났고, 신전, 원형극장 등도 옛 모습 그대로였다. 그뿐이 아니었다. 더욱 놀라운 것은 화산재를 피해 달려가다가 쓰러져 죽은 사람들, 일터에서 작업하다가 죽은 사람, 부엌에서 음식을 만들다가 갑작스레 화산재에 깔려버린 여자, 절망적인 상황에서 서로 부둥켜안고 죽은 연인들, 엄마와 아이 등이 마치 수천 년 전의 화석처럼, 영화나 TV의 정지화면처럼 옛 모습을 그대로 드러냈다. 한결같이 갑자기 들이닥친 재앙으로 공포에 떨던 고통스러운 모습이었다.

물론 2000년 가까이 지났으니 신체나 장기가 남아 있을 수 없다. 발굴 작업을 진행하면서 마치 조각상처럼 정지된 형태의 빈 공간에 석고를 부어 옛 모습을 그대로 재현했다. 누군가 "한 도시를 가장 완벽하게 보존하는 방법은 화산재로 덮는 것이다"라고 말했다.

한 도시의 거의 전체가 묻힌 것이어서 발굴 작업도 광범위할 수밖에 없었다. 발굴 작업을 시작한 지 200년 가까이 지난 지금까지 전체의 3분의 2 정도가 옛 모습대로 복원됐다고 한다. 하지만 그 문화적 가치는 말로 표현할 수 없을 정도다. 2000년 전 고대의 건축양식, 각종 시설, 생활양식, 생활도구 등까지 그대로 보존돼 있으니 고대사 연구에 그보다 확실한 실질적 자료는 없을 것이다. 1997년 유네스코는 옛 폼페이 전체를 세계문화유산으로 등재했다.

한 가지 흥미로운 것은 주택마다 갖가지 채색된 그림들이 그려져 있다는 점이었다. 특히 인물화가 많았는데 그 가운데는 남녀가 갖가지 체위로 성행위하는 모습들도 있었다. 그런 성행위 장면이 그려져 있는 집은 창녀의 집이었을 것으로 추측된다. 화려한 도시답게 환락시설도 많았을 것이다.

이러한 대규모 화산 폭발을 강 건너 불구경하듯 남의 일로만 여길 수는 없다. 우리나라는 화산 폭발이나 지진, 쓰나미 등의 천재지변에 비교적 안전한 것으로 판단하고 있지만 결코 그렇지 않기 때문이다.

약 1000년 전 백두산에서 대규모 화산 폭발이 일어났다. 지난 2010년 북유럽의 아이슬란드에서 대형 화산 폭발이 잇따라 일어나 유럽 전체가 화산재와 먼지에 휩싸여 큰 고통을 겪었다. 두 달 동안이나 수많은 항공편이 결항되는 등 유럽의 공항들이 정상적인 기능을 할 수 없었다.

1000년 전에 일어났던 백두산의 화산 폭발은 그 위력이 아이슬란드의 화산 폭발과 비교해서 무려 1000배나 더 강력한 것이었다고 한다. 그 무렵의 우리나라는 통일신라와 발해의 2국시대였다. 백두산 인근 만주 지역에 있었던 발해는 치열한 내분과 외세의 침략으로 멸망한 것으로 알려졌지만 백두산 화산 폭발로 나라 전체가 초토화되면서 멸망했다고 주장하는 학자들도 적지 않다.

그러나 약 1000년 전 백두산에서 대규모 화산 폭발이 일어난 것은 역사적 사실이지만, 발해의 멸망 시기와 약간의 차이가 있다는 견해가 설득력을 얻고 있기는 하다. 화산 폭발이 일어나기 적어도 수십 년 전에 발해는 이미 멸망했다는 것이다. 하지만 백두산에서 대형 화산 폭발이 일어났다는 사실이 중요하다.

중국의 화산 연구학자들은 1000년 동안 휴화산이었던 백두산이 2014~2015년부터 다시 활동을 시작한 것으로 판단하고 백두산의 화산 폭발을 경계하고 있다. 폼페이를 집어삼켰던 베수비오 화산 대폭발도 1000년 만에 폭발한 것이다. 정말 머지않아 백두산 화산이 폭발한다면 한반도에서 안전한 곳은 없을 것이다.

아무도
모르는
칭기즈칸의 무덤

칭기즈칸을 모르는 사람은 없을 것이다. 그는 12~13세기 역사상 가장 넓고 강력한 몽골제국을 건설했던 위대한 인물이자 서양을 벌벌 떨게 했던 몽골의 영웅이다. 흥미롭게도 아시아 각지에 거주하는 16개 인구집단의 남성 중 8퍼센트, 즉 전 세계 남성의 0.5퍼센트, 적어도 1600만 명 이상이 칭기즈칸의 유전자를 지니고 있다고 한다.

칭기즈칸은 위대한 왕이라는 뜻이다. 하지만 이 역사상 가장 위대한 왕도 인간인지라 66세에 병으로 죽었다. 사람이 죽으면 크든 작든 무덤을 만든다. 특히 황제나 왕은 생전에 자신이 묻힐 기념비적 무덤을 미리 준비하기도 하고 죽은 뒤에는 국가에서 그의 업적을 과시하듯 대규모의 무덤을 만들었다. 그런데 이 위대한 왕의 무덤이 어디 있는지 거의 1000년이 지난 지금까지 아무도 모른다.

물론 몽골은 말할 것도 없고 많은 국제탐사대가 최첨단 탐사 장비와 인공위성까지 동원해서 끈질기게 그의 무덤을 찾아 몽골초원을 뒤졌지만 그 흔적조차 찾지 못했다. 만일 칭기즈칸의 무덤을 찾는다면 그 안에 중국의 진시황 무덤을 능가하는 엄청난 보물과 갖가지 유물이 매장돼 있을 것으로 추정하지만 헛된 공상에 그칠 뿐이다. 도대체 칭기즈칸이 죽은 뒤 어떤 일이 벌어졌으며 그의 무덤은 어떻게 된 걸까?

칭기즈칸은 1162년 몽골의 동북쪽 헨티 지역에 거주하던 소수 부족 족장의 아들로 태어났다. 그와 달리 몽골 북쪽 바이칼 호수 근처에서 태어났다는 견해도 있다. 그의 어머니가 바이칼 호수 근처 알혼섬 출신인데 칭기즈칸의 아버지가 약탈혼을 했기 때문에 그런 견해가 나왔을 것이다. 다른 부족의 여자를 납치해서 혼인하는 약탈혼은 북방 유목민족의 전통적인 관습이다.

칭기즈칸의 이름은 테무친이다. 그가 아홉 살 때 아버지가 타타르족에게 독살당했다. 족장이 죽자 그의 부족은 대부분 뿔뿔이 흩어지고 세력이 더욱 약해졌지만, 테무친은 불과 열세 살에 부족장이 됐다. 어린 나이였지만 그는 비범했다. 뛰어난 지도력으로 보잘것없었던 부족을 강력한 부족으로 성장시켰다.

그 당시 몽골에는 약 30개 부족이 할거했으며 인구는 약 300만 명이었다. 테무친은 주변의 부족들을 차례대로 정복하면서 하나로 통합시켰다. 그들의 전통은 어느 부족을 정복하면 다시 재기하지 못하도록 완전히 파괴하는 것이었는데, 테무친은 그들을 아우르며 자신의 세력으로 만들었다. 다만 그의 아버지를 독살한 타타르족에게는 가혹하게 복수했다. 남자들은 모두 죽이고 여자와 아이들은 노예로 만들어 멸족시켰다.

1206년, 마침내 몽골의 모든 부족을 평정하고 대왕을 뜻하는 대칸

(大汗)에 추대됐다. 그러자 그는 자신의 야망을 펼치기 시작했다. 서쪽으로 중앙아시아, 동쪽으로는 랴오둥, 남쪽으로는 중국까지 정복하기 위해 맹렬한 공세를 펼쳤다. 그의 군대를 당할 자가 없었다. 주요 전술은 기마부대의 기습공격이었는데, 몽골족은 기마부족으로 원래 말을 잘 탔을 뿐만 아니라 말 위에서 식사까지 해결하며 밤낮을 가리지 않고 전광석화처럼 공격함으로써 하루에도 엄청난 거리를 이동할 수 있었다.

군사 분석 전문가들은 칭기즈칸이 연전연승할 수 있었던 주요 원인으로 등자(鐙子)를 꼽는다. 등자는 말을 탈 때 양쪽 발을 올려놓는 발걸이다. 등자가 등장한 것은 8세기경이었지만, 12~13세기 유럽에서는 일부 기사들만 사용했는데 칭기즈칸의 기마부대는 모든 말에 등자가 있어서 오랜 시간 편안하게 달릴 수 있었을 뿐만 아니라 전투가 벌어졌을 때도 말 위에서 떨어지지 않고 자유자재로 칼이나 창을 휘두를 수 있었다는 것이다.

칭기즈칸은 그가 정복하는 지역에 따라 다른 정책을 실시했다. 저항하지 않고 항복하면 관용을 베풀어 자치권을 부여했지만 강력하게 저항할수록 그곳을 잿더미로 만들고 무자비하게 학살했다. 칭기즈칸에게는 수많은 왕비와 후궁이 있었다. 당연히 그들 사이에서 태어난 후손도 많지만, 그는 정복할 때마다 그곳의 왕비나 공주 등을 잠자리로 불러들였기 때문에 오늘날 1600만 명이 넘는 자신의 유전자를 지닌 후손을 남기게 된 것이다.

그는 마침내 위대한 왕, 최고의 대왕이라는 칭기즈칸이 됐으며 서쪽으로는 지금의 헝가리까지, 남쪽으로는 인도 북부까지, 동쪽으로는 중국까지 동서양에 걸친 대제국을 건설했다. 그의 마지막 정복전쟁은 1227

년 서하 정벌이었다. 서하는 지금의 중국 간쑤성 일대에 있었던 티베트계 탕구트족이 세운 나라였다.

이 전쟁을 수행하던 칭기즈칸은 말에서 떨어져 건강이 악화되고 후유증에 시달리더니 심한 고열과 기침으로 자리에 눕고 말았다. 짐작건대, 요즘으로 말하면 인플루엔자였던 것 같다. 그는 자신의 죽음을 예감한 듯, 셋째 아들을 후계자로 정하고 눈을 감았다. 1227년 8월 25일, 그의 나이 66세였다.

새롭게 칸으로 옹립된 그의 셋째 아들 오고타이의 주도 아래 장례 절차가 진행됐다. 유목민족·기마부족이었던 몽골족에는 전통적인 장례 풍습이 있었다. 매장은 밀장(密葬)으로 시신을 땅에 깊숙이 묻고 봉분을 만들지 않아 묻힌 곳을 숨기고 장지에서는 제사도 지내지 않는 것이 그들의 풍습이었다.

광활한 초원을 떠도는 유목민으로 조상의 무덤을 찾아가 참배하기도 힘들 뿐만 아니라, 많은 보물과 유물을 함께 묻기 때문에 도굴을 방지하기 위해 그런 풍습이 생겼는지도 모른다. 아무튼 그런 풍습으로 지금까지 원나라 역대 황제의 무덤을 하나도 찾지 못했다.

칭기즈칸의 장례도 그러한 풍습에 따랐다. 비밀리에 대규모의 묘지를 조성한 뒤, 그의 시신과 함께 그가 사후에도 쾌락을 누릴 수 있도록 처녀 40명과 말 40필을 순장했다. 그리고 말 수천 필을 동원해 그곳을 마구 달리게 해서 완전히 평지로 만들고 그 위에 나무를 심어 울창한 숲으로 만들었다. 또한 병사 800명으로 하여금 묘지 조성과 매장에 참여했던 1000여 명의 노동자들을 모두 죽였다. 이어서 800명의 병사들도 비밀리에 모두 처형됐다. 칭기즈칸의 무덤에 대해 철저히 비밀을 지키기 위해서였다.

칭기즈칸은 평소에 자신이 흉노의 후손임을 자처했다. 흉노족은 그들의 지도자가 죽으면 시신과 함께 많은 보물을 묻었다. 따라서 칭기즈칸의 무덤에도 엄청난 보물과 유물이 매장돼 있을 것으로 추측한다. 하지만 그가 어디 묻혔는지 아는 사람이 아무도 없고 흔적조차 남아 있지 않으니 노련한 도굴꾼이라도 찾아낼 방법이 없었다.

칭기즈칸이 죽은 뒤 40년 가까이 지난 1265년 원나라를 방문했던 이탈리아의 마르코 폴로는 그가 쓴 『동방견문록』에서 "칭기즈칸의 시신은 사망한 곳에서 40일 정도 걸리는 먼 곳으로 옮겨졌는데, 그 행렬과 마주친 사람이나 목격한 사람들을 모두 죽였다"라고 기술하고 있다. 마르코 폴로의 아버지는 이탈리아 베네치아의 거상(巨商)으로 원나라와 무역하면서 당시 황제 쿠빌라이(칭기즈칸의 손자)의 환대를 받았으며 황실과도 친분이 두터웠기 때문에 아버지를 따라 원나라에 갔던 마르코 폴로가 그들에게서 이야기를 들었다면 상당한 근거가 있을 것이다.

또한 명나라 때 원나라의 역사를 기록한 『원사(元史)』에는 칭기즈칸의 시신을 기련곡(起輦谷)에 안장했다고 기술되어 있다. 그렇다면 기련곡은 어디에 있는가? 이에 대해서 여러 견해가 나왔다. 하나는 기련곡의 '련(輦)' 자가 임금이 타는 수레나 가마를 뜻하는 것이어서 상징적 표현일 뿐 특정한 지명이 아니라는 주장이다.

또 다른 하나는 기련곡이 바이칼 호수 서남쪽 부르칸산(또는 부르한산)을 가리킨다는 주장이다. 이 산은 북방 민족의 성지로 그들은 죽으면 이 산에 묻히는 것이 소원이었다. 칭기즈칸이 죽을 때 시신을 부르칸산에 묻어달라는 유언을 했다는 것이다. 칭기즈칸 어머니의 고향이 그곳이어서 그가 거기서 태어났을 수도 있다. 그게 맞는다면 칭기즈칸이 고향이자 성스러운 산에 묻어달라고 유언했을 것이다.

그런가 하면 칭기즈칸이 병사한 중국 간쑤성 류판산의 어느 골짜기일 것이라는 주장도 있다. 왜냐하면 당시 여름이었기 때문에 시신의 부패가 빨라 서둘러 장례를 치러야 했다는 것이다. 몽골족은 시신이 썩으면 천국에 갈 수 없다고 여겨 사흘 이내에 묻어야 했기에 시신을 멀리 옮기지 않고 그곳의 산기슭에 묻었다는 것이다.

어찌 됐든 칭기즈칸의 무덤을 찾으려는 노력은 일찍부터 이어졌는데, 특히 20세기 후반에 와서 매우 활발해졌다. 영국의 BBC를 비롯해서 미국의 CNN, 일본의 NHK 등 유수한 방송사들이 저명한 고고학자들과 몽골의 학자들을 동원해서 본격적으로 무덤 찾기에 나섰으며 그 과정을 다큐멘터리로 방영하기도 했다.

그들은 앞서 설명한 여러 기록과 자료들을 근거로 집요하게 탐사를 계속한 끝에 매우 설득력 있는 장소를 찾아내기도 했지만 그곳에서 아무런 부장품도 발견하지 못했다. 또한 원나라 황제나 황족의 무덤터로 추정되는 장소를 찾아내기도 했지만 그곳을 파헤칠 수 없었다. 몽골 당국이 그곳에 칭기즈칸의 무덤이 있다는 어떠한 증거도 없으며 유네스코 문화유산이어서 왕족들만 들어갈 수 있기 때문에 탐사가 불가능하다고 거부했기 때문이다.

과연 칭기즈칸의 무덤을 찾을 수 있을지 아니면 영원히 찾지 못할지 앞날을 알 수 없지만, 800년이 지난 지금도 흔적조차 찾지 못하고 있는 것이 너무 안타깝다.

사라져버린
거대한
파로스 등대

항구 또는 항구의 연안에 탑처럼 세워져 불빛을 비추는 등대는 캄캄한 밤중에 바다를 오가는 선박에 항구의 위치를 알려줘 멀리 떨어진 바다에서도 불빛을 보고 안전하게 입항할 수 있게 돕는 중요한 구실을 한다. 물론 요즘은 GPS 등의 첨단 장비로 인해 등대의 역할이 크게 줄어들었지만 아직도 그 기능을 하는 등대가 많다.

고대에도 항구는 다른 도시보다 특별했다. 먼바다에서도 보일 수 있도록 높은 곳에 대형의 석상을 세우거나 큰 신전을 지어 바다에서 찾아오는 선박에 위치를 알려줬다. 하지만 그러한 축조물들은 낮에만 유용했지, 아무것도 안 보이는 어두운 밤에는 무용지물이었다. 그렇더라도 등대는 감히 상상조차 못했다. 높을수록 효과적인 등대를 축조할 수 있는 기술력도 문제지만 그 꼭대기에서 불을 피우고 그 빛이 멀리까지 뻗어가게 할 수 있는 기술이 없었기 때문이다.

하지만 기록으로 볼 때 기원전 3세기에 인류 역사상 최초로 등대가 세워졌다. 그것도 높이가 무려 100미터가 훨씬 넘는 거대한 등대였다. 맑은 날에는 40킬로미터 이상 떨어진 먼바다에서도 등댓불이 보일 정도였다니 좀처럼 믿어지지 않는다. 하지만 틀림없는 사실이다. 이집트 알렉산드리아의 파로스 등대가 그것이다.

알렉산드리아는 이집트 최북단의 지중해를 마주하고 있는 항구도시다. 이 도시가 세워진 것은 기원전 4세기경이었다. 마케도니아의 알렉산드로스 대왕이 이 지역을 정복하고 처음에는 작은 항구쯤으로 생각했는데 그게 아니었다. 나일강 계곡이 있어서 농산물이 풍부했고, 지중해 연안에 위치해 유럽은 물론 아랍과 아시아를 연결하는 요충지여서 전략적으로 대단히 중요한 지역이었다. 그러한 여러 이유로 알렉산드로스는 이곳에 대도시를 건설하도록 지시했다.

그러나 알렉산드로스 대왕은 곧이어 아시아 원정을 떠났다가 바빌론에서 열병에 걸려 갑자기 죽는 바람에 이 도시의 완공을 보지 못했다. 하지만 도시 건설의 책임을 맡았던 그의 부하 프톨레마이오스가 끝까지 공사를 진행해서, 마침내 알렉산드로스의 이름을 붙인 대도시 알렉산드리아가 탄생하게 됐다.

프톨레마이오스는 마케도니아의 장군이었지만 알렉산드리아를 건설하고 이곳에 정착하면서 왕조를 열어 프톨레마이오스 1세가 됐다. 프톨레마이오스 왕조는 뒤에 이집트의 정식 왕조로 인정받아 300년 가까이 이어졌다. 한 가지 덧붙이면 프톨레마이오스 12세의 딸이 클레오파트라다. 그녀는 남동생인 프톨레마이오스 13세와 결혼하여 클레오파트라 7세로 이집트를 공동으로 통치했다.

이 왕조의 전성기가 시작된 것은 기원전 285년부터 40여 년 동안 통치했던 프톨레마이오스 2세 때였다. 뛰어난 군주는 아니었지만 남다른 통치술과 외교술로 이 지역 일대에서 가장 영향력이 큰 군주가 됐다. 그 무렵 지금의 터키인 아나톨리아반도의 남서쪽 지중해 연안에 크니도스라는 고대 도시국가가 있었다. 지리적으로 위치가 좋아서 교역의 중심지로 물자가 풍부하고 부유한 도시였으며 주민은 스스로 스파르타의 후예라며 자부심도 강한 도시국가였다.

그러나 크니도스는 프톨레마이오스 2세의 지배를 받고 있었다. 따라서 크니도스의 통치자는 이집트의 왕 프톨레마이오스 2세에게 잘 보일 필요가 있었다. 무엇으로 환심을 살까, 갖가지 궁리 끝에 그는 알렉산드리아에 큰 등대를 세우기로 결정했다. 이집트 왕도 그의 제안에 만족했다. 그리하여 기원전 280년경에 알렉산드리아 앞바다에 있는 파로스섬에 '알렉산드리아 파로스 등대'가 세워졌다.

이 등대의 규모는 실로 어마어마했다. 높이가 135미터로 당시로서는 상상도 못할 높고 거대한 등대였다. 3단식으로 세워진 이 등대의 가장 아래층은 사각형으로 돼 있으며 각 변의 길이가 31미터나 됐다. 중간층은 팔각형으로 아래층보다 약간 좁고, 가장 위층은 원통형으로 위로 올라갈수록 좁아졌다.

원통형으로 된 가장 위층에 초대형 반사경이 있었다. 당시의 연료는 나무밖에 없었으니까 가장 위층에서 장작을 태워 그 불빛이 반사경을 통해 반사됨으로써 먼바다에서도 불빛이 보이게 한 것이다. 날씨가 좋은 날 밤에는 43킬로미터나 떨어진 바다에서도 등댓불이 보였다고 한다.

그리고 맨 꼭대기에는 높이가 5미터쯤 되는 커다란 헬리오스 상이 있었다. 헬리오스는 그리스 신화에 등장하는 태양신이다. 태양신은 지중해 연안의 그리스·로마 등에서 숭배하는 신이었으며 이집트도 태양신을 숭배했다. 파로스 등대 꼭대기의 태양신의 얼굴은 프톨레마이오스 2세의 모습과 비슷하게 만들어졌다고 한다.

이 거대한 파로스 등대와 관련해 어떻게 그 당시에 135미터에 이르는 높이로 쌓아 올릴 수 있었으며, 어떻게 바다에서 밀어닥치는 강풍을 견딜 수 있었는지, 건축자재는 무엇이고 장작불은 어떻게 지속적으로 활활 타오르게 했는지, 더구나 그 당시에 반사경을 어떻게 만들었는지 등등 불가사의한 것이 한두 가지가 아니다.

그러나 안타깝게도 이 거대한 등대는 14세기에 이르러 완전히 사라지고 말았다. 가장 큰 원인은 네 차례에 걸친 지진이었다. 796년에는 강풍 탓인지 맨 꼭대기의 헬리오스 상이 떨어졌는데 이를 복구하면서 이슬람 형식의 돔을 덮었다고 한다. 956년에는 파로스섬에 지진이 일어나 윗부분의 20미터 정도가 무너져 내렸고, 1100년에는 강력한 지진으로 상당 부분이 무너졌다. 이때 반사경도 파괴돼 반사경과 렌즈를 무엇으로 어떻게 만들었는지 영원한 미스터리로 남게 됐다. 1261년 또다시 강진이 일어나 그때까지 남았던 부분도 모조리 무너졌다. 한때 이집트 술탄이 등대의 재건을 명령해서 원래의 모습을 찾지는 못했지만, 어느 정도 복구해서 등대의 기능을 수행했다. 하지만 1303년에 강력한 지진이 발생해서 결국 완전히 폐허가 되고 말았다.

170여 년이 지난 1477년, 이집트 술탄 카이트베이가 파로스섬의 북동쪽에 요새를 세우도록 했는데 무너진 파로스 등대의 잔해들을 사용해 카이트베이 성(城)을 완성했다. 잔해가 얼마나 많았으면 그것으로 성

파로스 등대(1909년 독일의 고고학자가 그린 복원도)

을 쌓을 수 있었는지 거대한 등대의 규모를 짐작할 수 있을 것이다.

인류의 큰 역사적 가치를 지닌 파로스 등대가 사라진 것을 매우 아쉬워하던 유럽의 고고학자와 역사학자들은 20세기에 들어와서 본격적으로 사라진 등대에 대해 탐사에 나섰다. 가장 먼저 독일의 저명한 고고학자가 1909년 각종 자료를 바탕으로 가능한 한 옛 모습 그대로 등대를 복원했다.

이어서 프랑스의 수중탐사대가 파로스 등대가 있었던 앞바다에서 등대의 잔해 일부를 인양했는데 분석 결과 독일 고고학자가 복원한 등대와는 다른 점이 많다고 했다. 우선 파로스 등대가 그리스의 건축양식으로 세워진 것으로 판단했지만 이집트의 전통도 상당 부분 도입했다는 것이다. 특히 건축자재도 석회석과 대리석을 사용한 것으로 알려졌는데, 실제로는 상당 부분을 아스완에서 화강석을 옮겨와 사용했다는 것이다. 아스완은 이집트 남부, 나일강의 최남단에 있는 지역으로 나일강을 가로지르는 아스완 댐이 있는 곳이다. 알렉산드리아와는 무척 먼 거리인데 그 먼 곳에서 석재를 운반해 온 것이다.

1994년 프랑스 고고학 발굴팀은 알렉산드리아 앞바다에서 파로스 등대 가장 꼭대기에 있던 헬리오스 상을 기중기로 인양했는데 높이가 4.55미터, 무게는 12톤이나 됐다. 그처럼 크고 무거운 물체를 130미터까지 어떻게 끌어올렸는지, 그것도 신기하다. 아울러 파로스 등대의 원형 기둥 파편 수백 개를 포함해서 3000여 개의 잔해를 인양했다.

그렇지만 파로스 등대를 원형대로 다시 복원할 수는 없다. 인류 최초의 거대한 등대는 영원히 사라진 것이다. 현재 에스파냐 최북단, 산티아고 순례길 인근에 '헤라클레스 등대'가 있다. 파로스 등대보다는 400~500년 늦은 2세기경에 이 지역을 점령했던 로마제국이 세운 것이다. 높이는 59미터로 파로스 등대의 절반 정도밖에 안 되지만, 1791년에 개축한 이래 지금도 등대의 기능을 무리 없이 수행하고 있다니까 그나마 위안이 되고 있다.

사라진 신비의
암벽도시
페트라

이 세상에는 신비스러운 자연현상이 많다. 좀처럼 일어날 수 없는 일이 일어나는 기적적인 현상도 있으며, 더없이 신비로운 자연풍광이 있다. 북유럽의 오로라도 신비스럽고, 신비한 생명체도 있다. 남쪽 나라 사람들이 북쪽 나라에 와서 눈 내리는 것을 보면 너무 신기해서 환상에 빠진다.

그러한 자연현상이 아니라 인간이 이룩한 신비스러움도 결코 적지 않다. 신비한 고대의 보물도 많다. 어떻게 그처럼 거대한 피라미드를 만들었는지 너무나 신기하고, 그리스나 로마의 신전 등도 너무나 우아하고 신비스럽다.

하지만 신비스럽고 신기하기로는 요르단의 고대 유적 '페트라'를 빼놓을 수 없다. 이집트, 그리스, 로마 등의 고대 석조 기념물은 겉으로 드러나 있지만 페트라의 유적은 겉으로 드러나지 않고 바위산 암벽 속에 있어 더욱 신비스럽다.

요르단은 국경을 마주하고 있는 이스라엘과 함께 구약성서에서 '젖과 꿀이 흐르는 땅'이라는 가나안 땅에 있는 나라다. 가나안이라고 하면 흔히 어느 한 특정 지역을 떠올리는 사람들이 많은데, 요르단·이스라엘 등이 위치한 드넓은 지역으로 고대에는 블레셋(팔레스타인)족, 나바테아 족 등 7개 민족이 뒤섞여 주로 유목생활을 하던 지역이다.

특히 요르단은 구약성서에 등장하는 모세가 이집트에서 유대인을 이끌고 가나안 땅을 찾아갈 때 거쳐 갔던 지역으로 모세의 형 아론의 무덤도 이곳에 있으며 예수가 세례자 요한에게 세례를 받은 요르단강도 이곳을 흐른다. 성서에서 말하는 요단강이 바로 요르단강이다. 따라서 이곳은 유대교·기독교·이슬람교의 성지이기도 하다. 기독교에서 사람이 죽으면 요단강을 건너 천국으로 간다고 해서 장례 때 추도예배에서 "요단강 건너가 만나리"라는 찬송가를 부른다.

페트라는 '요르단의 보석'으로 불릴 만큼 인류의 역사에서 더없이 큰 가치를 지닌 고대 유적지로 1985년 유네스코의 세계문화유산으로 등재됐으며 너무나도 신비로워 '세계 7대 불가사의'의 하나로 손꼽히는 곳이다. 사막 한복판에 바위산들로 둘러싸여 있지만 사막에서 유일하게 식수가 풍부해서 2000여 년 전에는 인구가 3만여 명에 이를 정도로 활기 넘치는 대도시였다.

페트라는 요르단의 수도 암만에서 남쪽으로 150킬로미터쯤 떨어져 있다. 요르단을 관통하며 갈릴리 호수에서 사해를 향해 흐르는 요르단강 유역 중간쯤으로 지중해와 홍해가 가까워 대상로(隊商路)의 요충지이기도 했다. 수많은 아랍 대상이 낙타와 함께 쉬어가는 곳으로 교역이 활발했던 도시였다. 특히 유향 교역의 중심지로 유명했다.

그뿐만 아니라 페트라는 기원전 1세기경 나바테아왕국의 수도이자 종교의 중심지였다. 일찍부터 이집트문명, 메소포타미아문명 등의 영향을 받아 문명이 융성해서 그 어느 곳보다 고대 유적이 많은 도시였다. 나바테아왕국은 200년도 안 돼 로마에 함락당했다.

신비스럽고 신기하게도 외부에서 페트라에 오는 낯선 사람들은 도대체 페트라가 어디 있는지 쉽게 찾을 수 없었다. 페트라가 그 지역의 언어로 '바위'를 뜻할 정도로 해발 950미터의 높은 곳에 바위산들로 둘러싸여 있기 때문에 페트라로 들어가는 길목조차 찾기 어려웠다. 그런 자연환경 덕분에 페트라는 외부의 침입으로부터 안전했다.

하지만 이 신비에 가득 찬 고대 도시는 4세기경의 대지진으로 그곳으로 가는 길마저 끊겨 고립된 채 숱한 세월이 흐르면서 쉴 새 없이 밀어닥치는 사막의 거센 모래폭풍에 묻혀 완전히 잊히고 말았다. 그렇게 무려 1500여 년의 세월이 흘렀다. 잊혔다기보다 페트라가 영원히 사라진 것이다.

장구한 세월이 흐른 1812년 8월, 스위스의 젊은 작가 요한 루트비히 부르크하르트가 시리아에서 이집트 카이로로 가는 아랍인들과 함께 여행하다가 요르단을 통과하고 있을 때였다. 함께 가던 아랍인이 근처의 모래언덕 너머에 고대 유적지가 있는 것 같다고 말했다. 어쩌면 대상들이 낙타를 타고 그곳을 지나다가 암벽들 틈에서 얼핏 인공 구조물을 보았을지도 모르지만, 그곳에 고대 도시가 모래더미에 파묻혀 있으리라고는 상상도 하지 못하고 그냥 지나쳤을 것이다.

하지만 부르크하르트는 달랐다. 선뜻 믿기는 어려웠지만 강한 호기심이 생겼다. 그 근처에 모세의 형 아론의 묘도 있다는 말을 들은 부르크하르트는 아론의 묘를 참배한다는 명목으로 허락받고 험한 협곡을 지나 모래언덕으로 올라갔다. 그러자 그의 눈앞에 놀라운 광경이 펼쳐졌다. 멀지 않은 곳에 병풍처럼 펼쳐진 붉은색을 띤 드높은 암벽! 하지만 결코 예사로운 암벽이 아니었다. 그 암벽들 앞면에는 여러 개의 기둥과 그 위에 문처럼 뚫려 있는 모습이 눈에 들어왔다. 틀림없이 많은 사람이 힘을 모아 만든 거대한 조각품 같았다.

마침내 1500여 년을 잠자듯이 모래더미에 묻혔던 페트라가 모습을 드러내는 순간이었다. 젊은 작가 부르크하르트는 그렇게 페트라를 최초로 발견한 인물로 역사에 남게 됐다. 하지만 워낙 규모가 방대하고 산더미처럼 쌓인 모래를 조심하며 파내야 했으므로 그곳에 고대 도시 페트라가 있다는 것만 확인했을 뿐 발굴 작업은 이루어지지 않았다.

1927년 요르단은 영국의 위임통치에서 벗어나 왕이 다스리는 입헌군주국으로 독립했다. 그러고도 30여 년이 지난 1958년에 와서야 공식적으로 페트라 발굴 작업을 시작했다. 결코 쉽지 않은 작업이었다. 하지만 페트라가 2000년 전의 모습을 드러낼 때마다 온 세계는 감탄해마지 않았다.

페트라의 입구에 다다르면 높이 200미터가 넘을 듯한 거대한 바위산 두 개가 가로막고 있다. 그 거대한 두 개의 암벽 사이에 겨우 2~3미터쯤 돼 보이는 좁은 길을 통과해서도 비좁은 협곡이 한없이 이어진다. 적어도 2킬로미터쯤 되는 이 협곡을 지나야 마침내 페트라에 들어서게 된다.

더욱 놀랍게도 이 그랜드캐니언 같은 협곡을 지나 페트라에 들어서면 뜻밖에 모래벌판이 펼쳐져 있다. 아니, 이런 사막에 무슨 고대 유적이 있을까? 하지만 그것도 잠시뿐, 페트라의 유적은 사막의 모래벌판이 아니라 좁은 골짜기의 병풍처럼 둘러싼 바위산에 있었다.

붉은빛을 띤 드높은 암벽들, 그 자체가 거대한 조각품이었다. 놀랍게도 그 조각 같은 암벽들 안쪽으로 엄청난 건축물들이 꾸며져 있었다. 높고 드넓은 궁전도 신전도 그 안에 있었고, 수도원, 극장, 장터, 공중목욕탕 등 온갖 시설이 만들어져 있었다. 거대한 암벽을 깎아서 만든 마치 아파트처럼 나란히 들어선 주거시설도 있었고 심지어 왕이나 귀족의 무덤까지 있었다. 누가 보더라도 도저히 인간의 능력으로는 만들어내기 어려운 경이롭고 신비스러운 암벽 속의 신기루 같은 모습에 경탄이 저절로 나온다.

그처럼 수많은 건축물과 조각 가운데서 가장 유명한 것은 도시 입구에서 협곡을 통과하면 가장 먼저 나타나는 '카즈네피라움'이라는 신전이

카즈네피라움 신전

다. 신전이자 왕들의 무덤이기도 한 이 기념비적 건축물은 높이 40미터, 너비가 28미터나 되는 웅장하면서도 예술성이 빼어나 더없이 아름답다.

도시의 입구가 세 개의 협곡으로 이루어진 페트라는 직선거리가 8킬로미터에 이를 정도로 넓은 사막 도시였으며 전성기에는 약 3만 명이 살았다고 한다. 모래벌판과 바위산들이 늘어선 삭막한 환경에서 어떻게 그 많은 사람이 살 수 있었을까? 사막은 물이 매우 귀한 곳 아닌가? 그곳은 신기하게도 사막지대지만 물이 풍족했다고 한다. 그들의 전설에 따르면 처음으로 샘을 만든 것은 모세였다고 한다. 유대인을 이끌고 가나안 땅을 찾아가던 모세가 이곳에 이르렀을 때 물이 없어서 유대인이 갈증에 시달리게 되자 바위를 지팡이로 내려쳤더니 물이 쏟아져 나왔다는 것이다. 그래서 지금도 '모세의 샘'이라는 샘터가 있다. 페트라에는 무려 200여 개의 샘터가 있어 물이 풍족했다는 것이다.

그러면 지상에서는 볼 수 없는 그 웅장한 건축물들을 높이 200미터나 되는 암벽 속에 어떻게 만들었을까? 무엇보다 이곳의 암석이 단단하지 않아 파내거나 조각하기 쉬운 사암으로 이루어져 있기 때문이다.

그렇더라도 그 많은 다양한 건축물을, 웅장하면서도 예술작품처럼 정교한 각종 시설을 바위산 속에 어떻게 만들 수 있었을까? 더욱이 2000년 전에 망치 따위 이외에는 별다른 도구나 공구가 없었을 것이다. 아무튼 이제라도 기적적으로 페트라의 모습을 다시 볼 수 있게 된 것은 인류의 축복이 아닐 수 없다.

영원히 사라진
팔미라의
고대 유적

미국의 정치학자 새뮤얼 헌팅턴은『문명의 충돌』에서 종교와 문화적 차이에서 오는 문명의 충돌이 세계평화를 위협할 것이라고 경고했다. 이러한 경고는 미래의 예언이 아니라 참담한 현실이 된 지 이미 오래다.

불교나 도교·유교와 같은 동양의 종교는 정적이며 관념적 요소가 많다. 하지만 기독교나 이슬람 등 서양의 종교는 대단히 역동적이고 적극성이 강한 종교다. 그 때문에 오랜 역사를 두고 기독교와 이슬람은 자주 충돌해왔다. 특히 종교가 갖는 상징성이나 수용성을 무시한 극단주의·원리주의 종교 조직이 등장하면서 문명의 충돌이 더욱 심각한 상황을 맞이하고 있다.

기독교의 근본주의(보수주의) 신학도 그렇지만, 최근 이슬람 무장 테러 단체인 지하드·알카에다·탈레반·IS가 자행하는 각종 테러는 심각한 문명의 충돌을 일으키며 공포의 대상이 되고 있다. 종교적 갈등과 대립을 넘어 세계평화를 무너뜨리고 있는 그들은 무자비하고 잔혹하기 이를

데 없다. 더욱이 그들이 인류의 문화유산을 무차별적으로 파괴하는 것은 인류 역사까지 무참히 파괴하는 용서받지 못할 죄악이라고 할 수 있다. 특히 인류 최고의 문화유산인 메소포타미아문명을 처참하게 파괴해서 인류의 역사에서 영원히 사라지게 했다. 그 피해가 가장 큰 곳이 시리아와 이라크다.

오늘날의 시리아는 끝없는 내란과 IS의 본거지로 국토가 거의 초토화됐으며 수백만 명의 국민이 난민이 되어 세계를 떠도는, 세계에서 가장 위험하고 비참한 후진국이 됐다. 그러나 고대에는 찬란한 문화를 꽃피웠던 메소포타미아문명의 발상지였을 뿐만 아니라 히타이트·아시리아 등 강력한 국가가 융성했던 곳이었다.

더욱이 현생인류인 호모사피엔스가 약 6만 년 전 아프리카를 떠나 다른 대륙으로 이동할 때 가장 먼저 거쳐 간 지역이 시리아였다. 따라서 인류의 4대 문명이 싹트기도 전인 1만여 년 전부터 이 지역은 문화가 번성했던 인류 역사의 고장이기도 하다. 기독교 구약성서도 대부분 이 지역의 역사를 상징적 배경으로 하고 있다.

하지만 시리아는 북쪽으로 터키, 동남쪽으로 이라크, 남쪽으로 요르단, 서쪽으로는 이스라엘·레바논 등과 국경을 맞대고 있는 지정학적 위치로 인해 고대에서 현대에 이르기까지 끊임없이 강대국들의 전쟁터로 그리고 종교적 갈등이 맞붙는 곳으로 수난과 시련을 겪어야 했다.

그뿐만이 아니다. 시리아는 1970년 하피즈 알아샤드가 쿠데타로 정권을 잡은 이래 군사독재 체제가 자리 잡았고, 2000년 이후 그의 아들 바샤르 알아샤드가 독재 권력을 이어가고 있다. 그리고 2011년에 시작된 시리아 민주화 운동은 시리아 내전으로 비화됐고, 이에 미국과 러시아 등 서방 강대국뿐만 아니라 아랍의 여러 나라와 이스라엘이 각기 자신의 이해관계에 얽혀 참여해 사태를 더욱 악화시켰다. 그 때문에 나라가 초토화되고 경제가 마비 상태에 이르러 수백만 명의 국민이 목숨이라도 지키려고 나라를 버리고 국제난민 신세가 됐다.

그런데 2015년 시리아 내전에 끼어든 이슬람 수니파 무장 조직인 IS가 시리아의 주요 도시들을 점령했다. 그 도시들 가운데 시리아 사막 한복판에 있는 팔미라가 있다.

팔미라는 시리아 최고의 고대 도시로 메소포타미아문명의 중심지 중 하나였다. 일찍이 히타이트, 아시리아 등의 강력한 고대 국가가 이곳에서 융성했고 바빌로니아가 뒤따랐다. 또한 3세기에는 이곳에 팔미라제국이 세워져 인근의 소아시아 일대를 지배했다. 그 뒤 로마제국에 정복당했지만 그만큼 다양한 고대 유적이 많아서 유네스코가 도시 전체를 세계문화유산으로 지정한 도시였다.

팔미라를 점령한 IS가 가장 먼저 한 일은 고대 유적의 파괴였다. 팔미라의 고대 유적은 수없이 많지만 가장 대표적인 유적으로 사자상(獅子像)과 벨(마르두크) 신전을 손꼽는다. 팔미라의 사자상은 2000년 전의 유적으로 이슬람이 등장하기 전에 아랍인이 숭배하던 여신 알랏의 이름을 따서 지은 것이다. IS는 유네스코 세계문화유산으로 등재된 이 사자상을 기관총 등으로 완전히 부숴버렸다.

아랍인 조상이 모시던 여신을 파괴한 데 대해 그들이 내세우는 이유는 우상숭배라는 것이다. 이슬람은 기독교의 십자가와 예수 초상, 불교의 만(卍) 자와 부처 등과 같은 어떤 상징물이나 기호를 내세우지 않

팔미라의 벨 신전(파괴 이전)

는다. 모두 우상으로 보는 것이다. 그들이 예배를 드리는 모스크를 보면 아무런 상징물이 없다. 눈에 잘 띄는 곳에 아랍어로 된 쿠란 구절이 쓰여 있을 뿐이다.

그다음 그들은 벨 신전을 파괴했다. 역시 유네스코 세계문화유산으로 등재된 기원전 3세기에 세워진 셈족의 신전이었다. 셈족은 이라크, 레바논, 요르단, 시리아, 에티오피아 등에 사는 아랍인의 조상이기도 하다. 거기다가 12세기에는 이슬람 사원이었다. 그런데 IS는 신전을 우상숭배의 장소라고 파괴해버렸다.

IS의 만행은 거기서 끝나지 않았다. 시리아와 국경을 맞대고 있는 이라크로 넘어가 고대 유적 파괴를 이어갔다. 이라크 제2의 도시 모술에서 남동쪽으로 20~30킬로미터만 내려가면 기원전 13세기, 그러니까 약 3300년 전 고대 아시리아왕국의 수도였던 님루드가 있다. 역시 고대 유적들이 많아서 유네스코 세계문화유산으로 등재된 역사 깊은 고대 도시다.

IS는 님루드를 무자비하게 파괴했다. 중장비까지 동원해서 고대 유적들을 가차 없이 부수고 쓰러뜨렸다. 유적지마다 부서지고 쓰러진 석상들이 즐비했다. 더 기가 막힌 것은 자신들이 고대 유적을 파괴하는 모습을 동영상으로 찍어 전 세계에 공개한 것이다.

님루드에는 고대의 궁전이 있었다. 이 궁전 정문에는 긴 수염이 있는 사람의 얼굴 모습에 몸통은 날개가 달린 황소 모습의 거대한 석상이 서 있었다. 궁전을 지키는 '라마수'라는 신이었다. 그들이 만든 동영상에는 IS 대원들이 큰 망치를 휘둘러 석상을 산산조각 내는 모습이 고스란히 담겨 있었다.

그뿐만 아니라 다른 고대 유적들도 화약으로 폭파하고 석상과 부조를 망치로 때려 부수고, 심지어 분쇄기로 유물들을 갈아버리기도 했다. 자신들의 조상인 셈족이 이룩해놓은 유적과 유물을 아무런 역사의식도 없이 닥치는 대로 파괴한 것이다.

당연히 전 세계가 그들의 만행을 맹렬히 규탄했다. 그들은 우상을 파괴했다지만 자신들의 홍보 효과를 노린 것이다. 그처럼 소중한 인류의 문화유산이 다시는 볼 수 없게 영원히 사라진 것이다. 님루드는 19세기에도 유럽의 탐험가들에 의해 수많은 유물을 약탈당했으며, 2003년 미국이 이라크를 침공했을 때도 고대 유적들이 크게 훼손됐다.

종교와 문명과 문화는 서로 뗄 수 없는 관계라고 할 수 있다. 하지만 인종마다 민족마다 역사와 전통도 다르고 풍습과 풍속도 다르다. 서로 문화가 다른 것이다. 그런데 어느 종교가 절대 진리라고 주장한다면 자신과 다른 종교와 문명과 문화를 부정하게 된다. 그 때문에 문명의 충돌이 빚어지는 것이다.

이념이나 종교에는 반드시 극단주의자들이 있어서 자신과 다른 종교·문명·문화를 서슴없이 파괴한다. 다른 종교와 문명과 문화의 다양성을 존중하고 수용하지 않으면 노골적인 문명의 충돌을 피할 수 없다. 문명의 충돌은 인류의 문화유산을 파괴할 뿐만 아니라 인간의 정신세계까지 파괴한다.

이라크에서
사라진
인류의 문화유산

이라크는 티그리스강과 유프라테스강이 만들어낸 삼각주(비옥한 초승달 지역)에서 인류 역사에서 가장 먼저 찬란한 문화를 이룩했던 메소포타미아문명의 발상지다. 따라서 이라크에는 6000~7000년 전에 수메르·아시리아·바빌론으로 이어지는 문화유산뿐만 아니라 기독교와 관련된 다양한 유적이 산재한다.

성서학자들에 따르면 『창세기』에 등장하는 '에덴동산'이 현재의 이라크 지역에 있다고 한다. 또한 인류가 건설한 최초의 도시 우르는 유대교·기독교·이슬람이 모두 '믿음의 조상'으로 신성시하는 아브라함의 고향이며, 아시리아의 수도 니네베의 모스크에 있는 고래 뼈는 선지자인 요나를 삼켰던 고래의 것이라고 한다.

세계 고고학계에 따르면, 이라크에는 메소포타미아문명을 비롯한 고대 유적지가 1만 2000여 곳에 이르는 등 이라크 국토 전체가 박물관이라고 해도 과언이 아니라고 한다. 학자들은 이라크의 고대 유적과 유물은 그 가치를 도저히 계산할 수 없을 정도라고 서슴없이 말한다.

그런데 그처럼 소중한 인류 최고의 문화유산들이 대부분 파괴되었고 이라크 국립박물관에 보관 중이던 1만 5000여 점의 역사적 유물이 사라지고 말았다. 그 때문에 학자들은 메소포타미아문명이 간직하고 있는 놀랍고도 신비한 미스터리들을 영원히 풀 수 없을지도 모른다고 안타까워하고 있다.

그뿐만 아니라 수메르·아시리아·바빌론 문명 자체가 사라져 후손들에게 메소포타미아문명을 가르칠 수도 없고 배울 수도 없는 지경에 이르렀다고 한탄한다. 사라진 유물이나 파괴된 유적을 원형대로 복구하는 것이 불가능하므로 더욱 그러하다. 그러면 어쩌다가 이처럼 처참한 비극적 상황이 일어나게 됐을까? 두말할 것 없이 전쟁이 원인이다.

이라크는 풍요로운 나라였으며 환상적인 나라였다. '알리바바와 40인의 도적'이나 '알라딘의 요술램프' 등도 이 나라에서 나온 환상적인 동화들이다. 이들 작품에서 신드바드가 모험을 떠났던 곳이 이라크 남동부 해안의 바스라 항구다.

이처럼 환상적인 나라였던 이라크는 현대에 들어서만 여러 차례 전쟁을 겪었다. 특히 무려 8년간 계속된 이란-이라크 전쟁(1988년 정전)과 걸프전 이후 이라크의 치안은 엉망진창의 무법천지가 됐다. 이때부터 이라크는 유물 사냥꾼과 도굴꾼의 천국이 됐다. 이라크 국내뿐만 아니라 외국의 전문적인 유물 절도범까지 밀려들었다. 그들은 가치 높은 유물들을 훔쳐 가는가 하면, 서슴없이 불도저와 포클레인 등으로 유적을 파내고 부순 다음 가져가기도 했다. 심지어 유적지 밑으로 터널까지 파놓고 대대적으로 유물을 탈취하는 도굴꾼들도 있었다고 한다. 이처럼 유물 사냥꾼과 도굴꾼은 어떤 귀중한 유물이라도 마음 놓고 훔쳐 갈 수 있었다.

그러나 전쟁은 거기서 끝나지 않았다. 2003년 3월 20일, 미군과 영국군·오스트레일리아군·폴란드군 등 약 30만 명이 이라크를 침공했다. 미군과 연합군은 공격을 시작한 지 2주 만에 이라크의 수도 바그다드를 장악했고 5월 1일 종전이 선언됐다. 그러나 2주간 퍼부은 폭탄과 격렬한 전투로 '도시 전체가 문화유산'이라는 이라크의 여러 도시가 파괴됐다. 미군의 진격로에 수메르왕국과 바빌로니아왕국의 유적이 집중되어 있어 상당수의 유물·유적이 파괴됐다.

이미 미군의 바그다드 공습을 보고 전 세계 고고학자 등은 충격에 휩싸였다고 한다. 바그다드는 곳곳에 수천 년의 역사를 간직한 유적이 산재해 있는 '인류의 고도'이고 대통령궁은 다양한 고대 유물의 전시장으로 유명했기 때문이다. 미국의 미술사학자들도 미군의 폭격과 사격에 의한 유적의 파괴를 막기 위해 이라크 '유적 지도'를 작성해 국방부에 전달하고 피해를 최소화해달라고 요구하기도 했다고 한다.

더 큰 문제는 이라크를 점령한 미군과 연합군이 유적지를 파괴하고 유물 탈취에 가세한 것이다. 절호의 기회를 잡았다는 듯이 미군과 연합군은 바빌론, 우르 같은 역사 깊은 유적지를 군기지 등으로 사용하면서 유적을 크게 훼손시키고 유물을 닥치는 대로 마구 약탈했다. 오죽하면 이라크 고고학자들이 바그다드를 미군이 장악한 날을 '이라크 문화가 죽은 날'이라고까지 표현했을까.

미군과 연합군은 유물을 약탈하기 가장 쉬운 국립박물관의 수많은 유물을 마음껏 약탈했다. 그들이 약탈한 유물은 7000점에서 1만여 점에 달했다. 유물 사냥꾼이나 도굴범에게 털린 유물까지 합치면 1만 5000점이 넘었다. 사상 유례없이 대량의 인류 문화유산이 그렇게 사라졌다. 수많은 유적지 파괴는 계산에 넣을 수도 없었다.

문화유산 약탈이 이 지경에 이르자 미군과 연합군에 대해 국제사회의 비난이 쏟아졌다. 미국은 비난을 모면하기 위해 미군에게 문화유산 보호명령을 내렸다. 하지만 이미 털릴 만큼 털린 뒤였다. 전 세계의 고고학자·역사학자들은 폭격으로 유적지가 파괴되는 것보다 점령군의 약탈이 더 두렵다고 했고, 이라크에서 유적과 유물이 훼손되고 약탈당하는 것은 이라크뿐만 아니라 전 세계의 비극이라고 호소했다.

이러한 분위기에 따라 이탈리아가 약탈한 유물 13점을 반환했고 시리아도 700여 점을 이라크에 돌려주는 등 지금까지 1만 점 가까이 회수됐다고 한다. 이라크 정부도 적극적으로 나서서 각국 정부를 상대로 문화재 반환 협상을 벌이고 있다.

하지만 5000여 점은 어디로 사라졌는지 행방조차 모르는 상태다. 전문가들에 의하면, 그중 대다수가 시리아나 요르단 같은 인근 국가로 넘어갔다고 한다. 인접 국가의 유물 절도범이나 도굴꾼은 거의 전문가 수준이어서 가치가 큰 유물이 어디 있는지 잘 알고 있을 뿐만 아니라 탈취한 뒤 도주하기 쉽기 때문이라는 것이다. 그들은 탈취한 유물들을 중개상에게 넘기고 중개상은 수요자가 많은 선진국의 국제 암시장에 넘긴다는 것이다. 그런 은밀한 유통경로를 거쳐 최종적으로는 보이지 않는 큰손들에게 넘어간다고 한다.

외신 보도에 따르면 미국 뉴욕 공항 관세 담당 직원들이 런던에서 온

화물 상자들을 압수했는데 그 속에서 이라크 국립박물관에서 도난당한 유물 669점이 나왔다고 한다. 이 화물의 수취인은 뉴욕의 고미술품 중개인이었다고 한다. 또한 이라크에서 약탈당한 유물들이 특정한 온라인 매체들에서 은밀하게 거래되는데, 공급자나 수요자나 모두 보이지 않는 큰손들이라는 것이다. 그러한 특정 매체를 통해 약 4000년 전의 수메르 점토판이 거래되기도 했다고 한다. 전문가들은 이러한 비양심적인 문화재 수집가들이 진짜 주범이라고 입을 모아 성토하고 있다.

근래에는 인터폴과 유네스코가 이라크에서 약탈당한 유물들의 수배 리스트를 작성해서 공개했다. 하지만 그럴수록 역사적 가치가 높아 가격이 엄청난 유물들은 더욱 깊숙이 감춰지고 부유한 수집가들 사이에서만 비밀리에 거래되기 때문에 더욱 찾기 어렵다는 것이 문제라고 한다. 그런가 하면 이라크의 바그다드 암시장에서는 아주 작은 유물들, 이를테면 고대의 동전이나 작은 조각품 등이 불과 몇 십 달러에 거래되기도 한다.

이라크의 고대 유물은 최고·최대의 인류 문화유산이다. 이미 사라져버린 수많은 유물이 과연 제자리로 돌아갈 수 있을지 걱정스럽다.

5
인물

히틀러는
자살했나,
잠적했나

제2차 세계대전을 일으켜 유럽을 폐허로 만들고 수많은 젊은이를 죽음으로 몰아넣었으며 수백만 명의 유대인을 학살한 희대의 악마·미치광이·독재자로 인류 역사에서 가장 악명 높은 독일의 히틀러에 관해서는 별다른 설명이 필요 없다. 그러나 그의 최후는 오늘날까지 미스터리다.

공식 기록에 따르면, 1945년 4월 30일 독일의 패배가 확실해지자 베를린의 지하 벙커에서 자살했다고 한다. 하지만 그 진실성에 끊임없이 의문이 제기됐다. 그는 자살한 것이 아니라 감쪽같이 사라져 아르헨티나에서 여생을 마쳤다는 주장이 설득력 있게 이어지고 있다. 과연 히틀러는 자살했을까, 아니면 살아서 잠적한 것일까?

1945년 4월 30일 히틀러가 부인 에바 브라운과 함께 베를린의 지하 벙커에 들어섰다. 연합군의 대대적인 공세로 독일은 패배하기 직전이었고, 이미 연합군 측의 소련군이 베를린을 완전히 포위하고 히틀러를 체포하기 위해 포위망을 좁혀오고 있었다. 히틀러로서는 절망적인 순간이었다.

지하 벙커에는 SS(나치 친위대) 대원 몇 명이 대기하고 있었다. 히틀러는 자신을 호위하는 그들에게 작별 인사를 했다. 대원들도 독일의 완전한 패배를 직감하고 있었기에 히틀러의 작별 인사를 의아해하지 않았다. 히틀러는 잠시 침묵하더니 무겁게 입을 열어 자신의 유해가 적의 손에 넘어가지 않도록 해달라고 부탁했다.

이윽고 히틀러는 에바 브라운과 함께 벙커에 있는 자기 방으로 들어갔다. 그는 오랜 연인이자 정부였던 에바 브라운과 불과 이틀 전에 정식으로 결혼식을 올렸다. 이것은 히틀러가 자신의 최후를 앞두고 에바에게 마지막 선물을 준 것인지도 모른다. 그리고 잠시 후 히틀러의 방에서 한 발의 총성이 들렸다. 친위대원들이 방으로 뛰어 들어갔다. 히틀러는 안락의자에 앉은 채 고개를 옆으로 숙이고 비스듬히 기울어져 있었다. 에바와 함께 청산가리 캡슐을 삼키고 권총으로 자살한 것이다. 친위대원들은 히틀러의 지시에 따라 그의 시체를 담요에 싸서 안뜰로 옮겼다. 그리고 미리 준비한 구덩이에 시신을 넣고 140리터의 휘발유를 뿌려 소각했다.

그로부터 열흘쯤 지난 5월 9일, 소련군 조사관 두 명이 불에 탄 시신에서 추출한 틀니와 치아 조각들을 가지고 히틀러의 치과 주치의를 찾아갔다. 하지만 그가 이미 피난을 가고 없자 그의 조수에게 보여줬더니 히틀러의 것이 맞다고 했다.

여기까지가 연합군 측에서 발표한 히틀러 사망에 대한 공식 기록이다. 당시 나치 친위대원 등의 증언을 근거로 작성된 연합국 측의 기록은 모순이 많고 허점투성이라는 비판을 받았다. 히틀러의 자살과 시신 소 각에 대한 아무런 흔적도 찾을 수 없을 뿐만 아니라 체질적으로 비밀이 많은 소련군이 가장 먼저 조사한 것이어서 신빙성이 의심된다는 주장이 만만치 않았다.

히틀러의 죽음에 대한 조사는 공식적으로 두 번밖에 없었다. 첫 번 째는 소련군이 맡았다. 연합군의 일원이 된 소련이 베를린을 함락시키고 가장 먼저 입성했기 때문에 그들이 먼저 조사한 것은 이해되지만 조사 에 허점이 많았다. 말하자면 초동수사가 허술했다. 아니면 많은 자료를 확보했지만, 그것들을 숨기고 적당히 꿰맞춰 발표했을지도 모른다. 이러 한 상황은 두 번째 연합군 측의 조사에서도 마찬가지였다. 소련은 어떤 이유인지 연합군 측의 2차 조사에 제대로 협조하지 않았다. 따라서 소련 군의 조사를 토대로 한 연합군 측의 공식 발표는 신뢰성이 떨어져 온갖 의문이 제기될 수밖에 없었다.

하지만 제2차 세계대전이 연합군의 승리로 완전히 끝나고 전후 처리 문제와 전범재판에 전 세계의 관심이 쏠리면서 히틀러의 최후에 대한 의 문은 잠시 뒷전으로 밀려났다. 그러다가 얼마 지나지 않아 히틀러의 자 살은 위장된 것이며 살아 있을지 모른다는 그럴듯한 주장들이 고개를 들었다. 히틀러가 죽지 않고 살아 있다는 주장들을 살펴보자.

히틀러가 자살한 시각이 1945년 4월 30일 오후 3시 30분경이었는데 그로부터 40여 분이 지난 4시 15분경에 히틀러를 목격했다는 주장이 나 왔다. 군인들을 가득 태운 군 수송기가 급유하고 있던 베를린 템펠호프 공항에서 통신병 등이 회색 제복을 입은 히틀러가 SS 고위 간부들과 이야기하는 모습을 목격했다는 것이다.

또 다른 주장은 히틀러가 U보트로 남미의 아르헨티나에 상륙했다는 것이다. U보트는 당시 독일이 자랑하던 무적의 최첨단 무기로 장거리 항해가 가능한 잠수함이다. 이 같은 주장은 베를린을 탈출한 히틀러를 태운 U보트의 함장이 쓴 『U보트 977』에 근거한다. 그는 그날의 일지에서 이렇게 기술하고 있다. "해군 역사상 가장 긴 항해였으며 우리는 터무니없는 범죄를 저지른 것이다. 그는 살아 있었다. 우리는 그를 은둔지로 데려다주고 있다."

이 내용은 히틀러가 살아 있으며 U보트를 타고 아르헨티나에 상륙했다는 사실을 말해주고 있다. 더욱이 이를 뒷받침할 만한 여러 정황이 있었다. 부에노스아이레스에서 약 150킬로미터 떨어진 곳에 U보트의 비밀기지가 있었으며, 히틀러는 1943년 연합군과의 전쟁에서 전세가 기울 무렵 엄청난 분량의 보석과 금은보화를 아르헨티나의 비밀장소에 옮겨놓았다는 것이다.

그뿐만 아니라 전쟁이 끝나자 독일의 군 장성 등 주요 인물들이 전범재판을 거쳐 처형됐지만, 아이히만을 비롯한 많은 고위 간부는 아르헨티나로 도주했다. 이스라엘이 그들을 집요하게 추적하고 있다는 것은 잘 알려진 사실이었다. 미국은 FBI까지 동원해서 아르헨티나에서 수사를 펼쳤지만 실패했다.

아무튼 히틀러가 살아 있다는 주장들이 큰 설득력을 얻게 되자 1960년 소련은 모스크바에서 발행되는 최대 일간지이자 소련공산당 기관지인 《프라우다》에 히틀러의 시체 사진을 공개했다. 소련군이 베를린을 함락한 1945년 5월 5일, 히틀러가 자살했다는 지하 벙커에 진입한 소련군

병사가 촬영했다는 사진이었다.

그런데 그것이 사실이라면 히틀러가 자살한 뒤 소각했다는 공식 기록과 전혀 맞지 않는다. 불에 완전히 태웠다는데 어떻게 시신의 사진이 있을 수 있겠는가. 결국 이 사진은 전문가들에 의해 히틀러가 아닌 것으로 판명되면서 무엇인가 비밀이 많은 소련에 대한 의심이 한층 더 높아졌다.

그뿐이 아니다. 개혁·개방 후 러시아가 된 2000년, 그들은 느닷없이 자살한 히틀러를 소각했다는 구덩이에서 그 당시에 발굴·보관해온 히틀러의 두개골 조각을 공개했다. 그런데 이 또한 전문가들의 DNA 분석에 의해 히틀러가 아니라 젊은 여성의 두개골로 판명됐다. 2009년에 또 다른 전문가들이 분석했지만 역시 젊은 여성의 두개골로 판명됐다.

히틀러의 최후가 의심받는 그 밖의 여러 정황이 있다. 가장 먼저 조사를 맡았던 소련은 히틀러가 캡슐로 된 청산가리를 삼키고 머리에 권총을 쏴 자살했다고 발표했지만, 히틀러의 측근들은 그가 성병으로 죽었다고 밝혀 사망 원인이 일치하지 않는다는 것이다. 히틀러가 성병(매독)으로 고통을 겪었다는 것은 이미 잘 알려진 사실이었다.

또한 자살한 히틀러를 소각하기 직전 독일군 장성들이 친위대 병사들을 내보내고 시신을 살펴봤더니, 권총 한 발을 맞은 것이 아니라 얼굴을 알아볼 수 없을 정도로 많은 구멍이 나 있었다는 것이다. 그에 따라 히틀러가 자살한 것이 아니라 비슷한 모습의 대역이었을 가능성이 크다는 것이다.

또 히틀러는 거액의 사망보험에 가입해 있어서 그가 정말 죽었다면 여동생이 보험금을 수령해야 하는데 찾아가지 않았으며, 1946년에 스탈

린이 특수부대에 히틀러를 찾아내 제거하라는 지시까지 내렸다는 사실도 밝혀졌다.

미국의 전직 FBI 수사관을 중심으로 아르헨티나에서 히틀러의 생존 흔적을 추적하는 과정을 다큐멘터리 채널에서 시리즈로 방영하기도 했다. 그러한 추적의 결과인지 근래에 와서 매우 구체적인 증거가 세계적인 관심을 끌었는데 그 내용은 이러하다. 아직 살아 있는 부하들의 증언을 토대로 끈질기게 추적한 결과, 히틀러는 벙커에서 자살을 위장하기 위해 대역을 살해하고 곧바로 비행기를 이용해서 아르헨티나로 도주했으며 안데스산맥 기슭에 숨어들어 여생을 편안하게 살다가 1962년 2월 13일에 세상을 떠났다는 것이다. 이것은 히틀러를 아르헨티나까지 태우고 간 비행기 조종사의 증언까지 확보해서 내린 결론이라고 했다.

전쟁이 치열했던 당시 독일은 국경 근처에 수많은 터널을 만들었다. 연합군의 공격을 피해 군수공장과 신무기 개발 시설을 지하에 설치하기 위한 대형 터널과 용도를 알 수 없는 크고 작은 터널이 무척 많았다. 어쩌면 히틀러가 자살했다는 지하 벙커도 터널과 연결돼 있을지 모른다. 그렇다면 대역을 내세워 위장 자살하고 터널을 이용해 도주했을 가능성도 배제할 수 없다.

히틀러는 자살했을까 아니면 잠적했을까. 지금까지 확실하게 밝혀내지 못한 것을 보면 그의 최후에 대한 미스터리는 영원히 미궁으로 남을지도 모른다.

사라진 비행기,
어밀리아 에어하트
실종사건

1932년, 여성 최초로 대서양 횡단비행에 성공함으로써 세계적인 화제가 됐던 미국의 여성 파일럿 어밀리아 에어하트(Amelia M. Earhart)는 미국 국민의 자존심을 높여준 최고의 인기스타였다. '하늘의 퍼스트레이디'라는 찬사가 이어졌다. 당시는 경제 대공황으로 큰 고통을 받고 있는 시기여서 그녀는 세계적 희망의 상징이기도 했다.

더욱이 그 무렵은 항공산업이 아직 본궤도에 오르기 전으로 단발 프로펠러 비행기로, 그것도 전 세계에 불과 16명밖에 없는 여성 조종사가 대서양을 횡단한다는 것은 꿈같은 일이어서 세계적 화제가 될 만큼 놀랍고도 빛나는 업적이었다.

그런 에어하트가 또 한 번 세계를 놀라게 했다. 지구를 한 바퀴 도는 세계 일주 횡단비행을 선언한 것이다. 그녀가 조종할 비행기는 '록히드 엘렉트라'호로 신형 쌍발 프로펠러 비행기였다. 대서양 횡단비행을 함께 했던 항법사 프레드 누넌이 동승할 뿐, 단독 비행이었다. 프로펠러 비행기로 세계 일주를 한다는 것은 당시로는 상상조차 할 수 없는 엄청난 모험이었다.

1937년 5월 20일, 드디어 40세의 여성 파일럿 에어하트가 전 세계의 비상한 관심 속에 세계 일주 단독 비행에 나섰다. 그녀는 적도를 따라 지구를 한 바퀴 돌 계획이었다. 캘리포니아의 오클랜드를 출발한 그녀는 플로리다의 마이애미에 도착해서 비행기를 다시 한번 점검하고 미비한 부분들을 보완했다. 그리고 6월 1일에는 마이애미에서 브라질까지 비행한 뒤, 그곳에서 대서양을 건너 아프리카에 도착했고 다시 파키스탄 카라치, 인도 캘커타, 버마(미얀마), 오스트레일리아 다윈 등을 거쳐 태평양의 뉴기니에 도착했다. 이때까지는 비교적 순조로운 비행이었다.

하지만 그다음은 가장 어려운 난코스였다. 태평양에 떠 있는 작은 섬 하울랜드(Howland)까지 비행해야 했다. 하울랜드섬은 길이가 약 4킬로미터밖에 되지 않는 아주 작은 섬이어서 찾아내기도 어려울 뿐만 아니라 그곳까지의 거리가 약 4200킬로미터였다. 쌍발 프로펠러 비행기가 드넓은 태평양 상공에서 연료 보충 없이 쉬지 않고 비행하기에는 엄청나게 먼 거리였다.

1937년 7월 1일, 마침내 에어하트의 엘렉트라가 하울랜드를 향해 뉴기니를 출발했다. 미국의 여러 기관과 단체가 후원하고 있는 그녀의 세계 일주 비행은 온 세계가 큰 관심을 가지고 지켜보고 있었기 때문에 미 해군이 안전한 비행을 돕기 위해 끊임없이 그녀와 교신하고 있었다. 그런데 그다음 날인 7월 2일, 에어하트로부터 연료가 바닥나고 있는데 육지가 보이지 않는다는 교신이 있고는 미 해군의 끈질긴 노력에도 더 이상 교신이 이루어지지 않았다. 교신이 완전히 끊기고 연락 두절이었다. 엘렉

엘렉트라호 옆에 서 있는 에어하트(가운데)와 누넌(오른쪽).
1937년 6월 28일 오스트레일리아의 다윈에서 찍은 사진이다.

트라의 위치조차 알 수 없었다. 도대체 어떤 일이 벌어졌는지 짐작조차 할 수 없었다. 그야말로 행방불명, 비행기가 감쪽같이 사라진 것이다.

이 사실이 전 세계에 알려지고, 며칠이 지나도 여전히 엘렉트라의 행방이 묘연하자 온 세계가 큰 충격에 빠져 에어하트가 무사하기를 기원했다. 그녀와 비행기가 어디선가 불쑥 나타나기를 한결같이 기대했다. 1922

년에 여성 최초로 고도 4300미터를 날아올랐던 최고의 파일럿이니 어떤 난관도 슬기롭게 헤쳐나갈 것으로 믿었다.

미 해군과 해안경비대가 필사적으로 수색작전을 펼쳤다. 에어하트와 연료가 바닥나고 있다는 마지막 교신으로 추측건대, 하울랜드에서 멀지 않은 지점일 것으로 판단하고 그 일대를 샅샅이 뒤졌다. 그뿐만 아니라 태평양을 항해 중인 수많은 선박이 수색작업을 도왔다.

하지만 모두 헛고생이었다. 아무런 단서도 흔적도 찾을 수 없었다. 오랫동안 집요하게 지속했던 수색작업을 포기할 수밖에 없었다. 그녀가 사라진 지 2년 뒤인 1939년 1월 5일, 미 해군은 에어하트가 실종될 무렵 사망한 것으로 공식 발표했다. 그리하여 생사조차 알 수 없는 그녀의 사망일이 1937년 7월 2일로 기록됐다.

그러나 에어하트와 그녀의 비행기 엘렉트라호의 수수께끼 같은 실종 사건에 대한 온갖 추리와 가설이 나돌았다. 비행기의 잔해 파편 등 아무 것도 발견되지 않자 에어하트가 지나친 유명세를 못 이기고 스스로 실종 자작극을 벌여 어디에선가 숨어서 살고 있을 것이라는 주장도 있었고, 제2차 세계대전을 앞두고 남태평양에 주둔하고 있는 일본군에 붙잡혀 처형당했다는 주장까지 나돌았다.

또한 에어하트의 세계 일주 비행은 미국이 태평양에 있는 일본 소유 의 수많은 섬을 정탐하기 위한 목적이었다는 주장이 제기되기도 했지만 검증되지 않았다. 미국의 프랭클린 루스벨트 대통령까지 나서서 적극적 인 수색을 지시했지만 아무런 흔적도 찾아내지 못하자 태평양에 떨어져 죽었을 것으로 결론지었지만 그녀의 실종 미스터리는 80년이 지난 지금 까지 이어지고 있다.

실종된 뒤 3년이 지난 1940년에는 오스트레일리아 동북쪽 남태평양의 작은 섬 키리바시 인근의 니쿠마로로라는 작은 산호섬에서 유골 일부가 발견돼 관심을 끌었지만, 정밀감식 결과 에어하트나 누넌의 유골은 아닌 것으로 밝혀졌다.

실종 이후 50여 년이 지난 1988년에는 '역사적 항공기 회수를 위한 국제단체(KIGHAR)'가 이 세계적인 미스터리의 해결을 위해 본격적으로 탐사에 나섰다. 그들은 먼저 1940년에 발견된 유골을 다시 감식했지만 역시 관련이 없는 것으로 밝혀졌다.

그러나 KIGHAR은 끈질기게 탐사를 진행한 끝에 2012년 니쿠마로로를 정밀수색하다가 에어하트의 유해 일부로 추정되는 유골과 알루미늄 파편 등 갖가지 유실물을 발견했다고 밝혔다. 그에 따라 당시 미국 국무장관이었던 힐러리 클린턴도 큰 관심을 갖고 수색작업을 돕기 위해 KIGHAR에 50만 달러를 지원하겠다고 발 벗고 나섰다.

그녀가 실종된 지 무려 75년 만이었다. 그 뒤 발견한 유실물들의 진위 공방으로 소송이 제기돼 법정 다툼이 있기도 했지만 2015년에는 KIGHAR이 발견한 유실물들이 에어하트의 엘렉트라호에서 떨어져 나온 것이라는 주장이 힘을 얻었다. 착륙장치의 받침대, 바퀴 모양 등이 일치한다는 것이었다. 그와 함께 에어하트는 당시 무인도였던 니쿠마로로에 추락해서 사망했을 것으로 판단했다.

흥미로운 것은 에어하트와 누넌이 니쿠마로로 근처의 암초에 불시착했을 것으로 추정하면서 두 사람은 그곳에서 일주일쯤 살아 있었으며, 비행기는 높은 파도 때문에 바다로 떠내려가 흔적이 발견되지 않은 것 같다고 설명했다. 아울러 그 주변 바다 밑을 수색하면 비행기의 잔해도 찾을 수 있을 것으로 내다봤다.

미국의 다큐멘터리 채널인 '히스토리' 채널은 2017년 그것을 근거로 에어하트가 그곳에 비상 착륙한 뒤 일본군에게 붙잡혀 감시받으며 살다가 사망했을 것이라고 상상을 덧붙였다. 또한 2018년에는 테네시대학교 연구팀이 KIGHAR이 발견한 유골을 심층검사하고 재분석해서 에어하트의 유골과 99퍼센트 일치한다는 견해를 내놓기도 했다.

하지만 갑자기 교신이 끊긴 이유 그리고 하늘에서 어떤 일이 있었으며 조난을 당한 원인은 무엇이며 불시착해서 살아 있었다면 왜, 어떻게 죽었는지 등에 대해서는 아직 아무것도 밝혀진 것이 없다. 다만 교신이 두절된 이유에 대해서는 엘렉트라호의 안테나에 이상이 있어서 미 해군과의 교신 과정에 장애가 있었을 것으로 추측할 뿐이다.

미국의 《월스트리트 저널》은 에어하트의 실종을 '세계 7대 실종사건'으로 선정했으며, 여전히 풀리지 않는 수많은 미스터리에 싸여 있다.

뮤직 스타
글렌 밀러의
실종

1940년대부터 1960~1970년대에 이르기까지 세계의 대중음악을 이끈 유명한 악단이 있었다. 대표적으로 미국의 글렌 밀러 악단과 빌리 본 악단, 프랑스의 폴 모리아 악단, 이탈리아의 만토바니 악단 등을 꼽을 수 있다. 팝이나 재즈 마니아가 아닌 젊은 세대는 그들을 모를 수 있지만, 그들은 그 시대의 우상이었으며 수많은 사람들이 그들의 음악을 들으며 성장했다고 해도 과언이 아니다. 물론 우리나라도 예외가 아니었다. 그 당시 우리 청장년세대는 그들의 감미롭고 경쾌하고 아름다운 낭만적인 음악에 심취했다. 그들의 음악은 지금도 하나같이 명곡으로 남아 있다.

이 악단들의 선구자는 미국의 작곡가이자 트롬본 연주자 글렌 밀러였다. 그는 트럼펫의 루이 암스트롱, 클라리넷의 베니 굿맨과 함께 경쾌한 스윙 재즈로 미국의 젊은이들을 완전히 사로잡았다. 그들은 모두 음악과 연주의 거장으로 지금도 전 세계 음악애호가들의 가슴속에 남아 있다.

뛰어난 재능을 지녔던 글렌 밀러는 미국에서 독보적인 트롬본 연주자이자 작곡가로 이름을 날리며 최고의 뮤직 스타로서 대중의 인기를 독차지할 만큼 명성을 얻었다. 그러자 그는 글렌 밀러 악단을 결성해 우리에게도 익숙한 〈문라이트 세레나데〉, 〈인 더 무드(In the Mood)〉 등의 명곡을 내놓아 세계의 스타로 발돋움하며 1930년대를 풍미했다.

글렌 밀러 악단의 공식 명칭은 'Glenn Miller and His Orchestra'다. 클라리넷과 테너 색소폰, 그리고 또 다른 세 개의 색소폰 등 관현악기를 중심으로 편성된 글렌 밀러 악단의 연주곡은 더없이 감미롭고 아름다웠다. 그래서 첫 소절만 들어도 글렌 밀러 악단의 연주라는 것을 알아차릴 수 있었다.

글렌 밀러 악단(1941)

그런데 그가 세계 대중음악의 정상에 서서 맹활약을 펼치고 있을 때 유럽에서 제2차 세계대전이 일어났다. 유럽은 글렌 밀러 악단이 자주 해외 순회공연을 하던 곳이었다. 더욱이 미국이 이 세계적인 전쟁에 참전을 결정하자 1942년 글렌 밀러는 놀라운 결정을 내렸다. 이 전쟁에 참여하기 위해 자원입대를 결정한 것이다. 그의 나이 38세였다.

그는 인기 절정에 있는 자신의 악단을 남겨두고 유럽으로 건너가 공군 대위가 됐다. 하지만 미 공군은 뮤직 스타로서의 그의 명성을 잘 알고 있었으므로 소령으로 진급시켜 미 공군 군악대를 지휘하게 했다. 그리하여 글렌 밀러가 이끄는 공군 군악대는 유럽의 미군 주둔 지역을 순회하며 빛나는 연주로 멀리 고향을 떠나온 병사들의 향수를 달래주고 사기를 높였다. 한창 전쟁 중이었지만 그의 명성을 잘 아는 연합군도 앞다투어 그에게 공연해줄 것을 요청했다.

1944년 연합군은 나치 독일과의 전투에서 크게 우위를 보이며 독일을 향해 총공세를 펼치고 있었다. 더욱이 크리스마스가 다가오자 전쟁지역에서 벗어난 나라들이 글렌 밀러의 미 공군 군악대의 공연을 적극적으로 요청했다. 그에 따라 미 공군 군악대는 영국 런던 공연을 마쳤으며 다음은 프랑스 파리 공연이 예정돼 있었다. 1944년 12월 16일 글렌 밀러는 공군 군악대보다 먼저 파리를 향해 출발했다. 런던과 파리는 그다지 먼 거리가 아니었다. 그가 탑승한 비행기는 소형 프로펠러 비행기였다.

글렌 밀러가 비행기에 탑승하고 이륙하기 전 창밖을 내다보니 안개가 자욱했다. 글렌 밀러가 걱정됐던지 조종사에게 비행이 가능하겠냐고 묻자 조종사는 이 정도의 안개는 항상 있는 일이라며 아무런 문제가 없다고 했다. 사실 영국은 맑은 날보다 안개가 끼거나 비 오는 날이 더 많은 나라다.

마침내 비행기가 이륙하고 파리를 향해 도버해협 위를 날고 있었다. 그런데 그것이 마지막이었다. 어떤 이유 때문인지 교신이 끊기고 행방불명이 된 것이다. 수색대가 하늘과 바다에서 도버해협을 빈틈없이 수색했지만, 아무것도 발견할 수 없었다.

이것이 글렌 밀러와 그를 사랑하던 전 세계 수많은 팬과의 마지막 작별이자 영원한 실종이었다. 아직도 그의 시신은 물론 비행기 잔해조차 찾지 못하고 있다. 도버해협 상공에서 그에게 무슨 일이 있었으며 그는 어떻게 어디로 사라진 것일까?

지속적인 수색에도 아무런 성과가 없자 전 세계의 관심이 집중됐다. 그러자 비행기 사고 전문가들의 갖가지 추측이 쏟아져 나왔다. 결론은 비행기가 추락했고 글렌 밀러도 사망했다는 것이지만, 추락 원인을 놓고 상공에서 갑자기 폭풍우에 휘말려 추락했다느니, 맹렬한 겨울 추위에 비행기 날개가 얼어붙어 추락했다느니, 공습을 끝내고 돌아오던 영국 공군기의 오폭으로 추락했을 것이라느니 저마다 추측이 달랐다.

글렌 밀러의 아내는 진실을 밝혀달라고 애타게 호소했다. 미 공군이 지목한 추락 예상지점을 집중적으로 조사했지만, 시신은 물론 비행기 잔해 한 조각도 찾지 못했다. 그 때문인지 비행기 추락과는 관련 없는 전혀 엉뚱한 주장도 나왔다.

엉뚱하면서도 그럴듯한 주장에 따르면, 글렌 밀러가 비행기에 타지 않았다는 것이다. 그는 아이젠하워의 특별지시로 비밀임무를 수행하다가 나치 독일의 비밀요원에게 암살당했다는 것이다. 훗날 미국 제34대 대통령이 된 아이젠하워는 제2차 세계대전 당시 워싱턴의 미 육군 작전

참모부장을 거쳐 1942년 6월 유럽 주둔 미군 사령관이 됐다. 전쟁이 치열하게 전개되고 있는 상황에서 나치 독일의 기밀사항에 대한 첩보는 대단한 가치가 있었다. 따라서 아이젠하워가 유럽 전역을 자유롭게 순회하며 위문 공연하는 글렌 밀러를 첩보전에 활용하면 좋은 성과가 있을 것으로 판단하고 그에게 특별 지시를 했다는 것이다.

얼핏 그럴듯하게 들리기도 했지만 곧바로 관계 당국에서 전혀 사실이 아니라는 반박이 나오자, 첩보원설을 주장한 측에서는 글렌 밀러의 임무는 나치 과학자들과 미군에 대한 정보교환이었다고 구체적인 역할까지 제시했다. 하지만 연합군의 승리와 나치 독일의 패망에 전 세계의 관심이 집중되면서 글렌 밀러 실종사건은 차츰 잊혀갔다.

그리고 10년 뒤 〈글렌 밀러 스토리〉라는 영화가 나왔다. 글렌 밀러의 짧은 생애와 함께 그의 찬란한 음악 활동을 재조명하고 그의 실종사건을 풀어나가는 내용으로 다시 한번 글렌 밀러 실종 미스터리에 관심을 불러일으키는 계기가 됐다.

그러다가 1984년 또다시 글렌 밀러 실종사건이 화제에 올랐다. 영국 공군 랭커스터 폭격기 조종사였던 프레드 쇼의 양심고백 같은 발언 때문이었다. 그는 글렌 밀러가 사고를 당한 1944년 12월 16일 도버해협 부근에서 폭격 훈련 중이었는데 어떤 비행기가 그 폭격에 맞아서 폭파되는 모습을 목격했고, 그 비행기가 바로 글렌 밀러가 타고 있었던 비행기라는 것을 알게 됐다고 말했다.

그런데 왜 수십 년이 지난 지금에 와서야 그런 사실을 밝히냐는 질문에 대해서 그는 바로 사건 당일에 밝히려고 했지만 상부의 지시로 어쩔 수 없이 입을 다물었다고 말했다. 즉 영국 공군에서는 폭파된 비행기에 글렌 밀러가 타고 있었다는 것이 사실이라면 세계적인 비난과 파장을 우려해서 폭파사건을 은폐할 수밖에 없었을 것이라고 했다. 이를 계기로 글렌 밀러의 아들 스티브 밀러가 나서서 재조사를 요청했다. 그러나 이미 수십 년이 지난 오래된 사건이어서 가시적인 성과가 나올 수 없었다. 그렇게 마냥 세월이 흘렀다.

2014년 '글렌 밀러 재단'은 실종사건을 분석해서 그 원인을 발표했다. 재단이 밝힌 사고 원인은 글렌 밀러가 탑승했던 UC-64 노스먼기(機)의 기체 결함으로 엔진이 멈춰 추락했다는 것이다. 이 비행기는 기체 결함으로 자주 사고가 났었다고 덧붙였다. 그러나 그 뒤 미국 국무성은 글렌 밀러의 사망 원인은 심장마비였으며 전쟁 중인 군인들의 사기 저하를 우려해서 추락사고로 발표했다고 밝혔다.

이와 같이 사고의 원인이 끊임없이 저마다 다르니 과연 어느 것이 사실인지 짐작조차 할 수 없는 상황이 되고 말았다. 결국 글렌 밀러 실종사건은 비행기 잔해도 시신도 찾지 못한 채 미궁에 빠져 오늘날까지 영원한 실종으로 남아 있다.

글렌 밀러는 알 수 없는 이유로 세상을 떠났지만, 그의 악단은 글렌 밀러 없이 꾸준히 활동을 계속했다. 하지만 글렌 밀러가 대중에게서 잊히고 새로운 세대가 등장하면서 인기가 떨어져 1980년 활동을 중단했다.

노동운동가
지미 호파의
실종

영화 〈아이리스맨〉은 미국의 전설적인 노동운동가 지미 호파의 생애를 다룬 작품이다. 이 영화에서 지미 호파는 1950년대의 엘비스 프레슬리, 1960년대의 비틀스와 맞먹을 정도로 미국에서 선풍적인 인기몰이를 했던 인물로 평가하고 있다.

독재국가가 아니라면 어느 나라나 민권운동·노동운동이 있기 마련이고 그것을 앞장서서 이끄는 열정적인 운동가들이 있다. 그들은 오직 법률에만 의지해서는 자신들의 권익을 보장받기 어렵다는 것을 잘 알기 때문에 때로는 과격한 집단시위 등을 통해 스스로 자신들의 요구를 쟁취하려고 한다. 그러면 사회적 관심이 집중되고, 앞장서 노동운동을 이끄는 지도자는 자연히 부각될 수밖에 없다.

그렇다고 해서 노동운동가의 인기가 한 시대의 대중문화를 이끌며 특히 젊은이들의 우상이 됐던 엘비스 프레슬리나 비틀스와 맞먹을 수 있을까? 물론 관점에 따라 차이가 있겠지만 시대 상황과 맞물려 강력한 노동운동가가 대중의 우상으로 발돋움할 수 있다는 사실도 부인할 수 없다. 지미 호파가 바로 그런 인물이었다.

더구나 지미 호파는 어느 날 갑자기 사라져 종적조차 찾을 수 없었다. 이런 상황에서 그를 열렬히 지지하던 노동자와 대중의 관심은 한층 더 높아졌다. 그래서 지미 호파는 미국 노동운동의 전설이 되었다. 세계적 미스터리의 하나인 지미 호파의 영원한 실종은 어떻게 된 것일까?

1913년 미국 인디애나주의 작은 도시, 가난한 가정에서 태어난 지미 호파는 7살 때 아버지가 죽는 바람에 11살에는 디트로이트로 이사 가야 했고 겨우 14살 때부터 생계를 위해 일자리를 찾아다녀야 했다. 그 어린 나이에 기껏해야 청소나 잔심부름 따위의 잡스러운 일을 하면서 생계를 유지했다.

1930년 17살이 된 그는 어느 큰 창고의 종업원으로 일했는데, 그 무렵은 미국의 대공황 시기였다. 많은 사람이 일자리를 잃고 심각한 가난에 시달리는 상황이었다. 간신히 일자리를 지키고 있는 사람들도 한결같이 가혹한 저임금에 시달렸다. 직종에 따른 표준임금이 있었지만 그 절반도 받기 어려웠다.

미국 북부 도시 디트로이트는 '모터 시티'라고 불릴 정도로 미국 자동차산업의 중심지다. 숲이 많아 목재가 풍부했던 디트로이트는 일찍이 18세기 초 당시의 교통수단이었던 마차를 만드는 산업이 발달했고 특히 노동력이 풍부했다. 이러한 도시의 특성을 눈여겨본 자동차 왕 헨리 포드가 1903년 디트로이트 근교에 포드 자동차를 설립했다. 이어서 제너럴모터스와 크라이슬러가 디트로이트에 자리 잡았다. 이렇게 디트로이트는 자동차산업의 중심지가 됐다.

지미 호파가 일하던 창고도 자동차 부품의 출납이 주요 업무여서 그가 만나는 사람들은 트럭 운전사가 대부분이었다. 호파는 그들과 대화하면서 트럭 운전사들이 지나치게 낮은 임금에 시달리고 있다는 사실을 알고 분개했다. 특히 미국에서 트럭 운전사는 무척 힘든 직업이다. 워낙 땅이 넓어서 대형 트럭에 화물을 가득 싣고 목적지까지 가려면 황량한 도로를 혼자서 며칠씩 밤낮없이 운전해야 한다. 그 때문에 졸음운전과 과로 등으로 사고가 자주 일어날 수밖에 없었고 가족들과도 떨어져 지내야 했다. 트럭 운전사는 대부분 한 달에 겨우 서너 번 집에 들어갔다. 그처럼 힘들고 고달픈 직업인데도 임금은 너무 형편없었다.

하지만 대공황으로 실업자가 넘쳐나는 시대상황에서 그나마 일할 수 있다는 위안감으로 불평 한마디 못하면서 온갖 고통을 감수하고 있었다. 하기는 비단 트럭 운전사들만이 아니었다. 미국의 모든 노동자가 과중한 업무와 저임금에 시달리고 있어 파업과 집단시위가 그치지 않는 등 노동운동의 기세가 가파르게 치솟고 있었다.

이러한 분위기에 맞춰 트럭 운전사들도 파업을 감행했다. 그들은 개별적으로 일하지만 대부분 장거리 운행을 하기 때문에 황량한 도로 곳곳에 그들만의 식당과 숙소가 있어서 정보교환이 빠르다. 그렇지 않아도 그들의 저임금에 크게 분노하고 있던 지미 호파도 파업에 동참했다. 그가 20세 때였다.

나이가 어린 호파였지만 그때 이미 자신의 본성을 나타냈다. 거칠고 과격한 행동으로 강경파의 앞에 나섰다. 노동자 권익을 위한 투쟁의 중요성을 격렬하게 외치고 열변을 토하는 그의 열성적인 활동은 강경파뿐

지미 호파

만 아니라 온건한 입장의 노동자에게도 영향을 미쳤다. 그와 함께 호파
는 카리스마까지 갖추면서 점점 노동운동가로 부각되기 시작했다.

이렇게 트럭 운전사들의 절대적인 지지를 받게 된 지미 호파는 미국
화물운송 노동조합 IBT(International Brotherhood of Teamsters) 결성에 주도적
역할을 했다. 그는 마치 노동운동을 위해 세상에 태어난 것처럼 뛰어난
능력을 발휘했다. 그는 사측과의 투쟁뿐만 아니라 국가와 대통령을 상
대로 거침없이 노동자의 권익을 요구했다. 트럭 운전사들은 말할 것도
없고 모든 분야의 노동자가 환호하고 그의 주장에 동조하면서 그는 전
국적인 인물이 됐다. 그가 가는 곳마다 수많은 노동자가 구름처럼 몰려
들어 환호했다.

1957년 지미 호파는 마침내 IBT 위원장이 됐다. 그러자 그는 국가를 상대로 더욱 뛰어난 협상력을 발휘하면서 노동자들의 우상이 됐다. IBT 만 하더라도 그가 위원장을 맡았을 때 10만 명 정도였던 조합원이 그가 위원장을 역임하는 동안에 무려 230만 명으로 늘어났다. 노동계의 대부(代父)가 된 그는 미국의 유력한 시사주간지 《타임》의 표지를 장식할 정도였다.

다만 지미 호파에게 한 가지 문제점이 있었다. 그가 1971년까지 14년 동안이나 IBT 위원장을 연임하면서 모든 노동자의 권익을 추구하기보다 지나치게 트럭 운전사의 권익 향상에만 집착한 것이다. 그는 노동조합을 위한 일이라면 물불을 가리지 않았다. 상대방을 거칠게 위협하고 일방적인 폭력도 마다하지 않았다. 그의 노동조합은 마치 조폭 같았고 그는 두목처럼 행동했다. 심지어 그는 목적 달성을 위해 마피아와도 서슴없이 결탁했다.

그가 이끄는 IBT는 조합원이 수백만 명에 이르러 세력도 대단했지만 자금력도 막강했다. 마피아가 당연히 눈독을 들일 만한 조직이어서 쉽게 결탁이 이루어졌다. 마피아는 호파와 특정한 상대방의 협상이 원만하지 못할 때는 상대방을 겁박하거나 폭력을 동원해주는 대신 IBT의 엄청난 자금력을 이용했다.

결국 1967년 지미 호파는 공금 유용, 카지노 운영 등의 혐의로 기소돼 8년형을 언도받고 펜실베이니아 루이스버그 연방교도소에 수감됐다. 확실치 않지만 13년형이라는 주장도 있다. 그는 교도소에서도 가만 있지 않았다. 노동계의 거물답게 당시 닉슨 대통령과 끈질기게 협상을 벌였다.

마침내 닉슨 대통령은 지미 호파가 앞으로 노동운동을 하지 않겠다는 조건으로 특별사면했다. 그에 따라 호파는 복역 3년 만인 1970년 가석방되었고 앞으로 10년 동안 절대로 노동운동을 하지 않겠다고 대외에 약속했다.

그러나 그의 약속 이행은 잠시뿐이었다. 그는 여전히 남아 있는 자신의 지지 세력을 등에 업고 다시 위원장이 되려고 했다. 그가 복역하는 동안 당연히 새로운 위원장이 선출돼 조합을 운영하고 있었는데 그 자리에 노골적으로 도전한 것이다. 새로운 위원장이 반발하면서 노조 안에서 치열한 다툼이 벌어졌다.

호파는 이 다툼에서 이기려면 마피아의 협조가 절대적으로 필요했다. 그는 디트로이트의 마피아 간부에게 협조를 부탁할 생각으로 약속을 잡았다. 또 어떤 자료에는 마피아 간부가 먼저 호파에게 만나자고 제의했다고도 한다. 아무튼 1975년 7월 30일 오후 2시, 호파는 디트로이트 시내에 있는 레스토랑에서 마피아 간부를 기다렸다. 그런데 30분 가까이 지나도 그가 나타나지 않았다. 호파는 아내에게 전화를 걸어 몇 분만 더 기다리다가 안 오면 가겠다고 말했다.

그것이 아내와의 마지막 통화였으며 세상과의 마지막 결별이었다. 그 뒤 호파를 본 사람은 아무도 없었고 그의 행적에 대해서도 아무도 모른다. 지미 호파는 그렇게 갑자기 사라졌다.

다음 날 아침 7시 호파의 아내는 자녀들에게 호파가 아무 연락도 없이 집에 들어오지 않았다고 걱정스럽게 전화했다. 그와 비슷한 시간인 7시 20분 호파의 친구가 레스토랑 지하주차장에서 그의 승용차를 발견했지만 아무런 흔적도 없었다. 이상하게 생각한 친구가 경찰을 불렀다. 현장에 도착한 경찰은 흔적도 없이 사라진 인물이 노동계의 거물 지미 호파라는 사실을 알고 주 경찰의 투입을 요청했다. 그와 함께 FBI까지 출동해서 경계 태세에 들어갔다.

이날 오후 6시, 지미 호파의 아들이 정식으로 실종 신고를 했고 결정적인 제보자에게 20만 달러의 보상금까지 내걸었다. 지금의 가치로도 2억 원이 넘지만 당시에도 어마어마한 거액이었다. 하지만 아무런 제보도 없었고 그의 흔적도 전혀 찾을 수 없었다. 본격적인 수사에 들어간 디트로이트 경찰은 먼저 호파의 사무실 달력에 약속 시간과 만날 장소가 적혀 있는 것을 확인했다. 호파가 그날 그 시간에 시내에 있는 레스토랑에 갔던 것은 틀림없어 보였다.

그럴 때 목격자가 나타났다. 평범한 트럭 운전사였다. 그의 목격담에 따르면 레스토랑 지하주차장에서 최신형 머큐리 승용차가 급히 나오다가 마침 지하주차장으로 들어가려던 자신의 트럭과 부딪치는 접촉 사고가 났다는 것이다. 그때 승용차의 뒷좌석에 지미 호파와 누군가가 함께 앉아 있었는데 그 옆에는 라이플 같은 소총들이 담요에 덮여 있는 것을 얼핏 봤다고 했다. 그의 목격담에 따라 경찰이 확인한 결과, 최신형 머큐리 승용차는 호파와 만나기로 약속했던 마피아 간부 아들의 차였으며 운전은 호파의 수양아들이 했던 것으로 밝혀졌다.

경찰은 당연히 가장 먼저 마피아와 마피아 간부를 용의자로 지목했다. 하지만 마피아 간부는 호파와 어떤 약속도 없었으며 자신은 그 시간에 다른 약속이 있었다고 주장했다. 경찰의 확인 결과 호파가 실종된 시간에 다른 약속이 있었던 알리바이가 확인되면서 그는 용의자에서 제외됐다.

또한 호파가 탄 승용차를 운전했다는 수양아들도 강력하게 부인했다. 사건 당일 호파를 태우고 운전한 적이 없다는 것이었다. 그 뒤 그의 승용차 운전석 옆자리에서 희미한 혈흔이 발견돼 추궁했더니 생선을 운반하다가 떨어진 생선의 피라고 주장했다. 당시에는 DNA 검사가 없어서 더 이상 추궁할 수가 없었다.

그다음은 호파가 활동했던 IBT가 용의선상에 올랐다. 새로 취임한 위원장과 호파가 위원장 자리를 놓고 치열하게 대립했기 때문에 그가 강력한 용의자가 됐다. 더욱이 그는 마피아에게 무조건 맹종하는 인물이어서 더욱 의심받았다. 그가 마피아에 부탁해서 호파를 살해했든 아니면 그와 반대로 마피아가 그를 사주해서 호파를 제거하도록 지령을 내렸든, 의심을 피할 수 없었다. 하지만 디트로이트 경찰은 물론 FBI까지 나서서 철저히 조사했지만, 그와 노동조합이 지미 호파 실종사건에 관련됐다는 아무런 단서도 찾지 못해 역시 용의선상에서 제외됐다.

그 당시 많은 범죄 분석 전문가는 마피아의 범죄로 추정했다. 어떤 형식으로든 호파의 실종에 마피아가 관련됐을 것이라고 했다. 호파가 실종될 때 탔던 승용차도 마피아의 차였고 뒷좌석 호파 옆에 앉았던 인물도 마피아의 전문 킬러로 추정했다. 아울러 마피아가 소유한 시설 가운데 소각장도 있어서 호파를 살해한 뒤 소각했다면 그의 시신이 있을 리가 없다는 것이었다.

미국의 언론이나 많은 국민도 그러한 추정에 공감했다. 다만 당시 과학수사가 미흡해서 범인을 특정하지 못했을 것으로 판단했다. 그렇게 세월이 마냥 흐르는 동안 사건 당시 용의선상에 올랐던 마피아 간부들과 관련자들이 사망해서 지미 호파 실종사건은 더욱 미궁에 빠지고 말았다.

그런데 사건이 일어난 지 40년 가까이 지난 2013년, 뜻밖의 증언이 나왔다. 증언자가 사건 당시 디트로이트 마피아 부두목이어서 더욱 관심을 받았다. 그는 마피아가 지미 호파를 살해했으며 그 당시 디트로이트 마피아 두목이 소유했던 농장 부근에 묻었다는 것이다. 하지만 FBI의 철저한 수색에도 그 농장 일대에서 호파의 시신은 발견되지 않았다.

결국 디트로이트 마피아 두목도 죽고 증언했던 부두목도 그다음 해에 죽어 사건이 또다시 미궁에 빠지자 그것을 이용해서 돈을 벌려는 사람들이 앞다투어 나타났다. 예컨대 지미 호파의 운전사였던 인물은 자서전을 내면서 호파는 마피아에 살해당해 디트로이트 르네상스 쇼핑센터 지하에 묻혔다고 주장했지만, 그곳에서는 아무것도 발견되지 않았다.

그와 함께 지미 호파 실종사건을 소재로 한 수많은 문학작품과 영화가 쏟아져 나와 그의 죽음을 멋대로 추정하면서 한층 더 혼란스러워졌지만, 그에 대한 관심을 꾸준히 이어가게 하는 것에는 기여했다. 지미 호파는 법적으로 수사가 종결된 1982년에 사망한 것으로 기록됐다. 하지만 그의 실종사건은 영원히 미궁에 빠진 채 오늘에 이르고 있다.

영원히 사라진
세기의 살인마
잭 더 리퍼

사람이 사람을 죽이는 가장 비인간적 범죄인 살인은 이제 예삿일처럼 돼버렸다. 한꺼번에 수많은 사람이 목숨을 잃는 전쟁이나 테러·전염병 등을 제외하더라도, 통계에 따르면 전 세계에서 1년에 50만 명 가까이가 살해당한다고 한다. 따라서 끔찍한 살인사건이 발생해도 잠시 관심이 쏠릴 뿐 곧 잊히고 만다.

이런 실정에서 살인범·살인사건에 관한 이야기는 별 의미가 없을 것 같다. 하지만 온 세계가 오랫동안 큰 관심을 갖고 지켜보는 연쇄살인 사건들이 있다. 특히 흉악한 살인범이 버젓이 수사기관을 조롱하는데도 세기가 바뀌고 수십 년이 흘러도 범인을 특정조차 못하고 있는 세기의 연쇄살인 사건이라면 문제가 달라진다.

전설처럼 돼버린 잭 더 리퍼 연쇄살인 사건이 그런 경우다. 이 특별한 살인마의 정체조차 밝혀내지 못하면서 그를 소재로 수많은 문학작품, 영화, 드라마, 다큐멘터리, 뮤지컬, 연극, 심지어 게임까지 쏟아져 나

잭 더 리퍼 박물관

왔다. 그 때문에 이 영구 미제의 살인사건이 하나의 산업이 되고 있다.

잭 더 리퍼 연쇄살인 사건은 1888년 8월부터 3개월간 영국 런던에서 발생했던 사건으로 무려 130여 년 전의 일이다. 그런데도 지금까지 이와 관련해서 100여 편의 문학작품이 나왔을 정도로 유명한 세기의 사건이다.

살인마를 특정도 하지 못했고 영원히 잡지 못했으니 그의 이름도 알 수 없다. '잭 더 리퍼(Jack the Ripper)'는 이름이 아니다. 우리말로 하면 '찢는 자 잭' 정도쯤 된다. 잭은 영국에서 가장 흔한 이름이고, 살인마가 살인 도구로 칼을 사용했기 때문에 붙은 이름이다. 그래서 살인마에게 '면도 날 잭', '칼잡이 잭' 등의 별명이 붙었다. 더욱이 살인마가 경찰에 보낸 편 지에서 스스로 그런 명칭을 써서 완전히 굳어졌다.

이 연쇄살인 사건이 그 당시 영국에게 비상한 관심을 끌었던 이유는 범행 수법이 너무 잔혹했을 뿐만 아니라 런던의 화이트 채플이라는 윤 락가에서 불과 3개월 사이에 5명의 희생자가 나왔기 때문이다.

희생자 모두 매춘부 즉 성매매 여성으로, 25세의 여성 한 명을 빼놓 고 나머지는 43~47세의 중년 여성이었다. 당시 영국은 경제 사정이 매우 좋지 못했다. 특히 여성의 임금은 너무 형편없어서 생계를 유지하기 어 려워 부업으로 성매매하는 여성이 많았다. 희생된 중년 여성들도 남편과 사별했거나 이혼 등으로 거처 없이 떠돌며 성매매로 하루하루 살아가는 가난한 사람들이었다. 당시 성매매는 여성의 직종 중 네 번째로 흔했다.

그녀들은 일정한 거처가 없으니까 윤락가에서 남성에게 접근했고 매 춘도 으슥하고 어두운 외진 골목으로 들어가 그냥 벽에 기대서서 하는 즉석 행위였다. 그런 만큼 화대도 싸서 지금 돈으로 따지면 겨우 몇 천 원이었다. 다시 말하면 살인 의도를 가진 자에게는 범행하기에 더없이 좋은 환경이었다.

살인은 모두 자정을 넘긴 한적한 새벽녘에 일어났다. 범행 수법은 눈 뜨고 볼 수 없을 정도로 너무 잔혹했다. 희생자들은 한결같이 목이 반 쯤 잘렸고 복부가 절개돼 장기들이 밖으로 쏟아져 나와 널려 있었다. 첫 사건부터 런던 경찰에 비상이 걸렸다. 하지만 당시 과학수사는 기대하기 어려워서 지문조차 채취할 수 없었다. 경찰이 탐문수사를 벌이는 동안 사건이 잇따라 발생하며 영국의 전 국민에게 큰 충격을 주었다.

그 시간에 어두운 골목에서 매춘 여성과 대화하고 있는 남성을 봤다는 목격자가 나타나 인상착의를 설명했지만 여러 날이 지나도 범인을 특정하지 못했다. 그때 범인은 경찰을 비웃듯이 편지를 보내 조롱했다. 편지의 주요 내용은 '유대인은 아무 책임이 없다'는 것과 자신은 매춘 여성을 혐오하기 때문에 살인을 계속할 것이며 이것은 자신의 '즐거운 놀이'라는 것이었다. 각 언론사에도 이러한 내용의 편지가 전해졌다.

당연히 영국이 들끓었다. 시간이 흘러도 범인을 잡지 못하는 내무부와 경시청에 비난이 쏟아져 결국 내무부 장관과 런던 경시청장이 물러났다. 더욱이 잭 더 리퍼를 자칭하는 사람과 모방범죄가 급증해서 수사가 갈수록 혼란에 빠져드는 상황이었다.

답답한 사람들은 나름대로 범인에 대한 추정과 온갖 검거 방법을 제시하기도 했다. 심지어 빅토리아 여왕까지 나서 수사 방향을 건의했다. 그 무렵 추리소설 『셜록 홈스』로 큰 인기를 얻고 있던 코넌 도일은 "범인의 편지들을 살펴보면 영국에서 잘 쓰지 않는 표현들이 많다. 짐작건대, 범인은 미국 출신이거나 미국에서 오래 살았던 인물일 것이다"라고 추측해서 관심을 끌었다.

수많은 인물이 용의선상에 올랐다. 먼저 범인은 칼솜씨가 능숙하고 범행 행태로 봐서 상당한 해부학 지식을 지녔을 것으로 판단돼 의사 또는 고기를 자르는 직업과 관련 있는 사람들이 용의선상에 올랐다. 또한 범인이 편지에 유대인은 아무 책임이 없다고 한 것을 보면 범인이 유대인일 것이라는 추측에서 폴란드계 유대인이 유력 용의자로 떠올랐고, 귀족, 의사, 변호사, 왕자 등 다양한 사람이 용의자로 의심받았다. 빅토리아 여왕의 손자이자 에드워드 7세의 장남인 앨버트 왕자는 윤락가 출입이 빈번했으며 성매매 여성과의 사이에 자식까지 낳았을 뿐만 아니라 심각한 매독으로 거의 반미치광이 상태라는 소문으로 의심받았다.

하지만 그 누구에게서도 아무런 증거도 확보하지 못했고 사건은 결국 미궁에 빠지고 말았다. 코넌 도일의 추측 때문인지 미국에서도 연쇄살인이 일어나고 잭 더 리퍼가 미국에 건너와 범행을 저지른 것이 아닐까 하는 추측까지 나돌았다.

근래에도 매우 구체적이고 나름의 설득력을 갖춘 범인 특정이 나오고 있지만 확실한 것은 아무것도 없다. 잭 더 리퍼 사건이 발생한 지 130년 넘게 흘렀으니 범인은 이미 죽었을 것이다. 잭 더 리퍼는 영구히 미제 사건으로 남았다.

암호를 남기고 사라진
연쇄살인마
조디악 킬러

'조디악 킬러'는 1960년대 후반 미국을 떠들썩하게 했던 연쇄살인범으로 잭 더 리퍼 못지않게 악명을 떨쳤다. 캘리포니아주 북부 샌프란시스코 주변에서 연쇄살인을 저질렀는데 희생자의 대부분이 청소년이었고 범행 시간이 주로 주말이어서 이 지역 젊은이들이 주말에는 두려움 때문에 외출도 못할 정도였다.

그가 더욱 유명해진 것은 스스로 37명을 죽였다고 큰소리친 연쇄살인도 공포의 대상이었지만 살인을 저지를 때마다 경찰에 조롱 가득한 편지를 보내 대중의 관심이 계속 이어지게 했기 때문이다. 또한 언론에 계속 편지를 보내 자신의 범행을 1면 톱기사로 게재하지 않으면 더 많은 사람을 죽이겠다고 위협했다. 언론이 어쩔 수 없이 그의 요구를 따르면서 미국 국민은 계속해서 큰 관심을 가질 수밖에 없었다.

더욱이 그는 경찰이나 언론에 끊임없이 보낸 편지에 4개의 암호가 들어 있는데, 이것을 해독하면 자신을 잡을 수 있다고 했다. 그 때문에 미국의 정보기관과 수사기관이 암호 해독에 매달리면서 그에 대한 관심과 궁금증은 갈수록 높아지게 됐다. 그가 보낸 4개의 암호 가운데 1개는 일주일 만에 풀었지만, 나머지는 해독하지 못했다. 2020년 12월, 나머지 암호를 51년 만에 해독했다는 보도가 나와 다시 한번 화제가 되었다.

물론 지금까지 범인을 특정하지도 못했고 붙잡지도 못했으니 이름조차 알 수 없다. 잭 더 리퍼가 그랬듯이 '조디악'도 그의 이름이 아니다. 조디악(Zodiac)은 황도12궁를 의미하는데, 그가 보낸 편지들이 대부분 "This is the Zodiac speaking(조디악 가라사대)"이라는 문장으로 시작됐기 때문에 '조디악 킬러'라는 이름이 붙었다.

아무튼 자신의 범행을 스스로 세상에 밝히면서도 교묘하게 추적을 따돌리는 치밀함과 고난도의 암호를 보내 세상을 비웃은 조디악 킬러의 첫 범행은 1968년 12월에 자행됐다. 희생자는 호숫가에서 데이트하던 16세·17세의 청소년 남녀였다. 범인은 그들을 총으로 사살했다.

두 번째 범행은 1969년 7월 4일 골프장 주차장 부근에서 데이트하던 22세·19세의 젊은 남녀였다. 조디악 킬러는 범행 후 경찰에 전화를 걸어 다음과 같이 말했다. "방금 블루 락 골프장에서 놀던 커플을 쐈다. 작년 12월 허먼로드에서 있었던 일(첫 범행)도 내가 했다. 너희는 나를 잡을 수 없다."

경찰은 곧바로 현장으로 출동해서 피를 흘리며 쓰러져 있는 남녀를 발견하고 병원으로 옮겼다. 하지만 여성은 이미 숨진 뒤였고 다행히 남성은 생명을 구할 수 있었다. 그런데 사건 직후 샌프란시스코의 지역신문들 앞으로 조디악 킬러의 편지가 전달됐다. 편지의 내용은 대략 다음과 같았다. "나는 허먼로드 살인자다. 이 편지를 신문의 1면에 싣길 바란

조디악 킬러가 보낸 암호

다. 그렇지 않으면 주말 밤마다 12명이 연속해서 죽어나갈 테니까. 다음 암호를 풀면 나를 잡는 데 유용한 정보가 될 것이다."

신문사들은 그의 요구를 수용하지 않으면 혹시라도 연쇄살인이 일어날까 우려해서 신문 1면에 편지 내용과 암호까지 크게 보도했다. 그로부터 약 일주일 뒤 캘리포니아의 한 교사 부부가 암호를 풀었는데 이런 내용이었다. "나는 사람을 죽이는 게 아주 재미있다. 숲에서 동물을 사냥하는 것보다 훨씬 재미있지. 무엇인가를 죽이는 것은 여자와 섹스하는 것보다 훨씬 스릴 넘친다. 하지만 역시 최고의 장점은 죽은 뒤 나는 낙원에 환생하고 내가 죽인 자들은 나의 노예가 된다는 거다. 내 이름은 가르쳐 줄 수 없다. 그랬다가는 내 사후의 노예를 수집하는 것을 방해하거나 막을 테니까."

이러한 사실이 샌프란시스코 지역신문은 물론 전국의 모든 매스컴에 대대적으로 보도되면서 전국적인 톱뉴스가 됐고, 미국 국민은 수사 당국과 조디악 킬러의 술래잡기 같은 상황 전개에 비상한 관심을 갖게 됐다. 그러자 범인은 또다시 언론사에 '조디악 가라사대'로 시작하는 편지를 보냈는데, 또 다른 암호가 첨부돼 있었다. 범인이 암호를 더욱 해독하기 어렵게 만들었는지 그 뒤로는 아무도 해독할 수가 없었다.

한동안 잠잠해지는가 싶었던 조디악 킬러의 연쇄살인이 1969년 9월 27일 또다시 발생했다. 이번에도 희생자는 20세·22세의 젊은 커플이었다. 여성은 열 차례나 난자당해 그 자리에서 죽고 남성은 여섯 차례나 예리한 칼에 찔리고도 기적적으로 살아남았다. 목숨을 건진 남성의 증언에 따르면 호숫가에서 데이트를 즐기고 있었는데 갑자기 괴상한 문양이 새겨진 검은 복면을 쓴 괴한이 나타나서 자신들을 총으로 위협해서 두 사람을 함께 묶고 칼로 난자하기 시작했다고 했다. 여러 정황으로 볼 때 조디악 킬러의 범행이 분명했다. 경찰은 기적적으로 살아남은 그의 증언에 따라 몽타주를 만들고 현상금을 내걸며 추적에 나섰다. 그러나 좀처럼 작은 단서조차 찾을 수 없었다.

10월 11일, 29세의 택시 운전사가 정차 중 머리에 총을 맞고 그 자리에서 즉사하는 살인사건이 일어났다. 범인은 살인 현장에서 죽은 택시 운전사의 셔츠를 찢어 피를 잔뜩 묻혀서 도주했는데, 얼마 후 샌프란시스코의 한 지역신문 편집장 앞으로 소포 하나가 배달됐다. 소포를 뜯어

조디악 킬러의 몽타주

보니 그 속에 살해당한 택시 운전사의 피 묻은 셔츠 조각과 편지가 들어 있었다. "조디악 가라사대, 어젯밤 워싱턴 스트리트, 메이플 스트리트에서 택시 운전사를 살해했다. 그것을 증명하기 위해 여기 그가 입었던 셔츠 조각을 보낸다. 노스베이 지역에서 사람들을 죽인 것도 나다. 샌프란시스코 경찰들이 어제 수색만 제대로 했더라도 나를 잡을 수 있었는데, 시끄럽게 오토바이 소리만 내더라. 운전자들은 차에서 조용히 나를 기다렸어야 했다. 학생들도 나의 좋은 대상이다. 어느 날 아침 스쿨버스를 훔칠 수도 있다. 앞바퀴를 쏘고 거기서 놀라 뛰어나오는 아이들을 쏘기만 하면 된다."

조디악 킬러는 이렇게 택시 운전사 살인사건이 자신의 범행이라는 것을 스스로 밝혔다. 아울러 편지 내용으로 볼 때, 오토바이를 탄 샌프란시스코 경찰이 통행하는 차량들을 검문·검색하고 있는데 그가 탄 택시의 운전사가 조금 이상한 태도를 보여 사살한 것 같았다. 또한 "어느 날 아침 스쿨버스를 훔칠 수 있다"라고 한 것으로 보아 어린 학생들을 범행 대상에 포함시킨 듯했다. 스쿨버스를 공격하겠다는 말에 샌프란시스코는 대혼란 사태에 빠져들었다. 무능한 경찰을 거칠게 비난하면서 빨리 조디악 킬러를 붙잡으라고 아우성쳤다.

모든 수사기관이 나서서 필사적으로 수사를 펼치고 시민들도 조금만 수상한 인물이 있어도 제보를 하는 등 적극적으로 협조했다. 전국의 매스컴도 협력을 아끼지 않았다. 그렇지만 별다른 성과가 없었다. 다행히 조디악 킬러의 연쇄살인은 더 이상 발생하지 않았다. 그러는 사이 몇 명의 용의자를 특정했다.

잭 태런스는 그의 의붓아들이 방송사에 제보하면서 알려졌다. 그는 의붓아버지가 조디악이라고 확신하고 이를 증명하기 위해 여러 해 동안 자료를 수집했다. 태런스의 필체, 피 묻은 식칼, 조디악 킬러의 위장복과 일치하는 소지품 등을 증거로 제시하면서 FBI가 수사에 착수했다. 그러나 결론에 이르지는 못했다.

아서 리 앨런은 샌프란시스코 경찰이 특정한 가장 유력한 용의자다. 수사 당국이 그를 기소하기 위해 소환했는데 심리가 시작되기 전 심장마비로 쓰러져 숨졌다. 조디악 킬러의 편지에서 채취한 DNA와 그의 DNA에서 일치하지 않는 부분이 있었는데도 그를 유력한 용의자로 특정한 것은 그의 집에서 조디악 킬러의 것으로 보이는 많은 증거가 발견됐기 때문이다. 예컨대 여러 명의 DNA가 검출된 피 묻은 칼, 친구에게 자신이 여러 죄를 저질렀다고 고백한 점, 그가 소지한 총기와 시계 등이 증거가 됐다. 하지만 그의 필체는 조디악과 달랐고 확증이 될 만한 증거는 찾지 못했다.

얼 밴 베스트 주니어는 그의 아들이 아버지가 조디악 킬러라고 주장하면서 유력한 용의자로 떠올랐다. 그의 아들은 아버지의 사진이 조디악 킬러의 몽타주와 너무 닮았으며 필기체가 매우 비슷하고, 또한 편지에 이름을 비밀문자로 썼다는 것 등을 증거로 제시했다. 그는 자신의 주장을 담은 책까지 썼다.

샌프란시스코 경찰을 비롯한 여러 수사기관이 유력한 용의자들에 대해 오랫동안 철저히 조사했지만, 누구도 조디악 킬러로 확정할 수 없었다. 증거도 부족하고 조디악으로 확정할 수 있는 강력한 증거가 없었기 때문이다.

결국 2004년 샌프란시스코 경찰은 조디악 킬러 사건을 미제사건으로 남긴 채 수사를 종결했다. 종결 사유 가운데 하나는 조디악 킬러의 '활동 없음'이었다. 하지만 2007년 어떤 이유에서인지 수사를 재개했으며, 조디악 킬러의 범행이 발생했던 지역에서는 여전히 수사를 계속하고 있다. 그에 따라 조디악 킬러를 소재로 한 수많은 소설이 나왔으며, 영화와 다큐멘터리가 만들어졌다.

앞에서 조디악 킬러가 남긴 암호가 2020년 12월 무려 51년 만에 해독됐다고 했는데, 조디악 킬러가 신문사에 보낸 모든 암호가 해독된 것은 아니다. 조디악이 1969년 샌프란시스코의 한 신문사에 보낸 '340 암호'라고 이름 붙여진 암호를 미국·오스트레일리아·벨기에의 아마추어 탐정팀이 서로 협력해서 마침내 풀었다는 것이다.

이 작업에 주도적인 역할을 했던 웹디자이너 출신의 데이비드 오란차크는 2006년부터 조디악 킬러의 암호에 관심을 갖고 여러 컴퓨터 프로그램을 사용해 해독을 시작했다며 여러 나라 전문가들의 도움을 받아 마침내 풀어낼 수 있었다고 밝혔다. 하지만 이 암호에는 범행 동기와 조디악 킬러의 신원을 알 수 있는 단서는 없었다고 한다. 그들이 풀어낸 암호의 주요 내용은 "당신들이 나를 잡는 것을 매우 즐기길 바란다. 나는 가스 방에 들어가는 것이 두렵지 않다. 왜냐하면 곧바로 낙원으로 갈 것이기 때문이다"라는 것이었다.

아무튼 아마추어 탐정팀은 미국 FBI도 풀지 못한 조디악의 암호를 풀어냈으니 대단한 일이다. 앞으로 나머지 암호들도 해독되기를 기대해 본다.

6

보물,
보석,

사라진
나치의
보물

제2차 세계대전이 연합군의 승리로 기울기 시작하자 히틀러와 그 핵심 세력은 패전 이후의 대책을 심각하게 고민했다. 패전하면 한동안 은둔하면서 나치의 부흥을 모색하는 것과 어떻게 살아남을 수 있을까를 고민했는데, 어떤 경우든 막대한 자금이 필요했다.

그렇다면 어떻게 막대한 자금을 마련할 것인가? 그에 대한 해답은 간단했다. 독일이 유럽을 정복하면서 약탈한 엄청난 금괴와 갖가지 보물, 귀중한 국가적 유물을 연합군이 찾지 못할 비밀장소로 옮기는 것이었다. 특히 히틀러는 어마어마한 약탈물을 보유하고 있었다. 무엇보다 수만 점의 명화를 약탈했다.

어려서부터 그림을 잘 그려 화가가 꿈이었던 히틀러는 오스트리아의 미술학교에 들어가려고 끈질기게 노력했다. 그러나 아버지의 반대와 가정환경 등 여러 이유로 뜻을 이루지 못했지만, 청년 시절에는 그림엽서를 그려서 파는 그림쟁이로 생계를 유지했을 만큼 그림에 대한 애착이

컸다. 세계 최고·최대의 미술관을 세우고자 했던 그는 유럽의 각국을 점령할 때마다 그 나라 박물관에 소장된 세계적인 명화와 조각 등 미술품부터 약탈했다.

히틀러와 나치는 여러 나라에 숨겨놓았던 금괴와 보물을 비밀장소로 수송하기 시작했다. 워낙 극비의 수송 작전이었기 때문에 그 사실을 아는 사람은 극소수였다. 그런 와중에 독일은 연합군에 완전히 패배했고 히틀러는 자살한 것으로 공식 발표됐다. 따라서 나치의 보물 수송 작전이 어떻게 어디까지 진행됐는지 정확한 내막을 알 수 없었고, 보물을 숨겼을 비밀장소는 더욱더 알 수 없었다. 전쟁이 끝난 직후 베를린에 가장 먼저 들어온 소련군을 비롯해 보물을 약탈당한 나라들이 보물찾기에 나섰지만 아무런 성과도 얻지 못했다.

과연 히틀러와 나치의 엄청난 보물들은 어디로 사라졌을까? 온갖 소문이 무성하고 지금도 집요하게 보물찾기가 펼쳐지고 있다.

그들이 숨겨놓은 보물과 관련해서 가장 먼저 제기된 주장은 나치가 10만여 점의 보물을 남미의 아르헨티나로 옮겼다는 것이다. 1943년 나치는 군함 3척과 U보트 2척에 보물을 나누어 싣고 아르헨티나로 향하던 중 연합군의 집중포격으로 모두 침몰했지만 U보트 1척은 위기를 벗어나 무사히 목적지에 상륙했다는 것이다.

나름대로 설득력 있는 주장이었다. 아르헨티나의 부에노스아이레스에서 남쪽으로 150킬로미터쯤 떨어진 곳에 나치 독일의 U보트 비밀기지가 있었던 것으로 알려져 더욱 신빙성을 높였다. 그뿐만 아니라 실제로 패전 후 수많은 나치 잔당이 아르헨티나로 도주해서 편안하게 여생을 보냈다. 심지어 히틀러도 자살을 위장한 뒤 그곳으로 도주해서 살다가 죽었다는 주장까지 나왔다. 그리고 그들이 편안하게 여생을 보낼 수 있었던 막대한 자금은 보물을 은밀하게 처분해서 마련했다는 주장이었다.

하지만 지금까지 보물과 관련된 확실한 증거는 찾지 못하고 있다. 또 보물을 수송하던 독일 군함과 잠수함이 침몰했다는 주장에 따라 지금도 많은 보물 사냥꾼이 대서양 바다 밑을 뒤지고 있다.

다음으로 오스트리아 서부 알프스 숲에 있는 토플리츠 호수가 보물을 감춰둔 유력한 장소로 떠올랐다. 제2차 세계대전의 막바지였던 1944~1945년 독일 해군이 각종 신무기와 어뢰 등을 실험했던 곳이며, 더구나 호수 주변에서 수백만 파운드에 해당하는 위조지폐가 대량으로 발견됐기 때문이었다. 독일이 영국의 경제를 교란하기 위해 대량으로 위조지폐를 만들었다는 것이다. 그와 함께 나치가 토플리츠 호수 밑에 보물을 숨겼다는 소문이 퍼져 수많은 보물 사냥꾼이 잠수부를 동원해서 호수 바닥까지 뒤졌지만 아무것도 찾지 못했다. 애꿎은 잠수부 여러 명만 목숨을 잃었다.

이어서 나치가 뉴질랜드령 남극 바다 밑에 20톤이 넘는 금괴를 숨겼다는 소문이 나돌았지만, 탐사가 어려워 흐지부지됐다. 그런데 2005년 이 소문이 맞는 것처럼 다시 부각됐다. 뉴질랜드의 유력한 일간지가 스튜어드섬에서 230킬로미터쯤 떨어진 오클랜드 군도에서 탐사 활동을 마치고 돌아온 선박 기술자의 말을 인용해서 그 부근 바다 밑에서 두 개의 커다란 물체를 발견했다고 보도한 것이다.

선박 기술자는 자신이 바다 밑까지 내려가 직접 확인한 그 커다란 물체가 제2차 세계대전 당시 나치 독일이 U보트를 이용해서 바다 밑에 감쳐둔 금괴일 가능성이 크다며 자신이 어렵게 입수해서 가지고 있던 보물지도 위치와도 일치한다고 주장했다. 그는 반드시 나치의 금괴를 건져 올리겠다고 다짐했지만, 그 뒤 찾아냈다는 소식은 없었다.

어찌 됐든 집요하고 꾸준한 나치 독일의 보물찾기 노력에도 불구하고 별다른 성과가 없자 아예 보물이 없는 것 아니냐는 회의론도 나왔고, 철저하게 비밀을 보장하는 스위스 은행에 맡겼을 것이라는 주장도 나왔다. 또 독일이 패망하는 혼란한 틈을 이용해서 보물창고의 위치를 알고 있는 나치 잔당들이 저마다 앞다투어 보물을 빼돌렸을 것이라는 주장이 설득력을 얻기도 했다.

그런데 2015년 히틀러의 보물을 수송하던 황금열차를 찾았다는 보도가 나와 또 한 번 전 세계의 관심을 집중시켰다. 나치 독일이 약탈한 무려 300톤에 달하는 금괴·보물·명화 등을 기차에 싣고 베를린으로 향하다가 어디에선가 사라졌다는 '황금열차'에 대한 이야기는 제2차 세계 대전이 끝난 직후 폴란드에서 쏟아져나와 지속적으로 확산됐다. 그 내막도 매우 구체적이어서 거의 사실로 받아들여졌다.

나치 독일은 패색이 짙어지자 폴란드 남부에 있는 독일군 사령부의 비밀장소에 보관 중이던 엄청난 보물을 베를린으로 옮기려고 열차에 싣고 운행하다가 연합군의 공격을 받아 베를린까지 가지 못하고 황금열차를 비밀 터널에 숨겨놓고 도망쳤다는 것이다. 구체적으로 그 지점을 지적하면서 그곳이 산악지역의 숲이어서 좀처럼 찾아내지 못하고 있다고 안타까워했다.

이보다 앞선 1990년에 폴란드의 어느 기업이 보물찾기에 나섰다. 폴란드 정부도 끌어들였다. 알려진 바에 의하면 당시 폴란드 정부는 재정적으로 어려움을 겪고 있어서 보물을 찾기만 하면 재정난 해결에 큰 도움이 될 것으로 판단하고 보물찾기에 참여했다고 한다. 하지만 10년 동안이나 보물이 사라졌다는 지역 일대를 탐사했지만 아무런 성과가 없자 폴란드 정부는 포기하고 물러섰으며 기업도 탐사비용이 바닥나 주저앉고 말았다.

그 후 2015년 8월 폴란드 탄광개발회사의 공동사장이던 독일인 안드레아스 리히터와 폴란드인 표트르 코퍼가 황금열차의 비밀을 알고 있다고 주장하면서 다시 한번 세계적으로 큰 화제가 됐다. 그들의 주장에 따르면, 제2차 세계대전 당시 황금열차에 탑승했던 독일 병사가 죽기 전에 고해성사를 통해 황금열차가 숨겨진 비밀장소를 고백했다는 것이다. 두 사람은 그 노인이 고백한 폴란드의 어느 지역을 여러 해 동안 탐사한 끝에 마침내 황금열차가 묻혀 있는 곳을 찾게 됐다고 주장했다.

두 사람은 폴란드 정부에 황금열차를 찾을 경우 10퍼센트의 보상금을 요구했는데, 정부가 이를 수용했다. 그리하여 2015년 8월 28일 황금열차와 관련해서 폴란드 정부의 문화부 장관이 공식적으로 기자회견을 열고 그 지역 탐사에 나서기로 했다고 밝혔다. 정부가 그들과 함께 탐사에 나선다는 것은 그들이 제시하는 증거들이 상당한 근거가 있다고 판단했기 때문이다.

그런데 문화부 장관의 기자회견 사흘 뒤 황금열차가 묻혀 있을 것으로 특정한 지역의 시장이 기자회견까지 하면서 반발하고 나섰다. 그곳에 황금열차가 묻혀 있다는 주장은 이미 수십 년 전부터 있었으나 나치의 보물이 있다는 아무런 증거도 없다고 탐사를 반대했다.

그러자 코퍼와 리히터가 직접 나서서 자신들이 최첨단 장비로 촬영한 현장의 사진을 보여주면서 지하 50미터 지점에 사람이 만든 수직 갱도가 있고 그곳에 황금열차가 있다고 기자회견을 열었다.

사실 나치 독일은 연합군의 맹렬한 공격으로 수세에 몰리자 신무기 개발에 총력을 기울였다. 그와 동시에 전쟁포로와 수용소에 갇혀 있는 유대인을 동원해서 독일과 폴란드 남서쪽 국경 지역에 수많은 대형 터널 공사를 벌였다. 폴란드에 지하 터널을 만들면 연합군이 찾기 어려워 폭격기의 공격을 피할 수 있으므로 터널이 완성되면 주요 군수공장과 신무기 개발 기관 등을 그곳으로 옮길 계획이었지만 전쟁에 패하자 대부분 완성하지 못한 것으로 알려졌다.

그런데 공교롭게도 코퍼와 리히터가 황금열차가 묻혀 있다고 확신한 지점이 바로 그 터널 공사가 한창이던 지역이었다. 따라서 폴란드 정부도 상당한 가능성이 있다는 판단 아래 그들의 손을 들어준 것이다. 폴란드 정부는 그 지역을 철저히 통제하고 2015년 11월 말 특별조사위원회를 구성했다. 그리고 2개 조로 탐사팀을 구성했다. 한 팀은 코퍼와 리히터가 포함된 팀이었고, 다른 한 팀은 각 분야 전문가들이 참여한 전문가팀이었다.

하지만 탐사 작업이 한 달쯤 지났을 때 두 팀 가운데 먼저 탐사를 시작했던 전문가팀이 철저하게 정밀조사를 했지만 무너진 터널만 있을 뿐, 황금열차와 관련해서 아무런 증거도 찾지 못했다고 발표했다. 탐사를 중단하겠다는 것이었다.

물론 코퍼와 리히터는 전문가팀의 발표에 동의하지 않았다. 2016년 8월, 그들은 후원자들에게 경비를 지원받아 무려 64명의 각 분야 전문가로 구성된 탐사팀을 동원해서 대규모 정밀조사를 펼쳤다. 그런데도 결국 황금열차는 발견되지 않았다. 그들의 사진에 찍힌 지하 50미터에 있는 대형 물체는 천연 얼음덩어리로 밝혀졌다.

나치 독일이 약탈한 엄청난 금괴와 보물·명화가 어딘가에 숨겨져 있는지, 아니면 이미 모두 처분됐는지 전혀 알 수 없다. 제2차 세계대전이 끝난 지도 이미 70년 이상의 세월이 흘렀다. 어쩌면 황금열차는 전설일 뿐일지도 모르겠다.

사라진
에스파냐 보물선,
보물의 주인은 누구인가

17~18세기는 유럽 강대국들의 식민지 쟁탈전이 그 어느 때보다 치열했던 시기였다. 아프리카·아시아·오세아니아 등에서 식민지 확보를 끝낸 에스파냐·영국·프랑스 등은 아메리카에서 새로운 식민지를 확보하기 위해 전쟁도 피하지 않았다.

식민지 전쟁의 선두주자 에스파냐는 이미 중남미 아메리카에서 식민지를 선점하고 북아메리카로 전진하고 있었고, 북아메리카를 먼저 차지한 영국은 중남미로의 진출을 시도하며 에스파냐의 북진을 강력한 군사력으로 저지하고 있었다.

에스파냐 왕 펠리페 5세는 전쟁자금을 조달하기 위해 남미의 식민지들에서 약탈한 엄청난 금은보화를 에스파냐로 옮기려고 했다. 그에 따라 남미 콜롬비아 북부 대서양 연안에 있는 항구도시 카르타헤나에 정박 중인 에스파냐의 대형 범선 산호세(San José)에 보물들이 실렸다. 에스파냐 군함이 보물선으로 바뀌는 순간이었다. 철저한 비밀과 엄중한 감시

속에 보물이 실려 아무도 눈치채지 못했다.

1706년 6월 8일, 선원과 군인 600명을 태운 보물선 산호세호가 카르타헤나를 출발했다. 이 군함에 실린 보물은 2021년의 시가로 따지면 약 144억 3000만 달러의 가치로 추정되며, 최대 1100만 개에 이르는 어마어마한 양의 금화가 포함되어 있었다고 한다.

그러나 산호세호는 카르타헤나를 출항한 지 얼마 되지 않아 영국 함대와 맞닥뜨렸고 곧이어 벌어진 전투에서 화약고가 폭발하여 침몰했다. 승리를 거둔 영국 함대는 그대로 물러났다. 그들은 산호세호에 막대한 보물이 있었다는 사실을 몰랐던 것 같다. 그것이 끝이었다. 에스파냐 보

18세기 영국 화가 새뮤얼 스콧이 그린 〈침몰하는 산호세호〉

물선은 600미터 바다 밑으로 가라앉았다. 보물선이 영원히 사라진 것이다. 그리고 세월이 흐르면서 사람들의 기억에서 완전히 사라졌다.

하지만 사라진 에스파냐 보물선과 관련된 흥미로운 이야기는 지금부터다. 예로부터 고대의 가치 있는 유물을 찾아내는 도굴꾼이 있었고, 숨겨져 있는 보물을 추적하는 보물 사냥꾼이 있었다. 특히 20세기에 와서는 과학이 비약적으로 발전하면서 각종 첨단 장비가 등장했다. 예컨대 금속탐지기, 수중탐지기, 수중카메라 등과 같은 장비들이 보물찾기에 동원돼 큰 성과를 거둘 수 있게 했다.

특히 보물 사냥꾼들은 중세 때부터 많은 보물선이 바다에 침몰했다는 역사적 사실에 주목했다. 그들은 주로 해적선들이 침몰한 해역을 갖가지 수중 장비로 탐사했다. 중세의 해적선들에는 약탈한 보물이 많이 실려 있다는 믿음 때문이었다. 그러한 추세에 따라 일확천금을 노리는 전문적인 수중탐사업체들이 등장했다. 그 가운데 미국 인양업체 SSA(Sea Search Armada)도 있었다. '아르마다'는 중세 때 에스파냐 등의 무적함대를 뜻한다. 업체 이름을 바다를 탐색하는 무적함대라고 지었듯이 미국의 재력가들과 주요 인사들이 투자한 탄탄하고 최첨단 기술을 자랑하는 수중탐사업체다.

SSA는 해적선 침몰이 많았던 카리브해를 중심으로 수중탐사 작업을 해오다가 콜롬비아 북쪽 카르타헤나 인근 해안에서 에스파냐 보물선이 침몰했다는 역사적 사실을 알아내고 그 일대의 수중탐사에 오랫동안 총력을 기울였다. 그리고 1981년 기어코 침몰한 산호세호를 찾아내는 놀라운 성과를 올렸다.

SSA는 보물의 소유권과 인양권을 선점하기 위해 놀라운 사실을 매스컴에 공개했다. CNN, AFP통신, 《워싱턴 포스트》 등이 대서특필했다. 언론들은 고고학자 등 전문가들의 말을 인용해 에스파냐 보물선에 실렸던 보물의 가치가 20억 달러에서 170억 달러에 이를 것이라는 내용의 기사를 실어 전 세계의 관심을 끌었다.

SSA는 현실이 된 일확천금에 환호했지만, 수년이 걸리는 인양작업도 만만치 않거니와 보물선을 인양하려면 영해권이 있는 콜롬비아 정부의 허가를 받아야 했다. 더욱이 보물을 인양했을 때 소유권이 문제가 될 것을 잘 알고 있었다. 그들은 조심스럽게 콜롬비아 정부에 접근해서 협상을 시도했다.

콜롬비아 정부는 SSA가 침몰한 에스파냐 보물선의 위치를 찾았다는 주장을 믿지 않았다. SSA도 그 사실을 인정받으려면 침몰한 보물선을 확인할 수 있는 갖가지 증거 사진과 정확한 위치를 알려줘야 하는데, 그러자면 모든 사실을 알게 된 콜롬비아 정부가 어떤 태도를 보일지 모르기 때문에 함부로 밝힐 수 없었다.

그 후 매우 오랜 세월을 끈질기게 협상한 끝에 SSA와 콜롬비아 정부는 보물을 인양했을 경우 50퍼센트씩 소유권을 갖는다는 합의를 이끌어냈다. SSA는 이 보물선을 찾아내기까지 무려 1000만 달러 정도를 투자했지만, 보물을 건져내기만 한다면 그 정도는 아무것도 아니었다. SSA는 서둘러 인양작업을 시작했다. 보물선이 침몰한 지 무려 300여 년 만에 역사적인 보물찾기가 실현된 것이다.

그러자 이 사실을 알게 된 에스파냐가 가만있지 않았다. 보물을 인양한다면 그것은 에스파냐에 소유권이 있다고 주장했다. 침몰한 산호세호가 에스파냐 선박이며 희생된 600명의 선원과 군인이 에스파냐 사람이고 보물은 당시 에스파냐의 식민지 영토였던 남미에서 모은 것들이기 때문에 당연히 에스파냐 소유라는 것이었다.

페루도 소유권을 주장하고 나섰다. 그 보물은 에스파냐가 당시 페루 왕국에서 약탈한 것이니까 페루가 보물의 주인으로 당연히 소유권이 있다고 주장했다. 이에 대해 콜롬비아 정부는 보물이 콜롬비아 영해에 있으므로 콜롬비아에 소유권이 있다고 주장했다. 그와 함께 콜롬비아는 SSA와 절반씩 나누기로 했던 약속을 파기하고 소유권은 완전히 콜롬비아에 있으며 보물 인양업체 SSA에게는 5퍼센트의 지분을 주겠다고 발표했다.

이러한 국제적인 소유권 분쟁과 콜롬비아의 약속 파기로 난처한 상황에 빠진 SSA는 미국 법원에 호소했다. 그런데 미국 법원은 오랫동안 검토한 뒤 2011년 산호세호의 소유권은 콜롬비아 정부에 있다고 판결했다. SSA의 투자자들이 연방법원에 다시 소송을 제기했지만 기각됐고, 2년 뒤 연방항소법원에서도 패소했다. 그때 콜롬비아 대법원은 산호세호의 보물을 놓고 벌어지고 있는 국제분쟁이 해결되기 전에 보물을 회수하라고 명령했다. SSA는 어쩔 수 없이 인양작업을 중단했다.

그렇게 몇 년이 흐른 2015년 콜롬비아 정부가 산호세호가 침몰한 정확한 위치를 찾아냈으며 보물을 인양하겠다고 공식적으로 발표했다. 그당시 후안 마누엘 산토스 콜롬비아 대통령까지 나서서 기자회견을 열고 약 300년 전 콜롬비아 연안에서 침몰한 에스파냐 대형 선박 산호세호를 발견했다는 사실을 밝히면서 사상 최대의 보물선 발굴일 수 있다고 말했다. 아울러 침몰한 보물선을 아직 직접 조사하지는 않았지만, 무인 잠수정의 탐사로 돌고래 무늬가 찍혀 있는 구리로 만든 대포가 보존돼 있는 모습을 촬영했으며 그것이 당시 에스파냐 전함 대포의 특징이어서 산호세호라는 것을 확인할 수 있었다고 사진을 공개했다. 그리고 SSA는 산호세호와 그 보물에 대한 권리가 없다고 밝혔다.

콜롬비아 정부가 단호한 태도를 보이면서 인양작업에 들어가려고 하자, 그동안 소유권 주장을 해왔던 여러 나라가 법적으로 해결하기 위해 소송할 뜻을 밝혔다. 그와 같이 사태가 국제분쟁으로 확산할 조짐을 보이자 유네스코가 나서서 "보물을 인양하겠다는 목적으로 침몰한 선박을 파헤치다가 문화적 가치가 높은 소중한 유물을 훼손해서는 안 된다"는 내용의 서한을 콜롬비아 정부에 보냈다.

300여 년 전에 침몰해서 이미 크게 훼손돼 있을 보물선을 더 이상의 훼손 없이 인양한다는 것은 결코 쉬운 일이 아니다. 콜롬비아 정부는 이러한 유네스코의 경고와 치열할 것으로 예상되는 국제분쟁의 법적 다툼에 부담을 느껴 결국 인양 계획을 중단한 채 오늘에 이르고 있다. 전문가들은 국제적인 법적 다툼이 벌어지더라도 보물의 소유권 판단은 쉽지 않을 것으로 전망했다. 국제법은 매우 복잡할 뿐만 아니라 강제할 수 있는 구속력이 없고 보편적인 관행에 따르기 때문에 쉽게 판단할 수 없다는 것이다.

하지만 국제법에서 한 가지 확실한 원칙은 영해를 존중한다는 것이다. 영해는 그 바다에 인접한 국가의 주권이 인정되는 해역이다. 에스파냐 보물선은 콜롬비아 영해에서 침몰하고 발견됐다. 따라서 콜롬비아가 보물의 소유권을 갖게 될 가능성이 크지만, 각 나라가 나름대로 근거 있는 주장을 내세우고 있으므로 소유권 분쟁의 결과가 어떻게 될지는 누구도 장담할 수 없다고 한다.

영원히 사라진
보석으로
꾸민 방

17~18세기의 유럽은 혼란 그 자체였다. 수많은 제국·왕국·공국이 갖가지 갈등과 대립으로 크고 작은 전쟁이 끊이지 않았다. 전쟁의 발단은 왕권 다툼이나 내부 분열, 지역 갈등 따위로 전쟁을 일으킬 만한 구실은 되지 않았지만 사소한 충돌을 빌미로 전쟁을 일으켜 세력을 강화하기 위해 영토 확장을 노리거나 자기 영토를 지키기 위해 맞서 싸웠다.

유럽의 여러 나라는 정치적 이해관계는 물론 왕실 사이의 혼맥 등으로 동맹을 맺는 합종연횡으로 얽혀 있어서 어느 나라에서 전쟁이 일어나면 동맹국이 모두 지원에 나서 연합군을 형성하기 때문에 유럽 거의 전체가 전쟁의 소용돌이에 휘말려 더없이 혼란스러울 수밖에 없었다. 이러한 실정에서 프로이센왕국 역시 하루도 편할 날이 없었다.

발트해 연안의 프로이센왕국은 신성로마제국, 폴란드, 오스트리아, 러시아 등 여러 나라와 국경을 맞대고 있는 왕국이었다. 프리드리히 빌헬름 1세가 왕위에 올랐을 때 프로이센은 신생 왕국으로 국력이 약한 상태였으며, 스웨덴과 러시아가 한창 전쟁을 치르고 있었다. 스웨덴은 이 전쟁에서 핀란드를 점령당하고 반격 능력을 상실했고, 이 틈에 프리드리히 빌헬름 1세는 스웨덴의 영토를 침공해 그 일부를 얻었다.

그 무렵 러시아의 통치자는 평판이 다양한 표트르 황제였다. 그는 러시아 최고의 군주이며 개혁가라는 긍정적인 평판을 받는가 하면, 무자비한 숙청으로 폭군이라는 부정적인 평판도 함께 받는 군주였다. 그는 유럽의 오랜 역사와 전통 그리고 찬란한 문명과 기술발전을 몹시 부러워하며 러시아를 유럽의 강대국처럼 발전시키고 싶어 했다. 그리하여 유럽을 자주 방문하며 신기술을 러시아로 들여와 과감한 개혁을 단행하고 있었다.

1716년 프리드리히 빌헬름 1세는 표트르 황제를 초청했다. 표트르 황제는 젊은 시절 조선기술을 시찰하려고 유럽을 방문했다가 프로이센을 다녀간 적이 있었다. 그때 프리드리히 빌헬름 1세는 표트르 황제가 자신의 외할머니와 어머니하고 장시간 정겹게 대화하는 모습을 보았다. 아직 왕위에 오르기 전이었지만, 프리드리히 빌헬름 1세는 표트르 황제에게 매력을 느꼈다. 더구나 프리드리히 빌헬름 1세는 키가 큰 사람을 좋아했는데 표트르 황제는 키가 2미터가 넘는 장신이었다.

다시 프로이센을 방문한 표트르 황제를 반갑게 맞이한 프리드리히 빌헬름 1세는 궁전 내부를 안내했는데, 그곳에 '호박의 방(Amber Room)'도 있었다. 수만 개의 호박으로 화려하게 장식한 방을 보고 표트르 황제는 황홀감에 취해 움직일 줄 몰랐다. 나무의 송진이 오랜 세월에 걸쳐 굳어지면서 화석화된 호박은 몹시 귀하기 때문에 예로부터 사랑받아온 값진 보석이었다.

이 모습을 본 프리드리히 빌헬름 1세가 호박의 방을 표트르 황제에게 선물하겠다고 말했다. 스웨덴에 대항하는 러시아-프로이센 연합 구축의 선물이었다. 표트르 황제도 감격해서 키가 180센티미터가 넘는 장신의 근위병 55명을 프리드리히 빌헬름 1세에게 보답으로 보냈다. 이렇게 독일에서 러시아로 옮겨진 '호박의 방'은 바로크 예술의 최고 걸작이자 '세계 7대 보물'의 하나로 손꼽힌다.

1721년 표트르는 러시아를 제국으로 격상시키고 스스로 대제가 됐다. 그러나 그는 후계자도 결정하지 못하고 52세에 갑자기 사망하면서 그의 부인이 한동안 황위를 유지했다. 그녀가 예카테리나 1세다. 그리고 표트르 대제의 딸인 예카테리나 2세가 즉위한 후 대규모 궁전을 짓고 어머니의 이름을 붙여 '예카테리나 궁전'으로 정했다. 이곳은 러시아 황제들이 여름철에 자주 이용해서 '여름궁전'으로 불리기도 한다. 중요한 것은 그 궁전에 '호박의 방'이 꾸며진 것이다.

제2차 세계대전 중에 예카테리나 궁전을 점령한 나치 독일은 호박의 방을 해체했다. 그리고 1941년 10월 14일 독일의 쾨니히스베르크에 도착한 호박의 방은 도시의 성에 보관됐다. 1941년 11월 13일 쾨니히스베르크 신문에는 쾨니히스베르크성에서 호박의 방 전시회가 열렸다는 기사가 실렸다.

패색이 짙어지자 히틀러는 1945년 1월 21일과 24일 쾨니히스베르크에서 약탈품을 옮기라는 명령을 내렸다. 그러나 호박의 방이 옮겨지기 전에 쾨니히스베르크의 행정 책임자는 그 도시를 떠났다. 그뿐만 아니라 쾨니히스베르크는 1944년 8월 영국 공군에 의해 심한 폭격을 당했고,

호박의 방(1931)

1945년 4월 9일 마지막 점령 전까지 소련군의 포격으로 인해 더 큰 피해를 입었다.

독일 영토였던 쾨니히스베르크는 종전 이후 소련에 양도됐다(현재 이 도시의 이름은 칼리닌그라드다). 전쟁이 끝나자 '호박의 방'을 찾으려는 보물 사냥꾼들이 앞다퉈 나섰지만 쾨니히스베르크가 통제가 심한 소련의 영토여서 어쩔 수가 없었다. 소련은 '호박의 방'에 대해서 계속해서 침묵했다. 하지만 소련의 침묵이 오히려 더 의심을 키웠다. 소련이 이미 '호박의 방'을 찾았지만 입을 다물고 있는 것이 아니냐는 비난의 목소리가 커지자, 자기들도 최선을 다해 호박의 방을 찾으려고 했지만 도저히 찾을 수 없었다고 말했다.

　1979년 소련은 사라진 '호박의 방'을 복원하겠다고 공표했다. 하지만 자금난으로 오랫동안 중단됐다가 독일 기업의 도움으로 다시 복원을 시작했다. 러시아 장인들과 50여 명의 독일 전문가가 참여해서 50여만 개의 크고 작은 호박으로 완전히 '호박의 방' 옛 모습을 재현했다. 그리고 2003년 상트페테르부르크 창건 300주년 기념일을 맞아 마침내 새롭게 복원된 '호박의 방'이 일반에게 공개됐다. 이제 그곳의 여름궁전에 가면 누구든지 그 화려한 모습을 여유 있게 감상할 수 있다.

　그런데 영원히 사라진 원래의 '호박의 방'에 대한 관심마저 사라진 것은 아니다. 호박이 기체여서 날아가버린 것도 아니고 액체여서 흘러가버린 것도 아니잖은가? 실체가 분명한 엄청난 분량의 호박이 틀림없이 어디엔가 숨겨져 있다고 생각하는 사람들이 여전히 있다.

사라진
사우디 왕가의
보석과 국제분쟁

블루다이아몬드 사건은 세계적 관심을 받을 만큼 충격적으로 전개됐다. 훔친 보석의 양이 어마어마할 뿐만 아니라 사우디아라비아 왕가가 소유하고 있는 세계적으로 유명한 '블루다이아몬드'가 사라진 것도 화제가 되기에 충분했다. 이 사건에서는 대담한 절도 행위보다 연이은 살인사건과 음모 그리고 30여 년 동안 계속된 사우디아라비아와 태국의 분쟁 등이 마치 스릴러 영화처럼 흥미진진하게 전개되어 더욱 관심을 모았다.

사건의 발단은 규모는 크지만 흔히 볼 수 있는 비교적 단순한 보석 절도 행위였다. 석유 생산에 힘입어 부유해진 사우디아라비아의 왕가는 왕을 비롯해 수많은 왕자와 왕족이 누구라고 할 것 없이 저마다 대량의 값진 보석을 소유하고 있었다. 파흐드 왕의 장남인 파이살 왕자도 그중 하나였다. 그는 1999년 54세의 나이로 사망했다.

파이살의 보석 도난사건은 1989년에 일어났다. 파이살의 궁전에서 일하던 태국 출신의 끄리앙끄라이 떼차몽은 궁전 안을 청소하면서 구석구

석까지 접근할 수 있었다. 특히 파이살이 보석을 보관하는 금고가 네 개 있고 그중 세 개는 때때로 잠그지 않는다는 사실을 알았다. 사실 가난한 청소부에게는 더없이 탐나는 보석들이었다. 더구나 그는 궁전 안에서 일하는 노동자들과 도박을 하다가 큰 빚까지 지고 있어서 적지 않은 돈이 필요했다.

그런데 뜻하지 않았던 절호의 기회가 왔다. 파이살 부부가 3개월간 휴가를 떠난 것이다. *끄리앙끄라이*는 결코 이 기회를 놓칠 수 없었다. 그뿐만 아니라 엄격한 이슬람 국가인 사우디아라비아는 갖가지 통제가 많은 나라였다. 그는 청소부였지만 왕자의 노예나 다름없었다. 그는 왕자의 값비싼 보석들을 훔쳐 본국으로 도망치기로 결심했다.

*끄리앙끄라이*는 범행할 기회를 노렸다. 그는 퇴근 시간 이후에도 궁전에 남을 수 있는 구실을 만들고 다른 직원들이 모두 퇴근하기를 기다렸다. 이윽고 날이 어두워지자 그는 파이살의 침실로 몰래 들어갔다. 그리고 금고를 열어 갖가지 보석을 꺼내 접착 테이프로 몸에 붙이고 청소 도구상자 안에 감춰서 궁전을 빠져나왔다. 그런 다음 아무도 모르는 곳에 훔친 보석들을 숨겼다.

그때 *끄리앙끄라이*가 훔친 보석은 무게가 약 30킬로그램, 시가로 따지면 약 2000만 달러가 넘을 정도로 엄청났다. 그가 훔친 보석 가운데는 달걀 크기의 50캐럿이나 되는 유명한 블루다이아몬드가 포함돼 있었다. 다이아몬드 1만 개 가운데 한 개가 있을까 말까 하는 세계적으로 희귀한 다이아몬드였다.

그는 태연하게 궁전에서 한 달 동안이나 계속 일했다. 파이살 부부는 3개월의 휴가를 떠나 시간적 여유가 있었고, 아무도 자신을 의심하지 않

게 하기 위해서였다. 그러면서 그는 자신이 훔친 보석들을 어떻게 태국
으로 옮길 것인가를 궁리했다. 그리고 마침내 방법을 찾았다.

그는 아무도 모르는 곳에 숨겨뒀던 보석들을 태국의 고향으로 보내
는 각종 생필품과 옷가지 등 잡다한 물품이 가득 든 큼직한 가방 깊숙
이 넣은 후 화물로 부쳤다. 그리고 곧바로 출국했다. 이런 사실을 파이
살의 궁전에서는 전혀 눈치채지 못했다.

태국에 도착한 끄리앙끄라이에게 당면한 문제는 사우디아라비아에
서 발송한 화물을 찾는 일이었다. 외국에서 발송된 화물은 태국 세관에
서 철저하게 검색당하는데 30킬로그램이나 되는 보석이 감춰진 그의 화
물이 무사하게 통과할 수는 없었다. 끄리앙끄라이는 세관원을 뇌물로
매수하기로 했다. 그는 세관원들에게 슬그머니 두툼한 돈 봉투와 함께
메모지를 전달했다. 메모지에는 화물 안에 음란물이 들어 있으니 수색
하지 않기를 원한다고 써 넣었다. 그의 계획은 적중했다. 뇌물을 제공한
덕분에 보석이 든 화물은 세관을 무사히 통과할 수 있었다.

한편, 휴가를 마치고 돌아온 파이살은 곧바로 보석이 대량으로 도난
당한 사실을 알게 됐고 범인이 태국인 청소부 끄리앙끄라이라는 것도
알았다. 그는 즉시 태국 경찰에 도난당한 자신의 보석들을 찾아달라고
요구했다. 범인까지 특정했으니 어려운 일이 아니었다. 태국 경찰은 곧
끄리앙끄라이를 고향 집에서 체포했다. 하지만 이미 상당한 양의 보석을
처분한 뒤였다. 그는 태국 법정에서 7년형을 선고받았지만 자신의 범죄
사실을 숨김없이 자백해서 3년형으로 감형됐다. 그의 자백에 따라 태국
경찰은 끄리앙끄라이가 몰래 보석을 판 장물아비들에게서 다수의 보석
을 회수해서 파이살 왕자에게 돌려줬다.

태국 경찰이 공개한 끄리앙끄라이가 훔친 보석들

얼핏 보면 그것으로 사건이 마무리될 것 같았다. 하지만 사건은 오히려 더욱 확대됐다. 훗날 끄리앙끄라이가 "태국의 강력한 실력자가 개입하지 않았더라면 단순한 사건이었다"고 회고했듯이 사건이 쉽게 마무리되지 않고 엉뚱한 방향으로 확대된 것이다.

태국 경찰이 돌려준 보석들을 살펴본 파이살은 크게 분노했다. 우선 가장 귀중한 보석인 블루다이아몬드가 없었고, 태국 경찰이 돌려준 보석들은 도난당한 보석의 20퍼센트 정도에 불과했으며 그나마 돌려준 보석의 80퍼센트가 가짜였기 때문이다. 파이살이 크게 분노한 것은 당연했다.

어떻게 그런 일이 벌어질 수 있을까? 태국 경찰이 절도범과 장물아비에게서 회수한 보석들을 파이살에게 돌려주기까지 상당한 시간이 지체됐는데 그 사이에 누군가의 지시에 따라 가짜 보석을 만든 것이 분명했다. 그것도 큰 범죄행위였다. 그뿐만 아니라 더욱 놀라운 것은 태국 어느 고위층의 부인이 착용한 목걸이에 큰 보석이 달려 있는데 아직 찾지 못했다는 블루다이아몬드와 똑같아 보인다는 것이었다.

사우디아라비아에서는 태국에 강력하게 항의하는 한편, 태국 주재 사우디아라비아 대사관에 철저한 조사를 지시했다. 사우디아라비아 대사관에서는 왕위 계승자인 파이살 왕자와 관련된 사건이어서 잔뜩 긴장하고 적극적으로 조사에 나섰다. 그 무렵이었다. 태국 주재 사우디아라비아 대사관의 외교관 두 명이 귀가하다가 정체를 알 수 없는 괴한이 쏜 총에 맞아 사망했고, 비슷한 시각 다른 곳에서 또 다른 외교관이 총에 맞아 사망하는 충격적인 사건이 발생했다. 세 명의 외교관이 거의 같은 시각에 피살됐다는 소식에 사우디아라비아 대사관은 물론 사우디아라비아가 발칵 뒤집혔다.

사우디아라비아 정부에서는 즉시 정확한 사태 파악을 위해 35년 경력의 외교관 무함마드 사이드 크호자와 유력한 사업가를 태국의 방콕으로 파견했다. 하지만 그 사업가마저 실종됐는데, 살해된 것으로 알려져 사우디아라비아를 더욱 분노하게 했다. 그의 시신은 지금까지 발견되지 않고 있다. 태국 정부도 사태의 심각성을 인식하고 국제분쟁이 일어날 것을 우려해서 태국 경찰에 조속한 수사를 촉구했다. 그리하여 궁지에 몰린 태국 경찰이 적극성을 보이는 듯했다.

그런데 또다시 뜻하지 않은 사건이 벌어졌다. 태국의 유명한 보석상의 부인과 아들이 갑자기 사라졌다가 방콕 외곽에서 시신으로 발견된 것이다. 그들의 시신은 승용차 안에서 발견됐는데 폭행당한 흔적이 있는데도 태국 경찰은 그들의 승용차가 대형 트럭과 충돌사고를 일으켜 사망했다고 발표했다.

그러자 사우디아라비아 외교관 무함마드 사이드 크호자는 교통사고가 아니라 태국 경찰이 사건을 덮고자 하는 것이라고 강하게 비판했다. 크호자는 언론과 인터뷰할 때에도 탁자 위에 총을 놓는 등 극도로 경계했다. 3개월 예정으로 태국에 파견됐지만 좀처럼 사태가 해결되지 않아 수년 동안이나 머물러야 했던 그는 태국 경찰의 막강한 세력을 지적하면서 자신은 거대한 악과 싸우고 있다고 말해 사태의 배후에 태국 경찰이 있다는 것을 암시했다.

사우디아라비아와 태국의 관계는 악화될 수밖에 없었다. 사우디아라비아는 태국 국민에 대한 취업 비자 발급을 중단하고 자국민의 방콕 방문을 축소시켰다. 나아가 2010년에는 태국과의 외교 관계를 대사에서 공사로 격하시키고 사우디아라비아에서 일하는 태국 노동자 20여만 명 가운데 1만 5000명만 남기고 모두 추방했다. 초대 대리공사는 무함마드 사이드 크호자였다. 사우디아라비아의 노동자 추방으로 태국은 경제적으로 큰 타격을 입었다.

2011년 사망하기 전 크호자는 태국 경찰이 절도범 *끄리앙끄라이*와 장물아비로부터 회수한 보석들을 *빼돌렸고* 자신들의 범죄를 덮기 위해 사우디아라비아 외교관 세 명과 사업가를 살해했다고 주장하면서 태국 정부를 압박했다.

경제적 타격과 사우디아라비아의 거센 압박에 태국 정부는 어떡해서든지 사우디아라비아와의 외교적 갈등을 해결해야만 했다. 태국 정부는 파이살의 사라진 보석들을 경찰이 횡령했으며 보석상에게 가짜를 만들도록 압력을 가했다는 사실을 밝혀냈다. 그와 함께 보석상 부인과 아들은 피살됐으며 그 배후에 태국 경찰이 있다고 했다. 그러나 사우디아라비아 외교관들과 사업가의 피살에 대해서는 입을 다물었다. 이러한 일련의 사건으로 태국 경찰청장은 20년형을 선고받았다.

절도범 끄리앙끄라이는 2019년 영국 BBC와의 인터뷰에서 3년을 복역하고 출소했지만 살해당할 위협에 제대로 잠을 잘 수 없었으며, 자신의 범죄를 발단으로 많은 사람이 피살당하고 국제분쟁까지 확대된 죄책감으로 한때 절에 들어가 승려가 됐었다고 말했다.

현재 사우디아라비아의 파이살 왕자는 죽었지만, 그가 소유했던 막대한 보석의 도난사건으로 악화된 사우디아라비아와 태국의 관계는 지금까지 회복하지 못하고 있다. 또 세계적으로 유명한 블루다이아몬드도 도난사건 때 사라진 뒤 행방이 묘연하다.

독일 박물관에서 사라진 귀중한 보물들

박물관은 역사적 가치를 지닌 소중한 유물들을 보관하고 보존하는 곳이다. 값으로 따질 수 없는 귀중한 유물이 한 점이라도 없어지면 안 되기 때문에 감시가 철저하다. 그런데 박물관에서 세상에 둘도 없는 최고의 가치를 지닌 보물이, 그것도 사상 최대가 될 만큼 대량으로 사라졌다면 충격적인 사고가 아닐 수 없다.

그런데 실제로 그런 일이 독일 드레스덴의 그뤼네스 게뷜베 박물관에서 일어났다. 더욱이 각종 최첨단 경보장치들이 넘쳐나는 아주 최근에 벌어진 일이다. 2019년 11월 25일, 이 박물관에 절도범들이 침입해서 보물 가운데서도 귀중한 보물들만 골라서 훔쳐 갔다. 굳이 가치로 따지자면 약 11억 달러, 우리 돈으로 1조 3000억 원이 넘는 박물관 역사상 최대의 도난사건이 발생했다. 각국의 언론은 '역사상 최대 규모의 박물관 도난사건'으로 일제히 보도하면서 값을 매기기 힘든 유물들을 도둑맞은 충격적인 사건이라며 놀라움을 나타냈다.

그뤼네스 게뷜베는 독일어로 '녹색의 금고'라는 뜻이다. 그런 이름이 붙어 있는 이 박물관에는 약 4000여 점의 각종 보석과 보물, 값진 도자기와 미술품이 장식된 10여 개 전시실이 있는데, 그중 '보석의 방'은 매우 특별한 전시실이었다. 무려 3000여 점의 보물과 보석으로 꾸며진 그곳은 1723년 작센왕국의 왕이며 바르샤바대공국의 군주인 프리드리히 아우구스트 1세가 작센왕국과 자신의 보물과 보석을 보관하기 위해 꾸며 놓은 방이었다.

'보석의 방'은 보는 사람마다 놀라 경탄할 정도로 찬란하고 어마어마한 방이었다. 779개의 다이아몬드로 장식된 왕검(王劍), 20캐럿 다이아몬드와 루비로 장식된 폴란드왕국의 문장, 662개의 크고 작은 다이아몬드로 만들어진 장신구, 초승달 모양의 다이아몬드를 비롯한 다이아몬드와

그뤼네스 게뷜베 박물관에 있는 보석의 방

루비·에메랄드·진주로 만든 많은 장식물, 금과 은·상아로 만든 조각상 등이 전시돼 있었다.

2019년 11월 25일 새벽 5시경, 일찍부터 수없이 '보석의 방'을 관람하며 완전범죄를 계획한 절도범들이 박물관에 침입했다. 그리고 순식간에 세 개의 보석 세트만 훔쳐 도주했다. 경비원이 곧바로 도난 사실을 알고 경찰에 신고했고 경찰이 달려온 시각은 5시 5분경이었지만, 절도범들은 이미 차를 타고 도주한 뒤였다.

드레스덴 경찰은 즉시 1000여 명의 경찰들로 수사팀을 구성하고 현장 조사에 착수했다. 경찰은 먼저 도난사건이 일어나기 직전 박물관 근처에서 갑자기 화재가 발생해서 정전됐고 박물관도 전력이 끊긴 사실을 알아냈다. 그것만 보더라도 절도범들이 얼마나 빈틈없이 준비했는지 알 수 있었다.

다행히 CCTV가 작동하고 있어서 절도범들의 모습이 포착됐다. 후드가 달린 짙은 색 복장의 절도범 2명이 1층 창문을 통해 침입해서 곧바로 '보석의 방'으로 들어가 준비해온 도끼로 진열장을 깨고 보석 세트 세 개만 꺼내 들고 도주하는 모습이 담겨 있었다.

박물관 측에서도 보석 세트 세 개를 도난당했다고 발표했다. 얼핏 들으면 대량으로 털린 것이 아니라 마치 금은방에 침입한 도둑이 금목걸이 몇 개만 훔쳐 달아난 것처럼 들렸다. 하지만 사실은 가장 귀중하고 값진 것들, 이를테면 '보석의 방' 알맹이만 계획적으로 절취한 것이었다.

보석 한 세트에는 작센왕국 왕과 왕족이 착용하던 다이아몬드·에메랄드·진주 등으로 장식된 목걸이, 귀걸이, 버튼, 브로치 등이 들어 있었다고 한다. 그러한 보석 37개가 들어 있는 보석 세트 두 개, 20여 개가 들어 있는 세트 한 개를 도난당했으니 모두 100여 개의 보석이 사라진 것이었다. 그것의 가치는 약 11억 달러에 달했다. 다만 '보석의 방'에서 가장 유명했던 40.7캐럿의 그린다이아몬드는 마침 미국 메트로폴리탄 박물관의 전시에 대여해서 도난을 피할 수 있었다고 한다.

드레스덴 경찰의 대규모 수사팀은 20여 명의 범죄학자까지 동원해서 수사에 총력을 쏟았지만, 범인은 물론 보석들도 오리무중이었다. 독일에서도 바로크 예술의 중심지로 손꼽히는 드레스덴의 시민이 누구보다 안타까워했다. 독일 작센주의 총리는 도난당한 보물들을 찾지 못하면 작센왕국의 역사도 이해할 수 없다고 한탄했다고 한다.

그러던 2020년 11월 17일, 사상 최대의 박물관 도난사건이 발생한 지 꼭 1년 만에 용의자들을 베를린에서 체포했으며 2명은 수배 중이라고 경찰이 발표했다. 독일에서는 2017년에도 베를린의 보데 박물관에서 무게가 100킬로그램이나 되는 초대형 금화를 도난당한 적이 있었는데 용의자 가운데 한 명은 그 사건의 범인으로 4년 6개월형을 선고받았지만 항소 중이라고 했다.

하기는 그 용의자들 가운데 진짜 범인이 있을지 모른다. 그렇지만 그들이 훔쳐 간 보물들을 온전하게 되찾기는 힘들 것으로 보인다. 그처럼 유명한 보석들은 암시장에서 몰래 팔기가 어려우므로 몰라보게 변형시키거나 분리해 다이아몬드만 파는 등 보물의 원형을 파괴하는 것이 보석 절도범의 일반적인 특징이라는 것이다.

역사를 지닌 옛 유물은 아무리 단순한 것이라도 다시 재생시킬 수 없다. 그래서 소중하고 귀중한 인류의 유산인 것이다. 따라서 잘 보존하고 계승하는 것이 후손의 임무이자 책임이다.

7

명화,
기념물

다빈치의 〈모나리자〉는 과연 진품일까

중세 르네상스 시기의 최고 예술가로 꼽히는 레오나르도 다빈치에 대해서는 새삼스럽게 설명할 필요가 없을 것이다. 그는 〈최후의 만찬〉과 〈모나리자〉 같은 불후의 명작을 남겼을 뿐만 아니라 과학자로서 건축·기계·해부학 등에서도 뛰어난 업적을 남겼다. 특히 〈모나리자〉는 값으로는 도저히 평가할 수 없는 최고의 걸작으로 파리의 루브르 박물관에 전시돼 있는데 해마다 수백만 명의 관람객이 그것을 보려고 루브르 박물관을 찾는다. 38만여 점의 유물과 6000여 점의 세계적 명화를 소장하고 있는 어마어마하게 넓은 박물관 안에서 〈모나리자〉를 찾으려면 관람객이 가장 많이 몰린 곳으로 가면 된다고 할 정도다.

그런데 〈모나리자〉는 한때 사라지기도 하는 등 숱한 사연을 간직하고 있어 한층 더 관심의 대상이 되고 있다. 충격적인 음모론이 있는가 하면, 현재 루브르 박물관에 전시된 〈모나리자〉가 진품인지 가짜인지 그 진실조차 의심을 받고 있다. 대체 어찌 된 영문일까. 〈모나리자〉에 얽힌

〈모나리자〉

기막힌 사연들을 추적해보자.

1910년 루브르 박물관에 빈첸초 페루자라는 이탈리아의 목공이 임시 직원으로 채용됐다. 그가 박물관에 채용된 지 1년쯤 지난 1911년 8월 20일 월요일, 이날은 휴관일이었지만 박물관을 대청소하는 날이어서 직원들이 분주하게 움직이고 있었다. 페루자는 〈모나리자〉의 액자를 분리하고 그림만 **빼내** 코트에 숨기고 박물관을 **빠져나갔다.**

　그런데 박물관 직원들은 페루자가 목공이니까 그림 액자를 뜯고 캔버스 안을 청소한다는 생각으로 대수롭지 않게 지나쳤다. 또 전시품들을 사진 촬영하는 기간이기도 해서 〈모나리자〉를 근접 촬영하기 위해 액자에서 그림을 분리하는 것으로 생각하며 아무도 별다른 관심을 갖지 않았다.

　그 소중한 〈모나리자〉가 사라졌다는 것은 그다음 날에야 알았다. 박물관이 발칵 뒤집혔고 파리 경찰이 곧바로 수사에 착수했지만, 페루자와 그림의 행방을 찾을 수 없었다. 그 때문에 2년 동안이나 루브르 박물관의 상징과도 같았던 〈모나리자〉가 전시되던 자리에는 그 대신 라파엘로의 작품이 걸렸다.

　그런데 2년 뒤 생활고에 시달리던 페루자가 이탈리아 암시장에서 〈모나리자〉를 팔려다가 경찰에 붙잡혔다. 그는 재판을 받으면서 자신은 애국자이며, 이탈리아를 침략했던 나폴레옹이 전리품으로 약탈한 이탈리아 화가 다빈치의 국보급 명작 〈모나리자〉를 되찾아 조국으로 보내려고 한 것뿐이라고 주장했다. 그는 겨우 7개월형을 선고받았으며 이탈리아 국민으로부터 절도범이 아니라 영웅 대접을 받았다. 1913년 〈모나리자〉는 다시 루브르 박물관에 반환됐는데 이를 앞두고 이탈리아에서 고별 전시가 열렸을 때는 연일 수많은 관람객으로 인산인해를 이루었다.

　하지만 페루자의 주장은 사실과 전혀 달랐다. 뒤늦게 페루자가 〈모나리자〉를 탈취하려는 음모에 가담했다는 사실이 밝혀지면서 그에게 비난이 쏟아졌다. 1932년 6월 25일 《새터데이 이브닝 포스트》에 실린 미국의 저널리스트 칼 데커의 기사가 많은 사람의 눈길을 끌었다. 기사를 요약하면 세기적 사기꾼 에두아르도 드 발피에르노 일당이 루브르 박물관에서 일하는 페루자를 매수해서 〈모나리자〉를 훔쳤다는 것이다. 칼 데커는 이미 1913년 발피에르노를 인터뷰했는데 그가 그러한 사실을 털어놓았다는 것이다. 다만 발피에르노가 자신이 죽은 뒤 그 사실을 공개하라고 당부했고, 그러기로 맹세했기 때문에 도난사건이 일어난 지 20년이 지난 후에야 폭로하게 됐다고 했다. 그렇게 해서 밝혀진 〈모나리자〉 도난사건의 내막은 이러하다.

두뇌가 뛰어난 천하의 사기꾼 발피에르노는 거금을 잡으려는 계획을 세우고, 명화 위조에 타의 추종을 불허하는 프랑스의 이브 쇼드롱에게 큰돈을 주고 〈모나리자〉 위작 6점을 그리게 했다. 〈모나리자〉가 가장 가치가 크고 인기 있는 명화였기 때문이다. 나중에는 무려 13점을 그렸다는 소문도 있었다. 물론 페루자가 〈모나리자〉를 훔치기 훨씬 전이었다.

그런 다음 발피에르노는 전 세계의 부호들에게 〈모나리자〉 위작을 진품인 것처럼 속여 거액을 받고 팔았다. 아무리 거액이라도 〈모나리자〉에 값을 매긴다면 어림도 없는 헐값이었다. 부호들은 진품인지 위작인지 가리지도 않고 구매한 그림을 꼭꼭 숨겨놓았다. 진품이라면 틀림없이 루브르 박물관에서 훔친 것인데 장물을 샀으니 누구에게도 말할 수 없고, 진위를 가리려면 미술품 감정기관에 보여야 하는데 그럴 수도 없기 때문이었다. 발피에르노는 그런 점을 이용해 여러 명의 부호에게 제각기 하나뿐인 것처럼 속이고 〈모나리자〉 위작을 팔았다.

발피에르노는 부호들이 〈모나리자〉가 여전히 루브르 박물관에서 전시되고 있는 것을 알고 행여라도 의심할까 봐 〈모나리자〉가 도난당했다는 가짜 신문기사를 위조해서 그들에게 보여주기까지 했다. 그러면서 루브르 박물관에서 도난 사실을 숨기기 위해 모조품 〈모나리자〉를 전시하고 있는 것이라고 속였다.

발피에르노의 사기 행각은 거기서 그치지 않았다. 자신의 담대한 사기 행각이 드러나지 않으려면 실제로 루브르 박물관에 전시 중인 진짜 〈모나리자〉를 훔쳐야 했다. 그는 은밀한 조사를 통해 루브르 박물관에 이탈리아인 직원이 있다는 사실을 알아냈다. 그가 페루자였다. 발피에르노는 페루자를 돈으로 유혹했다. 그리고 〈모나리자〉를 훔쳐서 부호들에게 몰래 팔면 거금을 손에 쥘 수 있다고 설득했다.

페루자는 발피에르노의 사기 수법에 걸려들었다. 그러나 페루자가 체포되자 발피에르노는 영영 자취를 감췄다. 이 충격적인 사기 행각은 수많은 소설과 영화 등의 소재가 되었는데, 카슨 모턴이 쓴 『모나리자 훔치기(Stealing Mona Lisa)』(2011)가 유명하다.

그런데 〈모나리자〉 이야기를 여기서 끝낼 수 없다. 루브르 박물관의 〈모나리자〉뿐만 아니고 또 다른 〈모나리자〉가 있어서 어느 것이 진품인지 논란이 그치지 않기 때문이다. 영국에서 발견된 〈아이즐워스 모나리자〉가 다빈치가 그린 진품으로 확인되면서 논란이 벌어지기 시작한 것이다.

〈아이즐워스 모나리자〉라고 부른 것은 영국 런던 서쪽의 아이즐워스에서 발견됐기 때문이다. 〈아이즐워스 모나리자〉는 18세기 중엽 이탈리아에서 유출돼 영국의 어느 귀족이 소유했다가 제2차 세계대전이 일어나기 직전 아이즐워스의 미술상이 발견하고 사들였다. 한동안 행방을 알 수 없던 〈아이즐워스 모나리자〉는 1962년 미술품 수집가인 헨리 퓰리

〈아이즐워스 모나리자〉

처가 거액을 주고 매입한 것으로 알려졌다. 다빈치의 진품이라는 확신이 있었기에 거액에 매입했을 것이다. 그리고 전문 감정가들에 의해 진품으로 확인됐다.

〈아이즐워스 모나리자〉와 루브르 박물관의 〈모나리자〉는 얼굴 모습이나 신비스런 미소 등이 너무나 똑같다. 차이가 있다면, 루브르의 〈모나리자〉는 색채가 어둡고 나이가 든 모습이지만 〈아이즐워스 모나리자〉는 색채가 밝고 훨씬 젊은 모습이다. 진품으로 확인됐으니까 다른 것은 제쳐두더라도 모나리자의 모습에 나타난 나이 차이가 논란의 주요 쟁점이 됐다. 이러한 사실을 구체적으로 파악하려면 레오나르도 다빈치가 활동하던 시기로 잠시 돌아가야 한다.

1494년, 이탈리아의 피렌체에서는 유명한 메디치 가문이 축출되고 피렌체공화국이 들어섰다. 공화국은 정부청사 팔라초 베키오의 대회의실을 벽화로 장식하기 위해 당대 최고의 거장 미켈란젤로와 레오나르도 다빈치를 초빙해서 벽화를 그리게 했다.

그즈음 피렌체의 대부호인 프란체스코 델 조콘도가 다빈치에게 부인을 모델로 그림을 그려달라고 부탁했다. 그 부인의 이름이 '리자 마리아 게르라르디니'여서 모나리자가 된 것이다. 모나는 기혼녀 이름 앞에 붙이는 경칭으로, '모나리자'를 우리말로 하면 '리자 여사'쯤 된다. 그때 리자의 나이는 24세였다.

그런데 여러 가지 이유로 정부청사의 벽화 작업이 중단돼 다빈치나 미켈란젤로 모두 그림을 완성하지 못하고 피렌체를 떠나게 됐다. 그때 다빈치는 자신이 그리던 〈모나리자〉를 가지고 피렌체를 떠난 것으로 알려졌다. 다빈치는 그림을 그리면서 그녀를 흠모하게 돼 죽을 때까지 〈모나리자〉를 가지고 있었다고 한다.

미술 평론가들에 따르면 이 대목에서부터 논란이 시작된다고 한다. 다빈치가 피렌체의 부호로부터 부인의 모습을 그려달라는 부탁을 받았다면 이미 선불을 받았을 텐데 그 뒤 십여 년 동안이나 완성하지 못했다는 것은 말이 안 된다는 것이다. 다빈치가 대가를 받고 곧바로 그렸다면 당시 리자가 24세였으니까 아이즐워스의 젊은 모나리자 모습이 맞는다는 것이다.

그렇다면 루브르의 나이 든 모습의 모나리자는 어떻게 된 것일까? 역시 미술 전문가들에 따르면 리자 부인을 흠모한 다빈치가 피렌체를 떠나고 한참 뒤에 나이가 들었을 그녀와 그녀를 처음 만났던 토스카나 지방의 풍경을 상상하며 그렸을 가능성이 크다는 것이다.

다빈치를 대신해서 피렌체공화국 정부청사의 벽화를 그렸던 미켈란젤로의 제자 바사리는 다빈치가 〈모나리자〉를 완성하지 못하고 피렌체를 떠났으며 그로부터 4년 후에야 다시 그림을 그리기 시작했다고 말했다. 아무튼 〈모나리자〉는 다빈치가 1519년 세상을 떠나자 그의 제자였던 살라이가 보관하고 있다가 루브르 박물관으로 가게 된 것으로 추정된다.

루브르의 것이든 아이즐워스의 것이든 모두 진품이니까 다빈치가 그린 〈모나리자〉는 두 개라고 봐야 할까? 하나뿐이라면 어느 것이 진품일까? 그것을 판단하기는 결코 쉬운 일이 아니다. 또 루브르 박물관의 〈모나리자〉는 1911년 도난당했다가 2년 뒤 되찾았다. 그런데 도난사건을 주도한 발피에르노가 루브르의 〈모나리자〉를 보지 않았다는 게 이상하지 않을까? 혹시 그때 발피에르노가 페루자도 모르게 진품과 위작을 바꿔치기하지 않았을까? 그럴 가능성은 충분하다. 그래서 페루자가 2년 동안이나 생활고에 시달려도 외면했고 암시장에 팔려고 했어도 모른 척했던 것은 아닐까? 그리고 발피에르노가 종적을 감춰버린 것은 아닐까?

그러한 추측이 맞는다면 현재 루브르에 전시 중인 〈모나리자〉가 과연 진품인지 의심하지 않을 수 없다. 세계 최고의 걸작 〈모나리자〉의 진실은 무엇일까. 어쩌면 진품은 이 세상에서 영원히 사라졌는지도 모른다.

툭하면 사라지는
반 고흐의
명화들

세계적인 명화가 도난당하는 일이 심심찮게 발생한다. 흥미로운 것은 반 고흐, 클림트, 피카소 등의 그림이 유별나게 자주 도난당한다는 사실이다. 그런데 도난당한 명화를 찾기도 잘 찾는다.

2002년 네덜란드 암스테르담의 한 박물관에 두 명의 절도범이 침입해서 반 고흐의 명화 2점을 훔쳐 갔다. 그림 한 점의 가치가 우리 돈으로 수백억 원이 넘을 뿐만 아니라 반 고흐는 네덜란드가 낳은 세계적인 화가여서 온통 난리가 났고 온 세계의 관심이 집중됐다.

암스테르담 경찰이 총동원돼서 2년 동안이나 수사를 펼친 끝에 다행히 절도범들을 잡았지만, 범인들은 훔친 반 고흐 작품들의 행방에 대해서는 끝까지 입을 다물어 그림을 찾는 데는 실패했다. 그로부터 10년 뒤 절도범 중 한 명이 이탈리아에서 마약 범죄를 저지르다가 붙잡혔는데, 경찰의 심문 과정에서 마침내 반 고흐 작품을 숨긴 곳을 자백해 명화를 되찾을 수 있었다. 그 절도범은 나중에 자신의 범죄 행각을 밝힌 회고록 형식의 책을 써서 돈을 벌었다고 한다.

그런데 또다시 반 고흐의 그림이 도난당하는 사건이 일어났다. 2020년 3월 30일 코로나19로 휴관 중이던 네덜란드의 미술관에서 〈봄을 맞은 뉘넌의 목사관 정원〉이 도난당했는데, 절도범을 잡지 못했을 뿐만 아니라 범인이 자신이 훔쳤다는 것을 자랑하듯 인증 사진까지 공개해서 더욱 화제가 됐다.

네덜란드 태생의 빈센트 반 고흐는 그의 작품들도 유명하지만 짧고 기이한 생애를 산 불우한 화가로 널리 알려져 있다. 부친이 목사여서 어린 시절은 비교적 부유하게 자랐지만, 남들보다 뒤늦게 자신의 재능을 깨닫고 화가의 길을 걸으면서 온갖 시련을 겪었다.

후기 인상파 화가였던 그는 자기만의 독특한 화풍으로 누가 봐도 그

도난당한 반 고흐의 〈봄을 맞은 뉘넌의 목사관 정원〉

의 작품임을 알 수 있을 정도로 개성적인 작품을 그렸지만 안타깝게도 당시에는 인정을 받지 못했다. 화가는 그림을 팔아야 생계를 유지할 수 있는데, 반 고흐 자신이 그림 파는 것을 싫어했지만 그의 그림을 사겠다고 나서는 사람도 없었다.

그 때문에 가난에 찌들었던 그는 프랑스 파리의 한 화랑에서 일하는 동생 테오를 찾아가 의지해야만 했다. 파리에서 그는 누구보다 열심히 그림을 그렸지만, 그곳에서도 그림이 안 팔리기는 마찬가지였다. 그는 평생에 단 한 점의 그림밖에 팔지 못했다. 그것도 반 고흐가 모르게 동생 테오가 형에게 용기를 주려고 몰래 사들였던 것이다.

반 고흐는 자신의 그림이 인정받지 못하는 좌절감과 심한 압박감 그리고 동생에게 의지해서 살아야 하는 죄책감에 예민한 성격까지 겹쳐 심각한 정신적 고통에 시달렸다. 마침내 그는 반미치광이가 돼서 자신의 왼쪽 귀를 잘라내는 발작을 일으켰고 정신병원에 입원해야 하는 수모를 겪어야 했다.

그는 정신병원에서도 열심히 그림을 그렸지만 상황은 좀처럼 나아지지 않았다. 정신병원에서 나와 동생의 도움으로 파리 근교의 여관에 머물던 그는 결국 절망감에서 벗어나지 못하고 스스로 자기 머리에 권총을 쏘고 쓰러졌다. 그리고 여관으로 옮겨져 이틀 동안 신음하다가 기어이 숨을 거두고 말았다. 1890년이었다. 그가 1853년에 태어났으니까 불과 37년의 짧은 생애를 마감한 것이다.

그의 생애 가운데 그림에 몰두했던 것은 겨우 10년이었다. 공교롭게도 그로부터 6개월 뒤 동생 테오도 만성신장염으로 숨져 파리 교외의 형 무덤 옆에 나란히 묻혔다. 반 고흐가 70여 일 동안 머물렀고 짧은 삶을 마감했던 여관은 현재 '고흐 기념관'으로 꾸며져 있다.

다시 본론으로 돌아가자. 2020년 봄 네덜란드 북부 흐로닝언에 있는 '싱어 라렌 미술관'에서는 반 고흐의 그림과 19세기의 수채화 70여 점으로 네덜란드 '영혼의 거울'이라는 기획전이 열렸다. 하지만 코로나19의 확산으로 전시 도중에 무기한 휴관하게 됐다.

그런데 3월 30일 일요일 오전 3시경 절도범이 싱어 라렌 미술관의 유리문을 깨고 침입해 반 고흐의 그림을 훔쳐 갔다. 범행 장면이 CCTV에 고스란히 담겼는데 검은색 옷에 얼굴을 복면으로 가린 절도범이 유리문을 커다란 망치로 깨고 들어가는 모습을 생생하게 볼 수 있었다. 미술관의 도난경보기가 작동했지만, 경찰이 출동했을 때는 이미 절도범이 도주한 뒤였다.

도난당한 작품은 반 고흐의 〈봄을 맞은 뉘넌의 목사관 정원〉이었다. 그것은 반 고흐가 1884년에 그린 작품으로, 부친이 네덜란드 남부 지역에 있는 뉘넌의 교회에 목사로 부임해서 가족들과 함께 살던 시절의 목사관 풍경을 그린 것이다. 매우 어두운 색채로 그려져 있어 반 고흐의 우울한 심정과 어린 시절의 향수가 담긴 그림이기도 하다.

네덜란드 당국이 도난 당시의 상황이 담긴 CCTV를 분석하고 집중적인 수사를 펼쳤지만, 범인을 특정하기는커녕 종적조차 찾지 못했다. 그렇게 3개월 가까이 지났을 때 도난 미술품을 추적하는 전문가로 유명한 네덜란드의 탐정 아르투르 브란트에게 누군가 두 장의 사진을 보냈다. 반 고흐의 그림을 훔친 절도범이 대담하게 인증 사진을 보낸 것이다.

사진 한 장은 5월 30일자 《뉴욕타임스》 1면과 함께 훔친 반 고흐의 그림, 그리고 2002년 반 고흐의 그림을 훔쳤다가 붙잡힌 범인이 쓴 회고록 표지를 함께 찍은 것이었다. 다른 한 장은 그림의 뒷면에 있는 스티커를 찍은 것이었다. 즉 '나는 범인이며 그림은 무사하다'라는 뜻으로 보낸 사진으로 보였다.

브란트는 절도범들은 훔친 장물을 처분하기가 어렵다고 판단되면 보통 장물을 훼손시키는데 다행히 도난당한 반 고흐의 그림은 훼손되지 않은 것 같다고 말했다. 또 자신에게 전달된 절도범의 인증 사진들이 마피아 사이에서 떠돈다고 하면서 혹시 범인이 그 장물을 마피아에 팔려는 것이 아닌가 우려했다.

보내온 인증 사진을 자세히 보면 그림의 아랫부분에 약간 훼손된 듯한 흔적이 보인다. 유럽에서 도난당했던 많은 명화가 절도범이 잡히거나 또는 어떤 경로를 통해 다시 제자리로 돌아온 것처럼, 반 고흐의 명화도 더 이상의 훼손 없이 돌아오기를 간절히 희망한다. 하지만 지금까지 절도범은 붙잡히지 않았으며 그림의 행방도 전혀 모르고 있다.

뭉크의 걸작
〈절규〉의 절규

세계의 명화 가운데서 누구나 단번에 알아보는 작품이 레오나르도 다빈치의 〈모나리자〉와 에드바르 뭉크의 〈절규〉라고 할 수 있을 정도로 〈절규〉를 모르는 사람은 거의 없다. 마치 해골 같은 얼굴의 남자가 얼굴 양옆을 두 손으로 감싸 쥐고 비명을 지르는 듯한 모습을 강렬한 색채로 표현한 〈절규〉는 인간의 삶과 죽음, 공포와 불안을 생동감 있게 표현하고 있어서 현대인의 만성화된 불안심리와 고통을 형상화한 초상이라고 말하는 사람이 많다.

에드바르 뭉크는 노르웨이의 국민화가로 불린다. 노르웨이의 고액권인 1000크로네 지폐(약 13만 원)에는 뭉크의 초상화가 실려 있을 정도다. '20세기 최고의 표현주의 대가', '천재 화가'로 불리는 그는 어렸을 때 부모와 동생을 모두 잃은 불우한 환경에서 성장했다. 그 때문에 그는 일찍부터 본능적으로 삶과 죽음, 불안과 공포, 우울과 공황 등을 몸으로 느꼈을 것이다. 또한 이러한 정신세계와 심리 상태는 훗날 그가 그린 〈절규〉

를 비롯한 거의 모든 작품의 주제가 됐다.

노르웨이에서 〈절규〉는 국보급 문화재로 극진한 대우를 받는다. 노르웨이의 예술 하면 누구나 〈절규〉를 떠올리고 〈절규〉 하면 누구나 노르웨이를 떠올린다. 〈절규〉를 보려고 노르웨이를 찾는 해외 여행객이 항상 넘쳐난다.

뭉크는 1944년 노르웨이의 수도 오슬로에서 세상을 떠났는데, 죽기 전 자신의 부동산과 회화·판화·드로잉 등 모든 작품을 오슬로시에 기증했다. 1963년에는 뭉크 탄생 100주년을 기념해 '뭉크 미술관'이 설립됐는데, 유화 〈절규〉는 오슬로 국립미술관에 소장되어 있고 나머지 대다수 뭉크의 작품은 뭉크 미술관에 소장되어 있다.

그런데 1994년 2월 12일 국립미술관에 절도범이 침입해서 〈절규〉와 〈마돈나〉 두 작품을 훔쳐 가면서 노르웨이가 발칵 뒤집혔고 전 세계가 크게 놀랐다. 뭉크의 최고 걸작인 〈절규〉와 〈마돈나〉가 도난당한 그날은 노르웨이 릴레함메르에서 열리는 동계올림픽의 개막식 날이었다. 오슬로의 경찰 대부분이 개막식이 열리는 경기장의 치안과 경비에 동원됐는데 절도범들은 그 틈을 이용해서 절도 행각을 벌인 것이다. 순식간에 그림을 훔쳐 달아난 절도범들은 〈절규〉가 걸려 있던 자리에 "허술한 경비에 감사"라는 낙서를 하고 사라졌다.

들끓는 비난 여론에 크게 당황한 경찰은 궁리 끝에 기획 수사를 펼쳤다. 그것은 함정수사였다. 경찰은 먼저 미술품 암거래 시장에 도난당한 〈절규〉를 비밀리에 구입하고 싶다는 소문을 흘렸다. 그런데 절도범이 이 함정수사에 딱 걸려든 것이다. 그렇게 해서 도난당했던 〈절규〉와 〈마돈나〉를 3개월 만에 되찾을 수 있었다.

〈절규〉의 수난은 이것으로 끝나지 않았다. 그로부터 10년이 지난 2004년 뭉크 미술관에서 또다시 도난당하는 수난을 겪었다. 그야말로 절규할 노릇이었다.

2004년 8월 22일 뭉크 미술관은 여느 날과 다름없이 문을 열었고 많은 관람객이 찾아왔다. 언제나 그렇듯이 〈절규〉(템페라 버전) 앞에 수십 명이 모여 조금이라도 더 가까이서 보려고 그림 앞으로 다가서고 있었다. 시간은 오전 11시경이었다. 바로 그때였다. 복면을 쓰고 총을 든 괴한 두 명이 들이닥쳐 관람객과 박물관 직원들을 총으로 위협하며 한쪽 벽으로 몰아붙였다. 그리고 벽에 걸린 〈절규〉를 떼어내 달아났다.

오슬로 경찰에 비상이 걸렸다. 미술품 도난사건 처리에 경험이 많은 그들은 몇 개월 뒤 범인들을 검거했다. 하지만 그들은 다른 가담자들에 대해서 입을 다물었고, 더구나 〈절규〉의 행방에 대해서는 절대로 입을 열지 않았다. 그러다 무려 2년이 흐른 2006년 노르웨이 경찰은 〈절규〉를 회수했다고 발표했다. 그러나 경찰은 〈절규〉를 회수한 과정을 밝히지 않았다. 다만 〈절규〉를 회수하면서 절대로 대가를 지불하지 않았다는 사실만 밝혔다. 〈절규〉는 많이 훼손돼 있었지만, 그동안 어떤 일이 있었는지는 미스터리로 남았다.

그로부터 4년 후 훼손된 부분을 복원해 〈절규〉는 다시 사람들 앞에 전시됐다. 그러나 〈절규〉에는 여전히 수난의 상처가 남아 있다.

전문가들은 앞으로 명화 도난사건이 더 자주 일어날 것으로 전망한다. 마피아 같은 범죄조직이나 심지어 무장 테러단체까지 세계적인 명화들을 절취해서 당국과 흥정할 가능성이 커지고 있기 때문이라는 것이다. 다시 말하면 예술품이 테러의 대상이 돼서 인질처럼 협상과 흥정에 활용된다는 것이다. 예술품을 인질처럼 잡아놓고 구속된 조직원의 석방 등과 같은 요구조건을 내걸면 무척 난처할 수밖에 없다. 범죄조직으로서는 주요 인물을 인질로 잡고 협상하는 것보다 말할 수 없이 가치가 큰 유명 예술품을 인질처럼 활용하는 것이 훨씬 쉬울 것이다. 그래서 전문가들은 그러한 경우를 '예술품 인질', '예술품 테러'라고 표현하고 있다.

뭉크의 〈절규〉와 관련해서 한 가지 덧붙이자면, 네 점의 〈절규〉 가운데 드로잉 〈절규〉는 개인이 소장하고 있다. 그런데 그 드로잉 〈절규〉가 최근 미국 뉴욕의 소더비 경매에 나왔는데 거의 2억 달러에 낙찰됐다고 한다. 드로잉의 가치가 그 정도라면 다른 버전 〈절규〉의 가치는 어떠할지 상상조차 하기 어렵다. 도난당했다가 회수한 뭉크의 〈마돈나〉도 그 가치가 약 4000만 달러에 이를 것이라고 하니까 범죄조직이나 테러단체가 노릴 만하다. 예술품의 보안에 최선을 다하는 것밖에 대처할 방법이 없다.

가드너
미술관에서
사라진 명화들

미국 매사추세츠주 보스턴에 가드너 미술관이 있다. 정식 명칭은 이저벨라 스튜어트 가드너 미술관(Isabella Stewart Gardner Museum)이다. 1903년 설립된 가드너 미술관은 미국 '3대 개인미술관' 중 하나다.

1840년 보스턴에서 태어난 이저벨라 스튜어트는 부유한 부모 덕분에 16세에 프랑스 파리로 유학 가서 2년 동안 공부했다. 그것이 그녀가 평생 동안 미술에 관심을 갖게 되고 미술 수집가로 이름을 떨치는 계기가 됐다. 그녀가 결혼한 존 잭 가드너 역시 부유한 가문 출신으로 보스턴의 예술가들을 지원하는 큰손이었다고 한다. 부부가 미술에 관심이 많고 아낌없이 예술가들을 지원하니까 많은 예술가와 가깝게 지내면서 보스턴의 유명인사가 됐다. 그뿐만 아니라 자연스럽게 미술품에 대한 안목도 높아졌다.

1891년 아버지로부터 많은 유산을 물려받은 이저벨라 가드너는 기회가 있을 때마다 해외여행을 다니면서 유명한 미술품을 사들이기 시작했다. 특히 그녀는 중세 르네상스 시기의 명화에 관심이 많아서 전문가의 조언을 받아가며 그 시기의 명화를 집중적으로 매입했다. 그리하여 그녀는 명화 수집가로 세계 미술 분야에 널리 알려지게 됐다.

이저벨라 가드너는 르네상스 시기의 명화부터 인상주의 명화까지 수년 동안에 무려 70여 점이나 수집했다. 그녀의 자택은 온갖 미술품과 명화로 가득 채워졌다. 그 무렵 그녀에게 큰 아픔이 있었다. 가드너 부부에게는 외아들이 있었는데 큰 병을 앓다가 세상을 떠난 것이다. 더구나 그녀는 더 이상 아이를 낳을 수 없다는 진단을 받았다.

이저벨라 가드너가 갑자기 닥쳐온 불행으로 크게 고통을 받으며 극심한 우울증에 시달리자 남편은 그녀에게 세계여행을 권유했다. 유럽을 여행하면서 그녀는 이탈리아의 오랜 역사와 전통을 지닌 미술과 건축에 완전히 매료됐다. 특히 그녀의 마음을 사로잡은 것은 중세의 미술과 건축이었다.

그녀는 유럽, 아프리카, 아시아 등 긴 세계여행을 마치고 보스턴으로 돌아오자마자 미술관 건립을 추진했다. 그 당시 미국에서 가장 뛰어난 건축가를 만나 자신의 구상을 설명하면서 중세 이탈리아를 연상할 수 있는 분위기와 그 시대의 건축양식으로 미술관을 설계해달라고 부탁했다.

이저벨라 가드너는 유럽을 여행하면서 수집한 고대 건축물들의 각종 장식물, 석재, 목재 등을 내놓고 이탈리아의 중세 건축 전문가까지 초빙해서 고전미가 물씬 풍기는 개인미술관을 건립해서 1903년 1월 1일에 개관했다. 미술관에 들어서면 어두운 조명으로 마치 중세의 수도원에 들어온 듯 착각할 정도라고 한다.

그녀는 자신의 미술관에 매우 만족해서 그 모습을 그대로 유지해달라는 유언까지 남겼다. 그에 따라 이저벨라 가드너는 1924년 84세의 노환으로 세상을 떠났지만, 지금까지 전시된 미술품들은 개관할 당시의 모습 그대로 유지되고 있다고 한다.

4층으로 된 가드너 미술관에는 명화뿐만 아니라 조각·도자기·판화·드로잉 등 각종 미술품 2500여 점이 전시돼 있고 4층에는 이저벨라 가드너의 유품을 전시하고 있는데, 그녀가 미술품을 얼마나 열정적으로 수집했는지 잘 알 수 있다. 수많은 명화도 당대의 세계적인 화가들의 명작들이었다.

그런데 1990년 3월 18일 가드너 미술관에 절도범이 침입했다. 경찰 제복으로 위장한 절도범은 마치 경찰관인 것처럼 당당하게 미술관에 들어와 경비원 두 명을 묶어놓고 여유 있게 13점의 명화만 골라서 훔쳤다. 보스턴 경찰이 현장조사를 해보니, 절도범은 벽에서 액자를 떼어내 액자 안쪽에 날카로운 칼을 찔러넣어 그림만 뜯어내는 수법으로 명화들을 훔친 것으로 밝혀졌다.

페르메이르의 〈콘서트〉, 렘브란트의 〈갈릴리 호수의 폭풍〉·〈자화상〉·〈검은 옷을 입은 신사·숙녀〉, 마네의 〈카페 토르토니에서〉, 드가의 그림 5점 등 세계적 명화들이 도난당했는데, 가치로 따지면 약 5억 달러로 미국 역사상 최대 규모의 세기적 명화 도난사건이었다.

보스턴 경찰이 총력을 기울여 오랫동안 집요하게 수사를 계속했지만, 오랜 세월이 지나도 절도범을 끝내 잡지 못했으며 도난당한 그림들의 행방조차 찾을 수 없었다. 가드너 미술관에 가면 지금도 도난당한 그

렘브란트의 〈갈릴리 호수의 폭풍〉이 걸려 있던 곳의 빈 액자

림들의 자리에 빈 액자만 있는데, 작품에 대한 경의와 반환을 표현하기 위해서라고 한다.

　미국뿐만 아니라 유럽 등지에서 세계적 명화를 비롯해 유명 미술품 도난사건이 자주 일어났다. 그리고 많이 되찾기도 한다. 특히 유럽의 각국에는 미술품 도난사건만 다루는 전문 수사팀이 있고, 명화 절도범을 집요하게 뒤쫓는 탐정도 많다. 또 절도범들이 훔친 그림이 워낙 유명한 작품이어서 처분하지 못하고 자수하거나 제자리에 되돌려주는 경우도 적지 않다. 명화 도난은 인터폴의 수배 리스트에도 올라 있어서 더욱 처분하기가 힘들다.

그런데도 명화 도난사건이 끊이지 않는 이유는 붙잡힌 명화 절도범들의 자백에서 잘 나타난다. 그들은 박물관이나 미술관이 도난 방지를 위한 각종 장치나 보안에 신경 써도 은행보다는 허술해서 침입하기가 상대적으로 어렵지 않다고 말한다. 더구나 명화는 엄청난 가격에 비해서 훔치기만 하면 운반이 쉽고 감추기도 어렵지 않다는 것이다. 그리고 명화나 미술품 암거래 규모는 연간 약 50억 달러 규모에 이를 정도여서 명화 도난사건이 끊이지 않고 일어난다고 말한다. 그나마 다행이라고 할까. 지하세계 불법조직은 명화를 훼손시키지는 않는다. 훼손시키면 그만큼 가치가 떨어지기 때문이다.

그나저나 가드너 미술관에서 도난당한 그림들은 도대체 어떻게 돼서 30여 년이 지난 지금까지 종적조차 알 수 없을까? 그동안의 수사 과정으로 봐서 역시 갱단 등 지하 불법조직에 넘어간 것으로 짐작할 수 있는데 왜 나타나지 않을까? 가드너 미술관에 걸려 있는 텅 빈 액자들이 언제 다시 채워질 수 있을지 안타깝기만 하다.

잇따라
사라진
스트라디바리우스

'스트라디바리우스'는 1680년대 또는 1690년부터 이탈리아의 악기 장인 안토니오 스트라디바리가 만든 바이올린, 비올라, 첼로 등의 현악기다. 스트라디바리우스는 오늘날의 기술로도 도저히 흉내 낼 수 없을 만큼 최고의 명품 악기라는 명성을 갖고 있다. 안토니오 스트라디바리는 생전에 1100여 개의 현악기를 만들었는데, 960개가 바이올린이었다. 그 가운데 지금까지 450~512개의 바이올린을 포함해 600여 개가 남아 있다. 230여 개는 소유자가 분명하지만, 나머지는 소재지·소유자가 불분명하다.

현재 바이올리니스트들이 연주하는 온전한 스트라디바리우스는 50여 개에 불과하다고 한다. 이 악기들은 가격이 수십억 원에서 수백억 원에 이를 정도로 워낙 고가여서 대부분 전통 있는 악기상으로부터 대여해서 연주에 사용한다고 한다. 세계적 첼리스트 정명화가 1731년산 스트라디바리우스 첼로를 갖고 있고, 주로 해외에서 활약하고 있는 5~6명의 바이올리니스트가 대부분 장기 대여해서 연주하고 있다고 한다.

문제는 매우 귀하고 엄청나게 비싼 악기이며 명성이 높기 때문에 도난사건이 자주 일어난다는 것이다. 특히 미국 뉴욕은 예술가가 많이 거주하기 때문인지 이곳에서 스트라디바리우스 바이올린 도난사건이 자주 일어나고 있다. 그 가운데는 도난당한 지 수십 년이 지났지만 찾아내지 못해 어쩌면 영원히 사라질지 모르는 것도 있고, 다행히 훼손 없이 되찾은 것들도 있다.

1980년 5월, 폴란드 태생의 미국 바이올리니스트 로만 토텐베르크는 자신이 학장으로 재임하던 바드 칼리지 롱기 음악대학 사무실에서 38년 동안이나 분신처럼 아껴오던 1734년산 스트라디바리우스 바이올린을 도난당했다. 토텐베르그는 연주 활동을 중단하고 잃어버린 바이올린을 찾는 데 일생을 바쳤다. 그 당시 시가로 500만 달러 상당의 바이올린이었다. 토텐베르크는 필립 존슨이라는 젊은 바이올리니스트를 의심했다. 그는 일찍부터 토텐베르크의 스트라디바리우스 바이올린을 무척 부러워했기 때문이다.

하지만 입증할 만한 아무런 증거가 없었다. 경찰도 그를 용의자로 보고 수사를 펼쳤지만 역시 아무런 단서도 찾지 못했다. 토텐베르크는 끈질기게 바이올린을 찾으려고 노력했지만, 2012년 세상을 떠났다. 그런데 그로부터 3년 뒤 뜻밖의 상황이 벌어졌다. 2015년 6월 26일, 그러니까 토텐베르크가 스트라디바리우스 바이올린을 도난당한 지 35년이 되는 해였다.

존슨의 전 아내는 그의 소지품에서 스트라디바리우스를 발견하고 바이올린의 기원과 가치를 알지 못한 채 매각을 시도했다. 그녀는 바이

2015년에 반환된 토텐베르크의 스트라디바리우스 바이올린

올린 사진을 전자 바이올린 제작자에게 이메일로 보냈고 스트라디바리우스만의 특별한 식별번호를 확인한 그는 FBI에 연락했던 것이다. 바이올린은 2015년 8월에 토텐베르크의 딸 등에게 반환됐다.

그 후 토텐베르크의 딸 등은 2년 이상의 시간을 들여 바이올린을 손본 후 수집가의 금고에 보관되는 악기가 아니라 콘서트홀에서 연주되는 악기가 될 수 있기를 기대하며 구매자를 찾았다. 그리하여 익명의 후원자가 나서서 바이올린을 구매한 다음 유망한 젊은 바이올리니스트에게 대여할 수 있는 조직을 설립했다. 그렇게 해서 2018년 줄리아드 음악대학 학생인 네이선 멜처가 스트라디바리우스를 장기 대여받아 연주할 수 있는 첫 수혜자가 됐다.

그 밖에도 여러 차례 스트라디바리우스 바이올린 도난사건이 있었다. 1994년 맨해튼 거리에 주차돼 있던 롤스로이스 승용차 안에 있던 바이올린이 주인이 잠깐 자리를 비운 사이에 도난당했다. 잃어버린 사람이 단순한 소장자인지 바이올리니스트인지 알려진 것이 없으며, 잃어버린 스트라디바리우스는 지금까지 행방이 묘연하다. 1995년 10월 18일에는 뉴욕에 사는 바이올리니스트 에리카 모리니는 병원에 입원해 있던 중 아파트에 있던 스트라디바리우스 바이올린을 도난당했다고 신고했다. 그것 역시 범인을 특정하지 못했으며 바이올린도 나타나지 않고 있다.

스트라디바리우스 바이올린 도난사건은 또 있다. 2002년 4월 9일 뉴욕 링컨센터 근처 브로드웨이에 있는 크리스토프 랜던의 작업실이자 악기점에서 발생한 사건이다. 바이올린 제작자이기도 한 주인 크리스토프 랜던은 악기점을 찾아온 무척 부유해 보이는 손님이 값은 아무리 비싸도 좋으니 명품 바이올린을 사고 싶다고 하자 스트라디바리우스 바이올린을 보여줬다. 그 바이올린은 신분을 밝힐 수 없는 소장자로부터 팔아달라는 부탁을 받고 랜던이 보관하고 있던 것이었다. 손님은 바이올린을 꼼꼼히 살펴보고 가격을 물은 뒤 다시 오겠다는 말을 남기고 사라졌다. 랜던은 다시 바이올린을 보관함에 넣고 자물쇠로 잠갔다. 그런데 이 바이올린이 감쪽같이 사라진 것이다. 랜던은 즉시 경찰에 신고하고 스스로 1만 달러 현상금까지 내걸었지만 20년 가까이 지난 지금까지 범인은 물론 바이올린의 행방조차 찾지 못하고 있다.

우리나라의 바이올린 연주자가 스트라디바리우스 바이올린을 도난당한 경우도 있었다. 2010년 영국에서 활동하고 있는 바이올리니스트 김민진이 런던 근처에서 햄버거를 사 먹으려고 패스트푸드점에 들러 잠시 바이올린을 내려놓았다가 눈 깜짝할 사이에 도난당한 것이다. 그 당시의 가치로 21억 원이 넘는 스트라디바리우스 바이올린이었다.

신고를 받은 런던 경찰은 예술품 도난사건에 경험이 많았다. 그들은 함정수사를 펼쳤고 범인이 걸려들었다. 유럽에서 유랑생활을 하는 집시였던 범인은 우리 돈으로 약 18만 원에 바이올린을 팔겠다고 했다. 영상을 통해 단번에 도난당한 스트라디바리우스 바이올린이란 것을 파악한 경찰이 불가리아에서 그를 검거하고 스트라디바리우스를 회수했다.

2014년에도 스트라디바리우스 바이올린 도난사건이 있었다. 2인조 강도가 밀워키 교향악단 수석연주자 프랭크 아몬드가 교회에서 연주를 마치고 나올 때 그를 뒤쫓아와 전기충격기로 기절시키고 1715년산 스트라디바리우스 바이올린을 빼앗아 달아났다. 다행히 범인들이 몇 달 뒤에 붙잡혀 악기를 되찾을 수 있었다. 그들은 각각 7년형과 5년 보호감호 조치를 받았다.

스트라디바리우스는 왜 이렇게 자주 도난당할까? 물론 무척 희귀할 뿐만 아니라 가격이 비싸고 모두 만든 지 300년 가까이 된 역사와 유서가 깊은 최고의 걸작 명품 악기여서 갈수록 가격이 급상승하고 있기 때문이다. 아울러 현악기 연주자들이 가장 갖고 싶어 하는 명성이 대단한 악기여서 어떤 경로로든 이 악기를 구하려는 수요자가 대기하고 있을 정도로 처분하기 쉽다는 장점도 있다.

2014년 뉴욕의 소더비 경매에서 1719년산 스트라디바리우스 비올라가 무려 4500만 달러에 낙찰됐다고 한다. 가격의 상승속도가 무척 빨라서 앞으로 스트라디바리우스의 가격이 얼마까지 올라갈지 짐작도 할 수 없을 정도라고 한다.

그러면 현악기 연주자들은 왜 그처럼 스트라디바리우스를 선망할까? 명성 때문일까? 그런 이유도 있을 것이다. 값이 아무리 비싸도 명품을 선호하듯, 연주자도 명성이 자자한 명품 악기를 선호한다. 스트라디바리우스를 가지고 있으면 무엇보다 자부심을 갖게 되고 다른 연주자들의 부러움을 받게 된다.

하지만 그런 이유보다 전문 연주자에게 스트라디바리우스보다 더 좋은 성능을 지닌 악기는 이 세상에 없기 때문이다. 전문가들은 소리만 들어도 당장 스트라디바리우스를 알아차린다고 한다. 그처럼 음색이 맑고 소리가 일정한 현악기는 더 이상 나올 수 없다는 것이다. 전문가들은 스트라디바리우스만의 빼어난 특성들이 어떻게 만들어진 것인지 끊임없이 연구했다. 그 결과 스트라디바리우스가 앞으로 다시는 재생시킬 수 없는 놀라운 특성들을 지니고 있다는 사실을 밝혀냈다.

그들은 먼저 스트라디바리가 악기를 만들 당시의 기후를 지적했다. 1645년부터 약 100년 동안은 소빙하기로 나무들이 촘촘하고 일정한 나이테를 갖고 있었다는 것이다. 이런 목재로 악기를 만들면 소리의 파장이 일정하다는 것이다. 아울러 스트라디바리우스는 몸체 앞면은 가문비나무, 내부는 버드나무, 뒷면·옆면은 단풍나무로 만들었는데 이러한 나무들의 성분과 조합도 좋은 음색을 내는 데 영향을 주었을 것으로 판단했다.

또 이탈리아 밀라노공국 크레모나에 살았던 스트라디바리는 베네치아에서 그곳까지 나무들을 뗏목 형태로 옮겨왔다는 것이다. 이렇게 뗏목으로 운반된 통나무들을 해안에 몇 개월 동안 야적했는데 그동안에 미

네랄과 염분 등이 나무에 스며들어 나무들이 바짝 말랐을 때 탁월한 소리를 내는 데 큰 기능을 했다는 것이다.

그와 함께 스트라디바리가 살고 있었던 크레모나의 독특한 나무 처리 기술도 한몫했을 것으로 생각했다. 그들은 나무를 매끄럽게 다듬은 뒤 벌레나 곰팡이로부터 보호하기 위해 특수한 약품을 발랐는데 이 약품이 음색의 선명도를 크게 높였을 것으로 판단했다.

결론적으로 말하면, 특별했던 기후와 그 기후에 적응했던 나무의 형태, 나무의 처리 기술 등이 복합적으로 작용해서 다시는 만들어낼 수 없는 기적의 악기를 만들었다는 것이다. 따라서 스트라디바리우스와 비슷하거나 그것을 능가하는 현악기는 오늘날의 기술로도 만들어낼 수 없다는 것이다. 그럴수록 뉴욕에서 사라진 스트라디바리우스들이 더욱 안타깝다.

월드컵 트로피가 사라지다

FIFA 월드컵(보통 '월드컵'으로 약칭)은 단일 종목 행사 중에서 최대 규모를 자랑하는 스포츠 대회. 축구는 기본적으로 걷고 발길질만 할 수 있으면 누구나 즐길 수 있는 스포츠다. 인종이나 국가를 막론하고 전 세계 어디서나 가장 즐기는 대중적인 스포츠이기도 하다. 월드컵은 전 세계 거의 모든 나라의 국가대표팀이 참가해서 지역별로 2년 넘게 예선전을 치르고 겨우 몇몇 팀만 본선에 진출해 국가의 명예를 걸고 기량을 펼친다. 따라서 4년에 한 번 월드컵이 열리면 전 세계가 열광의 도가니에 빠진다.

월드컵 우승팀에게는 트로피가 주어진다. 트로피(trophy)는 승전기념비를 뜻하는 그리스어에서 유래한 말로, 적에게서 빼앗은 갑옷·투구·방패 등을 적군을 패퇴시킨 기념으로 나무 같은 데 걸어 두던 것을 뜻했다. 월드컵에서 우승한 국가는 자랑스러운 트로피를 다음 대회 때까지 4년 동안 보관한다. 그동안 월드컵 트로피는 그 나라의 국보나 다름없이 철저한 보호를 받는다. 더욱이 월드컵에서 세 번 우승하면 트로피를 영원히 소유하게 돼 그야말로 국가의 보물이 된다.

그런데 이처럼 소중한 가치를 지닌 월드컵 우승 트로피는 그 명성에 못지않게 우여곡절과 수난의 역사를 지니고 있다. 우승 트로피의 명칭이 바뀌기도 했고, 새로 만들기도 했으며, 세 번 우승으로 영구보존하게 된 브라질에서 갑자기 사라져 행방이 묘연한 상태이기도 하다.

제1회 월드컵은 1930년 남미의 우루과이에서 열렸는데, 숱한 우여곡절을 겪었다. 예선전은 없었고, 주로 세계 축구의 양대산맥인 유럽과 남미의 국가대표팀들이 참가하는 대회였다. 그러나 유럽 국가들이 우루과이는 너무 멀고 비용도 많이 든다며 참가를 거절했다. 그 당시에는 여객선이 주요 교통수단이었는데, 유럽에서 우루과이까지 가려면 7일 이상 걸렸고 비용도 만만치 않았다. 그 때문에 유럽 국가들은 참가 약속을 해놓고도 출전을 포기하겠다고 했다. 우루과이는 말할 것도 없고 국제축구연맹(FIFA)도 크게 당황했다.

그 당시 FIFA 회장은 프랑스의 쥘 리메였다. 월드컵 개막일 두 달 전까지도 유럽 국가들의 태도 변화가 없자 그가 각국을 직접 찾아다니면서 설득한 끝에 4개국이 참가 의사를 밝혔다. 그리하여 유럽 4개국, 남미 8개국, 미국이 참가함으로써 13개국이 월드컵 첫 대회를 치렀다. 우승은 주최국 우루과이였다.

쥘 리메는 축구의 역사에서 결코 빼놓을 수 없는 인물이다. 그는 1919년 프랑스축구연맹을 창설하고 30년 동안이나 회장을 맡았을 뿐만 아니라 월드컵 창설에도 절대적으로 기여했다. 또 1921년 FIFA 제3대 회장에 취임한 이래 1954년까지 무려 33년 동안 회장직을 수행했다. 그는

짤 리메 컵

1956년 노벨평화상 후보에 오르기도 했다.

월드컵 첫 대회에서 우승한 우루과이는 전국이 흥분의 도가니에 싸여 국민들이 밖으로 뛰쳐나와 사흘 동안이나 밤낮없이 춤추고 노래 불렀다. 우루과이 대통령은 월드컵에서 우승한 날을 국경일로 공표했다.

월드컵 우승팀에 주어지는 트로피는 프랑스의 조각가가 만들었다. 그리스 신화에 나오는 승리의 여신 니케가 팔각형으로 된 컵을 두 손으로 높이 떠받들고 있는 형상이었고, 금으로 도금한 순은으로 높이 35센티미터에 무게 3.8킬로그램이었다. 당시 이 트로피의 이름은 '빅토리(Victory)였다. 그러다 1946년부터 쥘 리메의 업적을 기리는 뜻에서 '쥘 리메 컵'으로 이름을 바꾸었다.

1938년 월드컵에서 우승한 나라는 이탈리아였다. 그런데 제2차 세계 대전이 일어났고 독일이 트로피를 약탈하려고 노리고 있다는 소문이 나돌았다. 이탈리아축구협회 회장은 로마의 은행에 보관하던 트로피를 자기 집으로 옮겨 구두 상자에 넣어 침대 밑에 보관하기도 했다.

1966년 월드컵 개최국 영국은 대회를 앞두고 홍보를 위해 쥘 리메 컵을 웨스트민스터 센트럴 홀에 전시하며 일반인에게 공개했다. 그런데 도중에 쥘 리메 컵이 감쪽같이 사라졌다. 그리고 일주일 뒤 사우스런던의 어떤 정원 울타리 아래에서 주인과 산책 나온 강아지에 의해 신문지에 싸인 채로 발견됐다.

잉글랜드축구협회는 안전을 위해서 그리고 경기 이후의 축하에 사용하기 위해 비밀리에 쥘 리메 컵의 복제품을 만들었다. 이 복제 쥘 리메 컵은 그다음 1970년 멕시코 월드컵 때까지 사용됐다. 1970년 멕시코 월드컵의 우승팀은 브라질이었다. 브라질이 1958년과 1962년에 이어 3회 우승을 차지한 것이다. FIFA 규정에 따라 브라질은 트로피를 영구히 소유하게 됐다. FIFA는 쥘 리메 컵을 브라질이 영구 소유하게 되자 복제품을 경매 후 영국 국립축구박물관에 전시하기로 결정했다.

1974년 월드컵에서 우승한 독일에는 다른 트로피가 수여됐다. 이름하여 'FIFA 월드컵 트로피(FIFA World Cup Trophy)'였다. 이탈리아 조각가가 만든 이 트로피는 두 명의 선수가 서로 손을 맞대고 양손을 위로 올려 지구를 떠받들고 있는 형상으로 감격적인 우승 순간을 표현한 것이라고 한다. 높이 36센티미터, 무게 약 6킬로그램인데, 공작석 2층을 포함한

FIFA 월드컵 트로피

밑부분을 18캐럿의 금 5킬로그램으로 만들었다.

FIFA 월드컵 트로피는 FIFA가 영구보존하고 대신 우승국은 도금한 복제품을 받는다. FIFA는 만약의 도난을 우려해서 이 컵을 25만 스위스 프랑의 보험에 가입했다.

그런데 월드컵 트로피와 관련해서 가장 큰 사고가 브라질에서 발생했다. 1983년 12월 브라질이 영구보존하고 있던 줄 리메 컵이 사라진 것이다. 방탄유리로 된 진열장에 보관하고 있었는데 범인들이 나무로 된

뒷부분을 지렛대로 뜯고 훔쳐 간 것이다. 브라질 경찰은 끈질긴 수사 끝에 4명의 용의자를 붙잡아 유죄를 선고받게 했지만, 쥘 리메 컵의 행방은 알아내지 못했다. 다만 그들이 어디에도 팔 수 없으니까 녹여서 처분했을 것으로 판단하고 있다.

그 뒤 브라질은 영국에 의뢰해서 쥘 리메 컵의 복제품을 만들어 보관하고 있다. 하지만 그것을 의심하는 사람도 많다. 용의자들을 붙잡았을 때 쥘 리메 컵도 찾았지만 또다시 도난당할 것을 우려해서 범인들이 녹여서 처분했다는 구실을 내걸어 복제품을 만들었다는 것이다. 따라서 현재 보관 중인 것이 복제품이 아니라 진짜 쥘 리메 컵일 수 있다는 주장이다. 정확한 사실은 아무도 알 수 없다. 하지만 공식적으로는 쥘 리메 컵은 역사 속으로 영원히 사라졌다.

도둑맞은
FA컵 트로피

유럽은 축구의 본고장이다. 유럽 국가 대부분에 축구 프로 리그가 있다. 영국 프리미어리그를 비롯해 독일 분데스리가, 에스파냐 라리가, 이탈리아 세리에 A 등이 오랜 역사와 전통을 자랑한다. 그 가운데서도 축구 종주국인 영국 프리미어리그의 인기는 대단하다. 매 경기 관중이 만원을 이루고 전 세계에 중계된다. 그 덕분에 프로구단의 수입도 엄청나서 세계 최고의 선수들로 팀을 꾸릴 수 있고, 그래서 프리미어리그의 인기가 더욱 높아져 승승장구하고 있다. 하지만 영국에는 프리미어리그보다 훨씬 더 오랜 역사와 전통을 지닌 축구대회가 있다. 바로 최고의 권위를 자랑하는 영국 'FA컵'이다.

FA컵(The Football Association Challenge Cup)'은 역사가 매우 길다. 1871년 11월에 시작됐으니 무려 150년의 역사를 가지고 있다. 축구뿐만 아니라 다른 모든 스포츠 종목 가운데서도 가장 긴 역사를 자랑한다. 맨체스터 유나이티드, 아스날, 리버풀, 토트넘 등의 명문 팀도 100년이 넘는 역사를 지니고 있지만, FA컵보다 늦게 탄생한 팀들이다.

　FA컵이 갈수록 권위와 인기가 높아진 것은 잉글랜드축구협회에 등록된 모든 축구팀이 참가할 수 있기 때문이다. 영국에는 수많은 축구팀이 있는데 프리미어리그 1부 팀들뿐만 아니라 아마추어 수준의 10부 리그 팀도 참가할 수 있으니 관심이 높을 수밖에 없다. 이들은 거의 일 년 내내 예선전을 치르는데 더욱 흥미를 끄는 것은 5부·6부에 속하는 하부 팀이 프리미어리그의 유명한 1부 팀을 격파하는 이변이 속출하기 때문이다.

　하부 팀의 선수들은 축구클럽에 소속돼 있지만 생계를 위해 특정한 직업을 가지고 있으며, 취미 삼아 축구를 하는 선수들도 많다. 이를테면 이발사도 있고 정육점 종사자도 있고 벽돌공도 있는데, 이들이 속한 팀이 승리하면 그만큼 관심을 끌게 된다. 더욱이 운 좋게 준결승·결승에 진출하면 프리미어리그 1부 팀들의 스카우트 대상이 돼 벼락출세할 수 있다. 1부 팀 선수의 연봉이 우리 돈으로 수십억 원이 보통이다. 그야말로 하루아침에 인생역전을 할 수 있으니까 필사적으로 경기를 펼친다. 실제로 그렇게 해서 벼락출세한 선수들이 적지 않다.

　FA컵이 처음부터 영국 국민의 관심을 끌었던 것은 아니었다. 제1회 대회는 참가팀이 적어서 대회 우승팀인 원더러스는 불과 두 경기를 이기고 한 경기는 상대 팀이 기권하면서 우승했을 정도였다. 제2회 대회도 크게 다르지 않았다. 결승전은 제1회 대회 우승팀인 원더러스와 옥스퍼드대학팀이 맞붙게 됐는데, 마침 그날이 유명한 옥스퍼드대학과 케임브리지대학의 조정경기가 있는 날이었다. 국민의 관심이 온통 두 대학의 조정경기에 쏠려 있어 FA컵 결승전 시간까지 변경했지만, 옥스퍼드대학 축구팀 선수들이 조정경기를 보러 가려고 대충대충 경기하는 바람에 원더러스가 제1회 대회에 이어 어정쩡하게 우승을 차지했다.

그 당시 영국은 축구의 종주국이었지만 축구는 하류층의 노동자들이나 즐기는 스포츠로 인식됐다. 상류층은 테니스, 폴로, 크리켓, 조정 등과 같은 귀족 스포츠에 더 관심이 많아서 FA컵은 별 관심을 끌지 못했다.

그런데 1874년 아스톤 빌라를 비롯해 맨체스터 유나이티드, 에버튼, 선더랜드, 맨시티, 뉴캐슬, 토트넘 같은 명문 축구팀이 잇따라 창단하고 FA컵에 참가하면서 상황이 크게 달라졌다. 그리고 영국 국민의 관심이 FA컵에 쏠리자 결승전도 영국 최고의 스포츠 성지 웸블리 스타디움에서 열려 권위 있는 대회로 발돋움했다.

더욱이 결승전에 영국 여왕이 참석해서 경기를 관람하고 직접 트로피를 수여하면서 최고의 권위 있는 대회로 자리 잡았다. 선수들에게는 그보다 더 큰 영광이 없었다. 심지어 월드컵에 참가할 잉글랜드 대표선수로 뽑혔으면서도 FA컵에 참가하기 위해 월드컵을 포기할 정도였다. 그 당시 영국에서는 월드컵보다 FA컵이 더 권위 있고 가치 있는 축구대회였다.

그런데 이 FA컵 트로피에 뜻밖의 문제가 생겼다. FA컵의 1874~1875 시즌 우승팀은 아스톤 빌라였다. 당시 아스톤 빌라는 영국 축구의 최고 명장으로 손꼽히는 조지 램지가 감독으로 있는 최강팀이었다. 우승의 기쁨으로 흥분에 휩싸인 아스톤 빌라는 연고지인 웨스트미들랜즈의 버밍엄으로 돌아가 우승컵을 치켜들고 시가행진을 펼쳤다.

FA컵 트로피

수많은 버밍엄 시민이 거리로 쏟아져 나와 환호했다. 그럴 때 시내에
있는 유명한 제화점(製靴店) 주인이 시가행진 중인 선수단 앞으로 달려
와 영광스러운 우승컵을 많은 사람이 좀 더 가까이서 볼 수 있도록 자기
제화점에 전시해달라고 사정했다. 그러자 흥분에 들뜬 선수단이 별다른
생각 없이 그 요청을 흔쾌히 수락했다.

그리하여 FA컵 트로피는 제화점 안에 전시돼 많은 시민이 가까이서
볼 수 있게 됐는데, 전시한 지 이틀째 되는 날이었다. FA컵 트로피가 흔
적도 없이 사라진 것이다. 누군가 훔친 것이 분명했다. 버밍엄 경찰이 총
동원돼서 수사를 벌였지만 아무런 단서도 찾을 수 없었다.

잉글랜드축구협회 회장은 크게 분노했다. 그는 다섯 번이나 FA컵 트로피를 들어 올렸던 선수 출신이어서 그것에 남다른 애정이 있었는데 도난당해 어디로 어떻게 사라졌는지 흔적조차 못 찾다니, 그가 분노하는 것은 너무나 당연했다. 무엇보다도 트로피를 우승팀이 일 년 동안 보관하다가 다음 해 우승팀에게 넘겨줘야 하는데 사라졌으니 큰 걱정이었다.

그는 아스톤 빌라에게 벌금을 부과하고 복제품을 만들었다. 이 복제품을 1910년까지 우승팀에게 수여했는데 30년 넘게 사용하면서 찌그러지고 여기저기 깨지고 엉망이 됐다. 우승팀들이 너무 흥분해서 트로피를 흔들다가 떨어뜨리거나 벽이나 의자에 마구 두드렸기 때문이다.

어쩔 수 없이 또다시 트로피를 만들 수밖에 없었다. 하지만 창의적으로 그것을 만든 장인으로부터 저작권을 얻지 못해 또다시 바꿔야 하는 등 FA컵 트로피는 숱한 사연과 수난을 겪어야만 했다. 현재 사용하는 트로피도 2014년에 다시 만든 것이라고 한다.

최초의 FA컵 트로피를 도난당하고 축구협회 회장이 다시 만들어 1910년까지 사용했던 복제품은 1911년에 또다시 만들면서 회장이 개인적으로 보관하면서 그것마저 도난당할까 봐 깊숙이 감춰두었다. 그가 세상을 떠난 뒤에도 유족은 고인의 유지를 받들어 외부에 절대로 공개하지 않았다고 한다. 그러다가 2006년 이 복제품이 경매에 나와 42만 파운드에 버밍엄 시티 FC의 데이비드 골드 회장에게 낙찰됐다고 한다. 버밍엄 시티 FC는 아스톤 빌라와 버밍엄을 같은 연고지로 하는 라이벌이다.

데이비드 골드는 사재를 털어 복제품 트로피를 사들인 뒤, 잉글랜드축구협회에 기증하면서 복제품 우승컵에 담긴 사연들과 함께 후대에 전하도록 당부했다. 그 뜻에 따라 현재 맨체스터에 있는 영국 국립축구박물관에 전시돼 있다. 그런데 이 복제품 트로피가 2020년 5월 런던 크리스티 경매에 나와 약 85만 달러에 팔렸다는 이야기가 있다.

버밍엄의 제화점에서 도난당한 최초의 FA컵 트로피는 어떻게 됐을까? 150년이 지난 지금까지도 오리무중이다. 하지만 단 한 번 그 미스터리에 대한 증언이 나온 적이 있다. 1950년대에 어느 80대 노인이 자신이 FA컵 트로피를 훔쳤으며 그 컵을 녹여 은빛 왕관을 만들었다고 실토한 것이다.

그러나 그의 말을 믿는 사람이 없었다. FA컵을 도난당한 버밍엄의 제화점 주인도 전혀 근거 없는 주장이라고 반박해서 뒤늦게 논란만 키웠다. 그 노인의 말이 사실이라고 하더라도 최초의 FA컵 트로피는 이미 사라졌다. 그것은 이 세상에 없다.

사라진
'모스 부호'

이스라엘의 '모사드'는 세계 최고의 정보기관이다. 모사드에 엘리 코헨이라는 빼어난 첩보원이 있었다. 이집트 출신 유대인인 그는 1957년 아르헨티나에서 귀국한 부유한 기업인으로 위장해 시리아의 지도부에 침투했다. 그는 명품 등의 값비싼 선물 공세로 시리아의 지도층과 교류하며 시리아의 핵심 정보, 내부의 권력투쟁, 시리아를 지원하는 소련과의 관계 등에 대한 정보를 빼내 모사드에 제공했다. 그는 이러한 1급 정보들을 모스 부호로 모사드에 보냈다.

그날도 코헨은 여느 때와 다름없이 모스 부호로 정보를 타전하고 있었다. 그런데 그 맞은편에 시리아 육군사령부가 있었다. 그곳에서는 자꾸 전파방해가 생겨 군부대들과의 교신이 지장을 받자 전파를 추적한 끝에 모스 부호로 타전하고 있던 코헨을 체포했다. 시리아 당국은 그를 통해 엄청난 정보가 이스라엘로 유출된 것을 알아내고, 1965년 그를 다마스쿠스 광장에서 교수형으로 공개 처형했다.

이스라엘은 코헨이 제공한 1급 정보들 덕분에 제3차 중동전쟁을 단 6일 만에 완벽하게 승리할 수 있었다. 모사드는 이것을 1960년대 위대한 첩보전의 승리로 평가했다. 엘리 코헨은 이스라엘의 영웅이 됐으며 전설적인 스파이가 됐다. 그의 빼어난 첩보 활동은 모스 부호가 있었기에 가능했던 것이다.

모스 부호를 직접 사용해본 사람은 많지 않지만 모스 부호 전신기의 발신음은 낯설지 않을 것이다. 모스 부호는 몇십 년 전까지만 하더라도 널리 쓰였던 원거리 통신수단이었다. 하지만 이제 모스 부호를 이용한 원격통신은 사라졌다.

'모스 부호'는 1830년대 미국의 새뮤얼 모스가 전신용으로 발명했기에 붙은 이름이다. 화가가 되고 싶어 했던 그는 이탈리아에서 미술 공부를 마치고 귀국하던 중 여객선 안에서 옆자리의 승객들이 전자석(電磁石)에 대해 이야기하는 것을 우연히 듣고 전신(電信)에 관심을 갖게 됐다. 전자석의 원리는 간단하다. 평소에는 자석의 성질이 없는 쇠붙이지만 전류를 흘려주면 자석의 성질을 지니게 된다. 예컨대 큰 못을 코일로 감고 전류를 흐르게 하면 못이 자석의 성질을 지니게 된다.

모스는 친구와 함께 전신의 연구에 매달린 끝에 1837년 전신기를 완성했다. 전신기를 이용하면 멀리 떨어져 있는 사람과 교신할 수 있지만 직접 언어를 주고받을 수는 없었다. 그 문제에 고심하던 모스는 1년 동안 연구를 계속해서 1838년 마침내 모스 부호를 개발하고 특허를 신청했다.

모든 글자와 숫자를 점과 선의 전기신호로 표기하는 방식이었다. 점

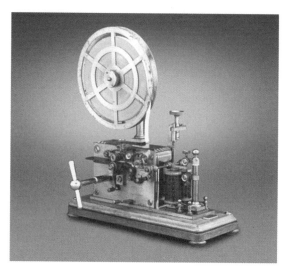

모스 전신기

과 선·공간을 구별하는 방식으로 낱글자나 숫자를 보내면 상대방에게 똑같이 전달돼 모스 부호를 해독하면 교신이 이루어지는 것이다. 그러나 모스 부호를 곧바로 사용할 수 없었다. 그에 대한 특허를 2년 뒤에야 받았으며, 그것을 활용하려면 지역과 지역 간의 장거리 전신선이 필요했기 때문이다.

하지만 그것은 개인이 부담하기에는 너무 벅찬 것이어서 모스는 미국 의회에 전신선 설치 비용을 지원해달라고 여러 차례 건의한 끝에 의회의 지원으로 볼티모어에서 워싱턴까지 전신선을 연결할 수 있었다. 그리하여 1844년에야 마침내 모스 부호를 이용한 원거리 통신이 이루어졌다. 모스 부호를 사용해 보낸 첫 번째 교신의 내용은 "하느님이 행하신 일이 어찌 이리 큰가"였다.

19세기 중반 모스 부호는 획기적이고 신속한 최고·최신의 원거리 통신수단이었다. 그 때문에 세계 여러 나라에 빠르게 보급됐지만, 약간의 문제점이 있어서 1851년 유럽 국가들이 특별위원회를 만들어 국제적으로 통용되는 '국제 모스 부호'를 고안했다. 두 체계는 거의 비슷하지만 국제 모스 부호가 더 간단하고 정교하다.

하지만 모스 부호에 문제점이 없는 것은 아니었다. 무엇보다 전기선에 송수신기가 연결돼 있어야 하고 모스 부호를 능숙하게 다루는 숙련자가 있어야 교신할 수 있었다. 그에 따라 모스 부호를 가르치는 교육기관이 생겨나 전문직을 양성했지만, 여전히 불편한 점들이 있어서 그 개선방법을 여러 과학자가 연구한 끝에 1876년 미국의 알렉산더 그레이엄 벨이 전화를 발명했다.

그렇지만 모스 부호는 보안과 비밀유지 등에 큰 장점이 있어서 기밀을 필요로 하는 군 기관의 교신과 첩보전에 널리 활용됐다. 특히 제1·2차 세계대전 때 크게 활용됐으며 첩보전에서는 난수표(亂數表)와 함께 비밀암호로도 널리 사용됐다. '난수표'란 임의의 숫자들로 연결된 암호다. 발신자와 수신자만 약속된 숫자를 해독할 수 있으므로 지금도 스파이가 많이 사용한다.

제2차 세계대전 당시 연합군 방송의 시그널은 베토벤의 〈운명〉 교향곡이었다고 한다. 방송을 시작하면서 먼저 모스 부호를 내보냈다. 승리를 나타내는 Victory의 'V'를 뜻하는 · · · ━라는 모스 부호에 이어서 〈운명〉 교향곡의 도입부가 나갔다고 한다.

그뿐만 아니라 모스 부호가 등장한 이래 20세기 중엽에 이르기까지 모스 부호는 바다를 항해하는 선박의 필수적인 교신수단이었다. 선박이 조난당했을 때 긴급구조를 요청하는 SOS를 모스 부호로 보낸 것이다. 1912년 대형 여객선 타이태닉호가 조난당했을 때 모스 부호로 긴급구조를 요청했던 것이 가장 유명한 사례라고 한다.

그러나 모스 부호는 전화의 등장과 전화를 이용한 각종 통신수단이 발전하면서 텔렉스·팩시밀리 등에 밀려나게 됐다. 우체국에서 보내는 전보에는 모스 부호가 전화와 함께 사용됐다. 전보는 전보를 보내는 사람이 우체국에서 전신기나 전화로 전달사항을 보내면 수신지의 우체국에서 그 내용을 전보지에 작성해서 수신자에게 전달하는 방식이었지만 지금은 거의 사라졌다. 하기는 아직 연하장을 보낼 때 이용하기도 하지만 이제는 연하장도 인터넷이나 스마트폰으로 보낸다. 텔렉스나 팩시밀리도 전신을 이용하지만, 기록이 종이에 남는 증거성이 있어 장단점을 함께 지니고 있다.

모스 부호는 컴퓨터와 인공위성의 등장으로 직격탄을 맞았다. 인공위성을 통한 위성통신이 가능해지면서 가장 먼저 모스 부호가 사라진 것은 각종 선박의 통신장치였다. 1999년 GMDSS(국제 해양 조난 및 안전 시스템)를 300톤 이상의 모든 선박에 의무적으로 설치(그 이하의 선박에는 2005년까지 설치)해 모스 부호는 자동으로 폐기됐다. 이 시스템은 인공위성을 통해 조난신호를 자동으로 전송하는 시스템이다.

더 설명할 것도 없이 컴퓨터의 등장은 세상을 완전히 바꾸어놓았다. 컴퓨터 시스템은 빠르게 디지털로 발전하고 인터넷·스마트폰에 이르기까지 각종 첨단기기와 이동통신 장비가 탄생했다. 겨우 부호를 상대방에게 전송하는 것이 아니라 아무리 먼 나라에서도 즉각적인 문자 전송과 전화 통화가 가능할 뿐만 아니라 사진 전송은 물론 동영상까지 주고받고 서로 얼굴을 마주 보며 영상통화까지 가능하게 된 것이다. 한때 최고의 원거리 통신수단으로 각광받던 모스 부호는 운명적으로 사라질 수밖에 없었다.

GMDSS가 등장하면서 각종 선박에서 모스 부호가 사라지게 됐을 때 영국의 유력한 일간지 《더 타임스》는 이렇게 보도했다. "모스 부호를 사랑하는 사람들은 지금 73s(안부를 전합니다)와 88s(사랑과 키스를 보냅니다)라는 내용을 전송함으로써 모스 부호 전송 시대를 마감하고 있다. 노(櫓)와 마찬가지로 모스 부호는 항해사의 한 부분이었다. 모스 부호는 노처럼 현대적인 통신체계가 무너지고 없을 때 여전히 사용할 수 있는 대체 수단이다."

물론 아직 HAM이라는 아마추어 무선통신이나 선박과 해안의 교신에 모스 부호가 일부 사용되고 있다고 하지만, 컴퓨터에 밀려 타이프라이터가 사라지듯 모스 부호는 일상생활에서 사라졌다. 모스가 1837년에 발명한 전신기는 미국 국립역사기술박물관에 역사적 기술품으로 보존돼 있다고 한다.

8

미스터리_

버뮤다 삼각지대,
그 공포의
미스터리

버뮤다 삼각지대는 미국 동남부의 끄트머리 플로리다해협과 푸에르토리코 그리고 버뮤다섬을 직선으로 연결하면 삼각형이 되는 해역을 말한다. 이곳이 세계적으로 크게 부각된 것은 이 해역을 지나는 수많은 선박과 항공기, 그리고 탑승했던 사람들이 눈 깜짝할 사이에 아무런 흔적도 없이 증발해버렸기 때문이다. 알려진 바에 의하면 20세기에 들어와서도 약 2000척의 선박과 약 200대의 비행기가 감쪽같이 사라져 '마(魔)의 삼각지대'라고도 부른다.

도대체 왜 그런 불가사의한 현상이 벌어졌는지, 끊임없이 과학적 조사를 실행했지만 만족할 만한 해답을 얻지 못하고 있다. 그 진실은 무엇일까?

버뮤다 삼각지대는 대서양을 통해 아메리카 대륙과 유럽을 연결하는 주요 항로여서 각종 선박과 비행기의 교통량이 무척 많은 해역이다. 이 해역이 갑자기 세상의 관심을 끌게 된 것은 1925년 4월 독일의 함부르크

로 향하던 일본의 대형 화물선이 버뮤다 근처에서 감쪽같이 사라지면서
부터였다.

일본 화물선이 그 해역에서 강력한 태풍을 만나 조난 위기에 놓였다
면 당연히 구조 신호가 있어야 했다. 그러나 아무런 교신도 없이 증발해
버려 실종 지역 일대를 수색했지만 선원들의 시체는 물론 선체의 파편
한 조각 발견할 수 없었다.

버뮤다 삼각지대에 대한 온 세계의 관심이 집중되면서 이미 그전에도
수많은 크고 작은 선박과 비행기가 그곳에서 갑자기 실종된 사실들이
밝혀지기 시작했다. 그 당시는 대형 항공기는 없었고 대부분 소형의 프
로펠러 비행기로 개인 소유여서 이유 없이 실종됐어도 잠시 보도됐다가

버뮤다 삼각지대

흐지부지 잊히기 일쑤였다.

그런데 1945년 12월 5일, 그 해역에서 비행 훈련을 하던 미군 폭격기 다섯 대가 한꺼번에 사라지면서 다시 한번 크게 부각됐다. 이 폭격기 편대에는 조종사 등 모두 14명이 탑승하고 있었는데, 그들마저 자취를 감췄다. 더욱 놀라운 것은 미 공군이 즉시 그 해역에 수색기를 띄웠는데 그 수색기마저 갑자기 교신이 끊기고 행방불명된 것이다. 그리하여 전 세계가 충격적인 사건에 한동안 관심을 쏟았지만 제2차 세계대전이 끝남에 따라 그 뒤처리를 위한 각종 국제회담과 전범재판 등에 더 큰 관심이 쏠리면서 잠시 뒷전으로 밀려났다.

그렇지만 많은 전문가가 이 난감한 미스터리를 풀어보려고 갖가지 탐사작업을 계속했다. 미국의 유명한 예언가가 나서서 "버뮤다 삼각지대에서 수많은 실종사건이 일어난 지역은 고대로부터 전해지는 아틀란티스 대륙이 가라앉은 바로 그곳이다. 그 당시 뛰어난 과학기술로 개발된 에너지 발생 장치가 아직도 작동하고 있어 물체들을 소멸시키기 때문이다"라는 주장을 펼치기도 했다.

그뿐만 아니라 외계인의 소행이라는 주장, 그곳에 4차원의 공간이 있다는 등 온갖 주장이 나왔다. 좀 더 진실에 접근하기 위해 잠수부들이 직접 그곳의 바다 밑에 들어가 탐사하면서 침몰한 선박들의 잔해를 발견하기도 했지만 미스터리 해결과 관련해서 별다른 소득을 얻지 못했다.

1970년에는 버뮤다 삼각지대에서 실종되기 직전 위기에서 벗어난 소형 자가용 비행기 조종사가 놀라운 체험을 공개해서 큰 관심을 끌었다. 세 명이 탑승한 이 비행기는 바하마에서 플로리다로 향하면서 삼각지대의 상공을 비행하고 있었는데 불현듯 반구형의 이상한 구름이 밀려오더니 어둠이 덮였다고 했다. 어둠에서 벗어나려고 바짝 긴장하며 조종하고 있을 때 갑자기 강렬한 섬광이 쏟아지며 강렬한 소용돌이에 휘말렸다는 것이다.

그리하여 정신을 못 차리고 있을 때 이상한 구름 속에 터널이 나타났고, 20여 분 동안 필사적으로 비행한 끝에 터널을 빠져나왔는데, 그때부터 비행기가 크게 흔들리며 각종 계기가 제멋대로 오작동을 했고 방향조차 가늠할 수 없었다는 것이다. 그러다가 얼떨결에 이상한 구름을 빠져나오게 됐는데 어느덧 플로리다 상공이었다는 것이다. 더욱이 목적지 도착 시간이 평소보다 두 배나 빨라서 무척 놀랐다고 했다. 이러한 현상들에 대해서는 전문가들이 과학적으로 설명해서 어느 정도 조종사의 궁금증을 해결할 수 있었다.

그런데 1973년 버뮤다 삼각지대에서 2만 톤급의 노르웨이 대형 화물선이 32명의 선원과 함께 아무런 흔적도 없이 사라져 또다시 온 세계의 이목을 집중시켰다. 그와 함께 여러 분야의 권위 있는 과학자들이 미스터리를 해결하려고 적극적으로 나섰다.

여러 과학자가 심도 있게 원인을 분석한 결과, 지구 자기장(磁氣場)의 변화가 원인이라는 견해를 내놓았다. 자기장이란 전기나 자석 등에 의해 전류의 힘이 작용하는 공간을 말한다. 나침반이 저절로 움직여 방향을 표시하듯 지구 자체에도 자기장이 있다. 지구 자기장은 지구 중심부에 존재하는 액체성 물질이 움직이면서 발생한다고 한다. 이 지구 자기장은 20~25년마다 바뀌기 때문에 갑자기 예상하지 못했던 지진이 일어나는데, 버뮤다 삼각지대는 자기장이 불안정한 지역이어서 자기장에 의한 지진이 순간적으로 일어난다는 것이다. 그 때문에 그 주위를 지나던 선박이나 비행기가 순식간에 바닷속으로 빨려들어 갔을 수 있다는 것이다.

이러한 '자기장 변화설'은 상당한 설득력이 있었다. 하지만 자기장에 의한 지진은 갑자기 발생했다가 사라지는 일시적 현상이어서, 원인을 알고 있어도 대책을 세울 수가 없다. 또한 그것이 확실한 원인이라고 장담하기도 어려웠다.

그러다가 1998년에는 깊은 바다의 메탄층이 원인이라는 새로운 견해가 나왔다. 깊은 바다 밑에는 메탄층이 있는데 이것이 갑자기 붕괴하면 엄청난 메탄가스와 진흙을 분출하면서 상상하기 어려운 위력을 발휘한다는 것이다. 많은 과학자가 이 견해를 지지했다. 2001년에는 물속에 많은 기포가 발생하면 물의 밀도가 낮아지기 때문에 물 위에 떠 있는 물체가 갑자기 가라앉을 수 있다는 실험 결과가 나오기도 했다.

2010년에는 오스트레일리아의 과학자가 "바다 밑의 갈라진 틈에서 거대한 메탄가스가 대량으로 발생하면 수면 위로 치솟아 팽창하면서 어마어마한 메탄 거품이 생긴다. 어떤 선박이라도 이 메탄 거품에 갇히게 되면 즉시 부력을 잃고 가라앉게 된다"라고 밝혀 메탄가스설에 더욱 힘을 실어주었다.

이러한 견해는 버뮤다 삼각지대 바다에서 선박이 갑자기 실종되는 원인으로는 이해가 됐지만 높은 하늘을 빠른 속도로 날아가는 비행기의 실종을 설명하기는 어렵다는 주장이 제기됐다. 그에 대해 오스트레일리아의 과학자는 메탄 거품의 크기와 밀도가 충분히 크다면 엄청난 메탄가스가 발생해서 비행기도 순식간에 덮칠 수 있으며 그때 비행기의 엔진에 불이 붙어 추락하게 된다고 보충 설명했다. 하지만 눈 깜짝할 사이에 실종된 비행기나 선박의 조그만 잔해조차 발견되지 않기 때문에 만족할 만한 설명은 아니었다.

선박의 실종과 관련해서는 갑작스럽게 발생하는 격랑(激浪)이 원인이라는 주장도 나왔다. 버뮤다 삼각지대뿐만 아니라 어느 바다에서나 거대한 파도가 발생할 수 있는데 30미터가 넘는 엄청난 거센 파도가 순식간에 덮치면 그것에 휘말려 침몰하게 되고 선박에 타고 있던 사람들은 몸까지 부서지게 된다는 것이다.

하지만 그 어떤 견해도 버뮤다 삼각지대 미스터리에 대해 완벽한 해답이 되지 못해 오늘날까지 이해할 수 없는 불가사의한 현상이 되고 있다. 결국 믿기 어려운 자연의 조화라고나 할까? 다행히 근래에 와서는 버뮤다 삼각지대에서 선박이나 비행기가 갑자기 사라졌다는 소식은 없다.

터널 속에서
사라진
기차

기차가 터널 속에서 감쪽같이 사라지다니? 설마 그런 일이? 믿기 어렵겠지만 실제로 일어났던 놀라운 사건이다.

1911년, 열차 앞머리에 '이탈리안(Italian)'이라는 표지가 붙은 기차가 승객 106명을 태우고 이탈리아의 로마에서 출발해 러시아의 모스크바로 향하고 있었다. 순조롭게 달리던 기차가 어느 터널 안에서 갑자기 고장이 났다. 승객들이 어둠 속에서 술렁거리며 빨리 수리가 끝나기를 기다리고 있을 때였다.

어느 칸의 창밖에서 알 수 없는 물체가 어른거리더니 얼굴이 피투성이가 된 한 남자가 차 안을 들여다보는 것이었다. 마치 유령 같은 그 모습에 깜짝 놀란 두 명의 남자 승객이 기차에서 빠져나와 도망치기 시작했다. 그러다가 뒤돌아보니 자신들이 타고 가던 기차가 감쪽같이 사라진 것이었다. 두 남자는 크게 당황하지 않을 수 없었다. 이게 도대체 어떻게 된 일인가? 그 피투성이 남자는 누구인가?

한 가지 특별한 것이 있다면, 이 기차에는 러시아의 대문호 니콜라이 고골의 유골이 실려 있었다는 것이다. 이탈리아 도굴꾼들에 의해 도난당했던 그 유골을 다시 러시아에 반환하기 위해서였다.

아무튼 기차가 갑자기 사라지며 승객들도 함께 사라졌다. 간신히 그곳을 빠져나온 두 남자가 자신들의 놀라운 경험을 공개하면서 충격적이고 어처구니없는 기차 실종사건이 세상에 알려졌다. 그에 따라 대대적인 수색이 이루어졌지만 아무런 흔적도 찾지 못했다. 그러자 미치광이가 돼서 죽은 니콜라이 고골이 자신의 억울함을 호소하고 기차에 저주를 퍼부었다는 등 온갖 괴소문만 한동안 난무하다가 차츰 잊히고 말았다.

그러다가 무려 80여 년이 지난 1995년 한 남자가 우크라이나의 한 기차역에서 막차를 놓치고 밤을 새우며 첫차를 기다리고 있었는데, 기차가 운행될 시간도 아닌데 느닷없이 멀리서 기차 한 대가 역으로 들어와 플랫폼에 멈춰 서는 것이었다. 그 남자는 너무 반가워 기차에 오르려고 손잡이를 잡는 순간 강한 전기에 감전돼 뒤로 넘어지고 말았다. 겨우 정신을 차리고 보니 이미 기차는 사라지고 없었다고 한다. 또한 2001년에는 투르크메니스탄에서 기차의 선로를 점검하던 역장이 예정에도 없었던 기차가 홀연히 나타나 피하지도 못하고 치어 목숨을 잃는 사고가 났다.

다시 괴소문이 나돌자 러시아 과학원과 수사기관이 함께 집중적으로 조사한 결과 기차들이 모두 1911년에 터널에서 사라진 '이탈리안'이라는 표지가 있었던 기차와 동일한 것으로 밝혀졌을 뿐 여전히 정체를 알 수 없었다.

그러자 어떤 사람들은 니콜라이 고골이 공포소설·괴기소설을 많이 썼다는 것에 주목했다. 그들은 고골이 그가 태어난 우크라이나의 전설 등과 관련해서 유령, 마녀, 환상적인 마력을 지닌 정령 등이 등장하는 작품들을 쓰다가 마침내 미치광이가 돼서 죽은 사실을 지적했다. 이런 환상을 누군가가 사실처럼 과장하고 또 그것이 여러 사람에 의해 확산하면서 기차가 아무런 이유도 없이 실종되는 어이없는 사건이 만들어졌을지도 모른다는 것이다.

하지만 아직 그것이 과연 사실인지 환상인지 납득할 만한 아무런 근거도 찾지 못하고 있다. 현실과 다른 차원의 세계? 과연 그런 가상의 세계가 존재할까?

미 해군
군함이
사라졌다

세상에는 현대의 과학으로도 밝혀내지 못하는 기이한 현상들이 적지 않다. 그 때문에 종교·무속신앙 등이 생겨났고, 믿기 어려운 놀라운 현상은 신(神)의 기적이 되고 불행한 현상은 신의 저주라며 진실을 밝히기보다 모든 책임을 신에게 미룬다. 어찌 됐든 모든 결과에는 반드시 원인이 있다지만 원인을 모르는 현상이 많은 것도 사실이다. 그 가운데 하나가 미 해군 군함이 갑자기 증발한 미스터리다.

1940년 10월 2일 미국 버지니아주 노포크항에 있는 해군기지에서 군함 한 척이 비밀리에 출항했다. 1800톤급의 이 구축함 브레이크호에는 함장 밀리 로튼 대령과 45명의 승무원이 타고 있었다. 훗날 밝혀진 사실이지만 이 최신형 구축함에는 세계 최초의 첨단 레이더 장치가 갖춰져 있어서 신기술로 만들어낸 전파탐지장치의 기능을 실험하는 것이 비밀 임무였다.

항해는 순조로웠다. 그런데 이상한 징후가 나타난 것은 출항한 지 5

시간쯤 지난 뒤였다. 갑자기 교신이 끊기고 연락이 두절된 것이다. 당황한 미 해군이 모든 수사력을 총동원해서 브레이크호가 사라진 해역을 중심으로 샅샅이 수색했지만 아무런 흔적도 찾을 수 없었다.

수색을 시작한 지 3시간이 흐르고 날이 몹시 어두워져 일단 수색을 중단하고 철수하려는 참이었다. 어두운 밤바다에 홀연히 브레이크호가 모습을 드러낸 것이다. 수색팀은 크게 안도하며 브레이크호와 교신을 시도했지만 전혀 반응이 없었다.

이상하게 생각한 해군 수색팀이 밤바다를 헤치며 브레이크호로 다가갔다. 아니, 그런데 이게 어찌 된 일인가? 다가갈수록 틀림없는 브레이크호인데 마치 수십 년 전에 폐선이 된 커다란 쇳덩이가 바다 위에 떠 있는 것처럼 선체가 완전히 녹슬고 부식된 것이 아닌가. 불과 한나절 전에는 멀쩡하던 군함이 도대체 이게 어찌 된 일인가?

도저히 믿을 수 없는 너무나 황당한 일이었다. 잔뜩 긴장하며 브레이크호에 오른 수색팀은 또 한 번 크게 놀라 비명을 지르며 뒤로 물러섰다. 함장을 비롯해 45명 승무원이 여기저기 쓰러져 있는데 모두 죽은 지 수백 년이 된 것처럼 백발의 미라가 돼 있는 것이 아닌가. 수색팀이 서둘러 하선하고 얼마 지나지 않아 폐선이 된 브레이크호는 서서히 침몰하고 말았다.

이 충격적인 사건은 다음 날 미국의 언론들이 앞다퉈 대서특필했다. 상식적으로는 누구도 이해할 수 없는 기이한 사건이었다. 잘 손질된 멀쩡한 군함이 한나절 만에 갑자기 낡은 폐선으로 변해버렸고 최첨단의 레이더 장치도 완전히 낡아 고물로 변해버렸다니! 더구나 승무원들은 모두 수백 년 전에 죽은 듯 백발의 미라로 변해 있었다니, 이걸 누가 믿겠는가?

그러나 엄연한 현실이었다. 과학자들이 갖가지 추론을 내놓았지만, 순간이동이니, 공간이동이니, 시간이동이니, 보통사람들은 좀처럼 이해하기 어려운 이론적인 가설들이어서 납득하기 어려웠다. 그렇게 온갖 가설만 무성할 뿐 과학적으로 아무런 결론도 얻지 못하고 미스터리로 남은 채 세월이 흘러갔다.

그리고 3년이 흐른 1943년, '레인보 프로젝트'라는 것이 세상에 알려졌다. 이 프로젝트는 당시 제2차 세계대전이 한창이던 상황에서 미국이 비밀리에 진행한 실험이었다. 미국에서 유럽으로 가는 수송선들이 독일 잠수함의 공격을 받고 침몰하는 사례가 많아서 그에 대한 대비책으로 테슬라의 '자기력 복사 이론'을 바탕으로 순간이동을 실험했다는 것이다.

니콜라 테슬라는 세계적인 과학자로 20세기의 가장 영향력 있는 100명 가운데 한 명으로 손꼽힐 만큼 천재 과학자였다. 특히 그는 전기 발명에 뛰어난 업적을 남겼다. 전기의 직류를 에디슨이 발명했다면, 더욱 효과적인 기능을 갖춘 교류는 테슬라가 발명한 것이다.

그의 전기와 관련된 발명품들이 인간에게 기여한 업적은 위대하다는 말이 어울릴 정도다. 그 때문에 미국·크로아티아·세르비아가 서로 자기 나라가 배출한 세계적 과학자라고 주장하고 있다. 그는 1856년 크로아티아에서 태어난 세르비아인으로 젊었을 때 미국으로 이민 갔기 때문에 서로 자기 나라 출신이라고 주장할 만하다.

하지만 그는 안타깝게도 에디슨의 그늘에 가려 빛을 보지 못했는데, 한때 에디슨과 함께 일한 적도 있었다. 그 당시 에디슨이 전기를 값싸게 효과적으로 전달할 방법을 고안하면 거액을 주겠다고 약속했는데 테슬라가 에디슨이 고안한 직류 시스템의 문제점을 지적하고 교류 시스템을 개발했다. 그러나 에디슨이 약속을 지키지 않자 사표를 던지고 헤어졌다고 한다.

아무튼 '레인보 프로젝트'라는 실험에서 군함에 타고 있던 해군 180명 가운데 120명이 사라지고 일부는 방사능에 노출되거나 감전사로 죽었다고 한다. 어떻게 그런 기이한 현상이 일어났는지는 아직도 미스터리라고 한다. 하지만 이 프로젝트가 알려지면서 1940년의 미 해군 브레이크호 증발 사건도 그와 비슷한 경우일 것이라는 견해가 나왔다.

테슬라의 '자기력 복사 이론'이나 '순간이동'의 개념은 평범한 우리로서는 정확히 알 수 없지만 전기의 충격이나 자극에서 오는 일종의 비현실적인 초능력 현상으로 볼 수 있다. 브레이크호도 최첨단 전파탐지기(레이더)의 비밀실험이 임무였기 때문에 실험 과정에서 그러한 현상을 일으켜 '레인보 프로젝트'와 관련 있다고 보는 것 같다.

하지만 전기와 전혀 상관없는 그와 비슷한 현상들도 있다. 따라서 사람이나 비행기, 선박 등의 물체가 갑자기 흔적도 없이 사라지는 현상을 '베니싱(vanishing)'이라고 한다.

믿기 어려운
사라진
비행정

비행기만 승객을 태우고 하늘을 나는 것은 아니다. 비행선도 있었고 비행정도 있었다. 모두 하늘을 이용한 교통수단이었다. 20세기 초 아직 항공산업이 활성화되기 전 얼핏 선박처럼 생긴 비행선은 항공수단으로 한때 각광을 받았다. 하지만 수소나 헬륨 등의 기체를 이용하기 때문에 항상 폭발 위험이 있었다. 역시 우려했던 대로 수많은 승객을 태우고 비행하던 비행선들이 폭발하면서 추락해 승객이 희생되는 대형 사고가 잦아지면서 사라지게 됐다.

그 뒤를 이은 것이 비행정(飛行艇)이었다. 비행정은 한마디로 수륙 양용 비행기다. 흔히 수상기(水上機)라고도 하는데, 수상기와 비행정은 약간의 차이가 있다. 수상기는 '물 위에 착륙할 수 있는 비행기'로 정의하는데, 비행정은 '날개를 달고 비행이 가능한 배'로 정의한다. 그래서 영어로는 flying boat다.

1930년대에 들어와서 항공산업이 활성화되기 시작했지만 몇 가지 문제점이 있었다. 우선 비행기가 이륙하고 착륙할 수 있는 활주로가 절대적으로 부족했고, 있더라도 자갈밭이나 풀밭이 많아서 조건이 열악했다. 또한 태평양이나 대서양 횡단 등의 장거리 비행은 엔진 고장이나 갑작스러운 이상기류에 휘말려 사고를 일으키는 경우가 많았다.

그럴 즈음 등장한 것이 비행정이었다. 비행정은 물 위에서도 이착륙이 가능할 뿐만 아니라 활주로와 상관이 없으니까 방방곡곡 어디든지 갈 수 있고, 장거리 비행 중에 사고가 나더라도 물 위에 내려앉을 수 있기 때문에 항공수단으로 크게 각광을 받았다. 다만 물 위에 떠 있기 위해서 대형 부력장치가 필요했고 비행정 아랫부분을 선박처럼 만들어야 했기 때문에 비행체가 크고 무겁고 많은 승객을 태울 수 없다는 것이 단점이었다.

하지만 비행정 이용객이 크게 늘면서 항공기 제작사들이 경쟁적으로 새롭게 설계된 비행정들을 만들어냈다. 승객을 100명까지도 태울 수 있는 대형 비행정, 장거리를 여행하는 승객들을 위해 기내에 레스토랑과 호텔에 못지않은 숙박시설까지 갖춘 호화 비행정도 등장했다.

미국의 '판 아메리카 에어웨이' 항공사도 이러한 추세에 맞춰 호화 비행정을 도입했다. 태평양을 횡단하는 고급 비행정에 대한 욕구를 충족시키기 위해서였다. '하와이 클리퍼'로 명명된 이 비행정은 미국 캘리포니아에서 출발해서 하와이 호놀룰루, 태평양의 미국령 섬들인 미드웨이, 웨이크·괌을 거쳐 동남아시아나 중국까지 운항하는 장거리 노선에 투입됐다.

1938년 7월 28일, 승무원 9명과 승객 6명을 태운 하와이 클리퍼 229기가 캘리포니아의 앨러미다를 출발했다. 승객은 불과 6명이었지만 모두

사라진 하와이 클리퍼 229기와 같은 기종의 비행정

국제학술회의에 참여하는 미국의 저명한 과학자·교수였다.

하와이 클리퍼 229기는 순조롭게 호놀룰루와 미드웨이·웨이크를 거쳐 괌에 도착, 같은 날 현지 시간 11시 59분 필리핀의 마닐라를 향해 출발했다. 그리고 3시간 27분 후 필리핀 해안에서 565마일 떨어진 곳에서 두터운 구름층과 불안정한 기류를 통과하고 있다고 지상에 보고했다. 그것이 이 세상과의 마지막 교신이었다.

하와이 클리퍼와 갑작스럽게 교신이 두절되자 미국 당국은 태평양 해역의 항공기와 선박은 물론이고 속력이 빠른 폭격기까지 동원해서 교신이 두절된 지점을 중심으로 바다를 수색했지만 아무런 흔적도 찾을 수 없었다. 연락이 두절되고 이틀이 지난 7월 30일에는 미 육군 수송선까지 출동해서 수색을 이어갔는데, 하와이 클리퍼와 마지막 교신이 있었던 지점에서 남쪽으로 약 50마일 떨어진 곳에서 넓은 기름띠를 발견했다. 미 육군은 그것이 하와이 클리퍼가 추락하면서 흘러나온 기름으로 판단하고 채취해서 정밀분석했지만 확실한 근거를 얻어내지 못했다.

수색작업은 며칠 동안 더 계속됐지만 결국 미군은 수색을 중단했다. 호화 비행정과 15명의 탑승자 전원이 종적도 없이 사라져버린 것이다. 조사관들은 어떻게 비행정이 감쪽같이 사라질 수 있는지 크게 당혹했다. 비행정은 위급한 상황이 발생했을 때 바다 위에 내려앉을 수 있고, 충분한 부력이 있어서 가라앉기 어려운데 흔적도 없이 사라졌다는 것을 도무지 이해할 수가 없었다.

도저히 사라질 수 없는 비행정이 사라졌다는 사실에 미국 국민이 큰 충격을 받고, 이 이해할 수 없는 의문에 비상한 관심이 쏠렸다. 말하자면 애드벌룬이나 고무풍선처럼 가벼운 물체가 물속으로 가라앉을 수도 없는데 아무 흔적도 없이 사라졌다니 말이 되느냐 하는 것이었다. 그러나 그것은 사실이었고 현실이었다.

그러한 분위기에서 갖가지 추측과 가설이 나왔지만 납득할 만한 근거가 없는 것들이었다. 그나마 관심을 가질 만한 주장은 일본군 납치설이었다. 그 무렵 일본은 동남아시아와 태평양 일대의 여러 섬을 점령하고 비밀리에 태평양전쟁을 준비하고 있었기에 납치설은 상당한 설득력이 있었다.

이 납치설 주장에 따르면, 어떤 이유로 하와이 클리퍼가 고장을 일으켜 바다로 추락했지만 물 위에 뜰 수 있는 비행정이어서 모두 무사했는데 일본군이 공격해서 비행정을 접수한 후 승객과 승무원을 모두 살해했다는 것이다. 비행정은 일본군이 미크로네시아의 어느 섬으로 가져갔을 것이라고 주장했다. 전쟁을 준비하는 일본군에서는 대형 비행정이 필요했지만 기술 부족으로 만들어내지 못하고 있었는데 하와이 클리퍼를 분석해서 핵심 기술을 습득했을 것으로 분석했다.

이러한 납치설 주장이 증명되지는 않았지만, 비행정과 승객과 승무원의 실종은 아무리 세월이 흘러도 여전히 이해할 수 없는 미스터리로 남아 있으니 일본군 납치설을 반박할 수도 없었다.

그 이후에도 비행정은 변함없이 항공산업의 미래로 평가받으면서 장거리 비행의 대표적인 교통수단으로 큰 기대를 모았고 신형의 대형 비행정들이 줄지어 등장했다. 하지만 제2차 세계대전이 일어나면서 독일, 미국, 영국 등 선진국에서 수송기·폭격기 등 여러 종류의 비행기가 대량생산됐고 비행기들을 위한 활주로가 세계 곳곳에 건설됐다. 그에 따라 비행정은 차츰 쇠락하다가 1950년대 중반에 이르러서는 교통수단에서 완전히 배제됐다. 하지만 지금도 산업용·군사용으로 활용되고 있으며 미국, 일본, 러시아 등에서 비행정을 지속적으로 생산하고 있다.

디아틀로프
탐험대의
비극

1959년 1월 28일 우랄종합기술연구소 연구원인 10명의 젊은 남녀들로 구성된 소련의 탐험대*가 우랄산맥을 탐험하기 위해 출발을 서두르고 있었다. 그들은 우랄산맥을 거쳐 오토르덴산을 등반하고 2월 12일 베이스 캠프인 비즈하이 마을로 돌아올 예정이었다. 그런데 출발을 앞두고 유리 유딘 대원은 고열과 두통 증세로 등반을 포기할 수밖에 없었다. 그리하여 남성 7명, 여성 2명의 탐험대가 디아틀로프 대장의 인솔로 우랄산맥을 향해 출발했다. 혹독한 추위와 폭설을 견뎌내야 하는 힘겨운 원정길이었다.

그들이 출발한 지 닷새쯤 지났을 때 엄청난 폭설이 몰아치는 등 날씨가 몹시 험악해지자 남아 있던 유리 유딘은 탐험대가 걱정돼서 디아틀로프 대장에게 무전을 보냈다. 곧바로 "우리는 임시 캠프를 치고 휴식 중이다. 모두 무사하다"는 답신이 왔다. 유리 유딘은 안심하고 그들이 돌

---

* 탐험대 리더인 이고르 디아틀로프의 이름을 따서 디아틀로프 탐험대라 부른다.

아올 날을 기다리고 있었다.

그런데 베이스캠프로 돌아올 예정일인 2월 12일이 지나도 탐험대는 나타나지 않았다. 유리 유딘은 디아틀로프 대장에게 쉴 새 없이 무전을 보냈지만 도무지 교신이 이루어지지 않았다. 연락 두절 상태였다. 다음 날 유리 유딘은 탐험대의 실종신고를 했고, 수색대가 그들이 통과했을 지점을 따라 수색작업에 들어갔다.

하지만 수색작업이 열흘이 넘도록 아무런 흔적도 찾을 수 없었다. 그들이 어디론가 사라진 것이다. 한겨울의 맹렬한 강추위에 수색대가 수색

디아틀로프 탐험대 대원들

을 중단하려던 2월 28일 디아틀로프 탐험대가 임시 캠프를 설치했을 것으로 추정되는 장소에서 시신 5구를 발견했다. 탐험대가 출발했던 베이스캠프로부터 불과 1.5킬로미터 떨어진 곳이었다.

나머지 탐사대원 4명은 어디로 사라졌는지 행방을 알 수 없었다. 더욱이 5명의 죽음도 도무지 이해할 수 없는 의문투성이였다. 그들에게 무슨 일이 벌어졌던 것일까?

먼저 임시 캠프, 탐험대원들의 텐트 주변 나무들이 불에 탄 것이 눈에 띄었고, 주검으로 발견된 5명의 시신은 뜻밖에 모두 속옷 차림이었다. 혹독한 추위의 눈 덮인 산속에서 속옷만 입고 있었다는 것이 말이 되는가? 그뿐만 아니라 그들이 잠자던 텐트가 예리한 칼에 찢겨 있었는데 텐트 바깥에서 안쪽으로 찢겨 있는 것도 이해할 수 없었다. 거기다가 시신들은 한결같이 공포에 질린 모습이었으며 2명의 시신에서는 방사능이 다량으로 검출됐다.

워낙 강추위의 악천후여서 나머지 4명의 수색은 뒤로 미룰 수밖에 없었다. 그러자 찾아낸 시신 5구의 갖가지 의문에 대해 온 세계가 큰 관심을 가지면서 온갖 추측이 쏟아져 나왔다. 눈 덮인 산속에서 독초를 잘못 먹고 환각 상태에서 강추위에 얼어 죽었을 것이라는 주장도 나오고, 그곳 원주민에게 피습당해 살해됐다는 주장도 있었으며, 눈사태를 만나 속옷 차림으로 텐트를 찢고 급히 탈출하다가 얼어 죽었을 것이라는 주장도 나왔다.

그러나 모두 설득력이 없었다. 독초에 중독된 것은 전혀 근거가 없고, 원주민은 오히려 구조작업을 적극적으로 도와줬다는 것이다. 그리고 탐사대원들이 머물렀던 임시 캠프는 지형이 완만해서 눈사태가 일어날 지형이 아니라는 것이다. 또한 불은 왜 피웠으며 텐트 근처의 나무들이 왜 불에 탔는지는 아무도 설명하지 못했다. 정말 기이한 사건이었다.

나머지 탐사대원 4명에 대한 수색은 두 달이 지나서야 재개됐는데 임시 캠프로부터 멀지 않은 계곡에서 4명의 시신을 모두 찾아냈다. 그런데 그들의 주검도 역시 의문투성이였다. 한 명은 두개골과 갈비뼈가 골절된 상태였고, 여성 대원은 혀가 반쯤 잘려 있었다. 그에 따라 또다시 갖가지 가설이 제기됐다.

여성 대원의 혀가 잘려 있는 것은 시신의 부패작용 때문이라고 했지만 다른 대원들은 그렇지 않은데 왜 여성 대원의 혀만 부패가 진행되었는지는 설명하지 못했다. 또 두개골과 갈비뼈가 골절된 것은 계곡에서 추락한 것이라고 주장했지만 계곡이 비교적 완만해서 그런 큰 부상이 생길 수 없다는 것이다. 다만 2명의 대원에게서 방사능이 다량으로 검출된 것은, 조사 과정에서 2명 모두 방사능 물질과 관련된 분야에서 일하고 있었던 것으로 밝혀졌다.

이처럼 탐험대의 실종과 전원 사망에 대한 의문이 그치지 않고 있을 때 심한 감기몸살로 탐험에 참여하지 못했던 유리 유딘이 의미심장한 가설을 제시해서 눈길을 끌었다. 그는 당시 소련 정부가 비밀리에 신무기를 실험했는데 그 때문에 희생됐을 것이라고 조심스럽게 의견을 제시했다. 그러자 당장 전문가들이 나서서 사실이 아니라고 반박했다. 소련 정부는 이 사건에 별다른 관심이 없었으며 오히려 더 이상 이런 사건이 발생하지 않도록 해당 지역을 봉쇄했다는 것이다. 하지만 소련의 신무기 개발과 실험은 사실이어서 작은 미사일이 해당 지역에 떨어졌을 수 있다는 주장이 만만치 않았다.

그로부터 한참 뒤에 유리 유딘은 어떤 영문인지 소련 정부의 신무기 개발과는 전혀 관련이 없다고 자신의 주장을 뒤집어 오히려 더욱 의심을 자아냈다. 그와 함께 이 사건은 차츰 잊히게 됐는데 최근에 와서 새로운 가설이 나왔다.

그 주장은 초저주파가 원인이라는 것이다. 인간의 청력으로는 들을 수 없는 초저주파에 지속적으로 노출되면 무의식적으로 공포심이 자극되는데, 멀리서 들려오는 눈사태 소리에 더욱 공포심이 커지면서 한두 명이 패닉 상태에 빠져 발작을 일으키며 텐트를 찢고 달려나가는 바람에 모두 얼어 죽었다는 것이다.

하지만 그 때문에 하룻밤에 탐험대원 전원이 사망할 수 있느냐 하는 의문에 대해서는 납득할 만한 설명을 하지 못했다. 아무튼 디아틀로프 탐험대의 사망 사건은 발생한 지 어느덧 60년이 넘었지만 여전히 의문에 싸여 있다.

눈 속으로
사라진
북극해 탐험대

19세기 영국은 대영제국이었으며 해양강국이었다. 영국은 '해가 지지 않는 나라'라고 할 정도로 전 세계에 식민지가 있었다. 그러나 18세기 후반 미국이 독립을 선포하자 영국은 북아메리카 대륙에 새로운 식민지를 확보해야 했다.

그러자면 영국에서 북아메리카까지 좀 더 빨리 갈 수 있는 항로를 개척해야 했는데 그 대상이 북극해였다. 북극해 항로만 개척한다면 영국에서 북아메리카는 결코 멀지 않은 거리였다. 하지만 북극해는 대부분이 얼음에 뒤덮여 있어서 선박이 다닐 수 있는 항로를 찾는 일은 감히 엄두도 내지 못하고 있었다. 그렇지만 어떻게든지 항로를 개척해야만 했다.

마침내 빅토리아 여왕의 결단으로 북극해 탐험대를 보내기로 했다. 존 프랭클린이 선장으로 선정됐다. 그는 영국 해군 장교이자 경험이 풍부한 항해사이며 탐험가여서 탐험대 선장으로 그만한 사람이 없었다. 프랭클린의 탐험대는 에러버스호와 테러호, 두 척의 함대로 구성됐다. 승무원은 해군 장교와 선원을 합쳐 129명으로 꾸려졌다.

1845년, 마침내 프랭클린 북극해 탐험대가 영국 국민의 열띤 환호 속에 출항했다. 한동안 항해가 순조로웠지만, 점점 혹독한 추위가 몰아치고 갈수록 바다를 떠다니는 얼음이 늘어났다. 하지만 그것은 이미 예상했던 상황이었다. 유빙을 어떻게 피해 어느 쪽으로 가야 하는지를 탐사해서 항로를 개척하는 것이 그들의 임무였다. 프랭클린 선장은 모든 악조건을 견뎌내며 계속해서 앞으로 나아갔다. 어쩌면 그들이 목표했던 캐나다 영토까지 헤쳐나갈 수 있을 것 같았다. 며칠만 더 온갖 악조건을 극복하고 항해하면 캐나다에 도달할 것 같았기 때문이다.

그러나 앞으로 나아갈수록 바다는 거대한 유빙들로 가득했다. 아무리 조심스럽게 느린 속도로 운항해도 얼음으로 뒤덮인 바다를 헤쳐나가기 어려웠다. 자칫하면 거대한 유빙과 충돌해서 선박이 침몰할 위기 상황에 몰릴지도 모를 일이었다. 어쩔 수 없이 프랭클린 선장은 운항 중지를 명령했다.

그런데 그게 끝이 아니었다. 얼음바다 한가운데 멈춰선 함대는 거대한 유빙들에 포위돼 꼼짝도 할 수 없이 갇혀버리고 말았다. 위치는 캐나다 북극의 윌리엄섬 부근이었다. 프랭클린 선장은 상황이 호전되기를 기다렸다. 하지만 강추위가 계속되고 아무리 기다려도 상황은 좀처럼 나아지지 않았다. 봄이 오면 나아지겠지 기대했지만 봄이 지나고 여름이 와도 얼음으로 뒤덮인 바다는 조금도 나아지지 않았다. 그 때문에 꼼짝도 못하고 무려 1년 동안이나 얼음바다에 갇혀 있었다.

그렇게 한 해가 지나고 또 한 번 봄을 맞았지만 상황이 좋아지지 않자 프랭클린 선장은 결단을 내려야 했다. 일 년 넘게 바다에 갇혀 있었으니 식량도 바닥이 나서 그대로 있다가는 굶어 죽을 위기까지 맞게 되자, 프랭클린은 선박에서 내려 윌리엄섬까지 걸어가기로 한 것이다. 프랭클린 선장과 탐험대원들이 남쪽을 향해 얼어붙은 바다 위를 걷고 또 걸었다. 온갖 고난을 견뎌내며 윌리엄섬에 도착하기는 했지만, 산더미처럼 쌓인 눈으로 뒤덮인 황량한 벌판이었다. 대원들은 절망했다. 식량도 완전히 바닥나서 그들은 굶주린 채 또다시 캐나다 본토를 향해 강행군을 시작했다.

그야말로 최악의 상태였다. 폭설이 끊임없이 쏟아졌고, 헐벗고 굶주린 탐사대원들은 얼음구덩이를 만들어 그 속에서 매일 밤을 보내면서 영양실조와 저체온에 고통받다가 결국 프랭클린 선장을 비롯해 24명의 대원이 목숨을 잃고 말았다.

프랭클린 선장의 부관과 에러버스호 선장이 나머지 대원들을 이끌고 캐나다 본토를 향해 강행군을 계속했다. 하지만 그들도 먼저 숨진 24명과 조금도 다름없는 상태였다. 죽음이 아른거리는 절박한 상황에서 아직은 살아 있기 때문에 본능적으로 몸을 움직일 뿐이었다. 그렇게 그들은 전원이 눈 속으로 사라졌다.

북극해 탐험대가 실종됐다는 소식은 오랜 시간이 흐른 뒤에야 영국에 알려졌다. 그들이 영국을 떠난 이래 해가 바뀌고 또 바뀌어도 아무런 소식도 없자 영국 정부가 온갖 수단을 동원해서 그들의 행방을 추적한 끝에, 탐험대원 전원이 함대에서 내려 캐나다를 향해 얼음과 폭설 속에 강행군하다가 어디선가 모두 실종됐다는 사실을 알게 된 것이다.

그에 따라 북극해 탐험대가 영국을 떠난 지 3년이 흐른 1848년에야 수색작업을 시작했다. 무려 3년이 지났으니 탐험대원들이 모두 사망했을

프랭클린 탐험대가 선택한 것으로 추정되는 북극해 항로
1 콘월리스섬 2 프린스 오브 웨일스섬 3 서머셋섬 4 부시아반도 5 윌리엄섬 6 디스코섬

것으로 판단했지만, 그렇더라도 그들의 시신이라도 찾아야 했고 조난 경위를 파악해야 했다. 수색을 시작했지만 혹독한 악천후로 수색대도 별다른 성과를 거두지 못했다.

그러자 영국 국민의 비난이 쏟아졌고 탐험대원들의 실종 미스터리에 대해 온 세계가 큰 관심을 갖게 되자, 1850년 11척의 영국 선박과 2척의 미국 선박이 참여해서 적극적인 수색에 나서게 됐다. 그 결과, 탐험대가 일 년 넘게 얼음바다에 갇혀 있다가 전원이 배에서 내려 육지를 찾아 걷기 시작했다는 사실과 그들이 지나갔을 것으로 예상되는 지점에서 대원들의 무덤 3개를 찾았고 몇 가지 유품을 발견했다. 그에 따라 자신감을 얻은 수색대가 본격적으로 수색을 계속해 북극해 탐험대 실종사건의 경위를 짐작할 수 있게 됐다.

2000년대 초 나온 북극해 탐험대 실종에 대한 연구·조사에 따르면, 탐험대원들이 배에서 내린 뒤 육지에서도 상당 기간 살아 있었다는 증거를 찾아냈으며 저체온증과 비타민 결핍에서 오는 괴혈병, 추위를 견디기 어려운 복장, 영양실조, 굶주림 등으로 결국 모두 숨졌다고 한다. 또한 시신들의 일부 뼈에서 칼에 베인 자국들이 있는 것으로 볼 때 숨진 대원의 시신을 먹어 허기를 달랬을 것으로 판단하고 있다.

2014년에는 캐나다 수색팀이 바다 밑에서 난파된 북극해 탐험대의 에러버스호를 발견했으며 2년 뒤에는 테러호의 잔해도 발견했다. 하지만 모든 의문이 완전히 해소된 것은 아니어서 여전히 수색작업이 계속되고 있다.

수백억 원의 항공화물이 사라졌다

교통수단 가운데 가장 뛰어난 수단이 비행기다. 19세기만 하더라도 해외의 다른 나라를 가려면 선박(여객선)을 이용했다. 가까운 나라는 일주일, 먼 나라는 한 달 이상 여객선을 타고 가야만 했다. 그런데 비행기가 등장하면서 아무리 먼 나라라도 하루나 이틀이면 충분히 갈 수 있게 됐다. 목적지까지 직항 노선이 있다면 십여 시간이면 어느 나라든지 갈 수 있다.

사람뿐만 아니라 화물도 마찬가지다. 여행객이 휴대하거나 자신이 탑승하는 항공편에 화물을 실으면 사람과 화물이 같은 시간에 목적지에 도착한다. 물론 사람이 탑승하지 않고 우체국의 소포나 택배처럼 화물만 탁송할 수 있다. 항공사들은 모든 시스템이 잘 갖춰져 있어서 거의 실수가 없다. 그런데 해외여행을 하다 보면 간혹 대형 가방과 같은 화물이 훼손되거나 분실되어 당황할 때가 있다. 항공사의 실수로 다른 항공편에 실린 것이다. 그 때문에 화물을 찾기까지 며칠을 기다리는 불편을 겪기도 한다.

하지만 화물트럭에 실어야 할 만큼 규격이 무척 큰 대형 화물이 아니라 궤짝만 한 크기의 항공화물이 도난당했다면? 그것도 항공사의 실수가 아니라 도둑맞았다면? 더욱이 그 궤짝에 거액의 현금과 보석이 들어 있었다면 이야기가 달라진다. 영화나 소설이 아니라 실제로 그런 사건이 있었다.

1978년 미국 뉴욕의 케네디 국제공항에서 현금 500만 달러와 100만 달러 상당의 보석이 들어 있는 화물이 감쪽같이 사라졌다. 현재의 가치로 따지면 약 300억 원에 이르는 대형 분실사건으로 그 당시 크게 화제가 됐다. 그런 거액과 보석들을 항공화물로 탁송한 쪽도 문제지만 도대체 어떡해서 그런 사건이 일어날 수 있었을까?

뉴욕 케네디 공항에 루이스 베르너라는 직원이 있었다. 그에게는 거액의 부채가 있었는데 범죄조직 마피아에서 빌린 돈이었다. 빚이 무척 큰 액수여서 상환 약속을 지키지 못하자 그는 마피아의 독촉에 몹시 시달렸다. 심지어 살해 위협까지 당하다가 마피아 보스 앞으로 끌려갔다. 보스가 그를 윽박질렀다. 잔뜩 겁에 질린 루이스 베르너는 루프트한자 화물에서 현금을 훔쳐서 갚겠다고 약속했다.

'루프트한자(Lufthansa)'는 독일의 대표적인 항공사다. 루이스 베르너는 항공화물을 관리하는 직원이어서 화물 리스트를 항상 검색했다. 그런데 루프트한자 항공편으로 거액의 현금과 보석이 들어 있는 화물이 케네디 국제공항으로 발송됐다는 사실을 알게 된 것이다. 워낙 귀중한 화물이어서 발송자가 신중하게 처리해줄 것을 특별히 당부했을 것이다. 그렇지 않아도 큰 빚에 쪼들리던 베르너의 눈에 들어왔고 그 화물을 훔칠 계획을 세웠던 것이다. 하지만 사건은 엉뚱한 방향으로 변질되었다.

루프트한자는 예정된 시간에 정확하게 케네디 공항에 착륙했으며 항공화물들이 터미널로 옮겨졌다. 그리고 직원들이 도착한 화물들을 검사하기 시작할 때였다. 갑자기 여러 명의 괴한이 루프트한자 화물터미널로 뛰어들어 총으로 직원들을 위협하면서 거액의 현금과 보석이 들어 있는 화물을 찾아내 도주했다. 그들이 들이닥쳐 화물을 탈취해서 도주하기까지 한 시간이 안 걸렸다.

케네디 국제공항이 발칵 뒤집혔다. 가치로 따지면 수백억 원이 무장강도들에게 강탈당한 사건이니까 보통 일이 아니었다. 즉시 신고했고 경찰이 달려와 현장조사를 했지만 아무런 단서도 찾지 못했다. 이 놀라운 강도사건을 미국의 언론들이 특종으로 보도했다. 미국 범죄사상 최고의 피해라고 했다.

뉴욕 경찰이 총력수사를 펼쳤다. 먼저 루프트한자 화물터미널 직원들이 연루됐는지 조사하는 과정에서 루이스 베르너가 용의선상에 올라 그를 집중적으로 추궁한 끝에 범죄를 계획하게 된 과정과 마피아의 연관성이 밝혀졌다. 그러나 베르너는 루프트한자의 특별한 화물을 훔칠 범죄 계획을 세웠던 것은 사실이지만 범행을 실행한 것은 아니어서 그 이상 추궁할 수 없었다. 다만 경찰은 이 엄청난 도난사건에 마피아가 연루됐다는 심증을 굳힐 수 있었다.

나중에 밝혀졌지만 사실 이 사건에는 마피아가 깊숙이 개입되어 있었다. 거액의 부채 때문에 마피아 보스 앞으로 끌려간 케네디 국제공항 직원 베르너가 루프트한자 항공의 화물에 거액의 귀중품이 있다며 루프트한자 항공편이 도착하는 대로 그것을 훔쳐 빚을 갚겠다는 이야기를 들은 마피아 조직원 제임스 버크가 조직원들을 이끌고 침입해서 귀중품을 탈취한 것이었다.

그 범행이 마피아 두목의 지시였는지, 제임스 버크와 조직원들의 독단적인 범행인지는 밝힐 수 없었다. 뉴욕 경찰은 여러 첩보를 통해 제임스 버크를 주동자로 지목했지만 끝내 범죄 근거를 찾지 못했으며 사라진 귀중품들의 행방도 알 수 없었다. 제임스 버크는 루프트한자 강도 사건과는 관련이 없는 다른 살인·강도 혐의로 체포돼 20년형을 선고받고 복역하다가 1996년 폐암으로 교도소에서 사망했다. 그와 함께 루프트한자 강도 사건도 미궁에 빠지고 말았다. 뉴욕 마피아가 개입됐다는 심증은 분명했지만 아무런 증거도 찾지 못했기 때문이다.

예로부터 모든 큰 범죄의 배후에는 반드시 여자가 있거나 범죄조직이 있다는 속설이 전해온다. 결코 틀린 말은 아니다. 충격적인 루프트한자 화물 강도사건 배후에 마피아가 있었다.

오랫동안 미궁에 빠져 있던 이 사건이 다시 한번 화제가 된 것은 사건이 발생한 지 무려 36년이 흐른 2014년 1월이었다. 사건 당시 뉴욕의 마피아 두목이 루프트한자 귀중품 강도사건에 직접 개입했다고 그의 친척이 제보하면서 마침내 마피아 두목이 검거된 것이다.

그러나 사건은 36년 전에 발생했기에 거액의 현금과 보석들이 남아 있을 리가 없다. 현금은 당연히 없어졌고 거액의 가치를 지닌 보석들도 영원히 사라져버린 것이다. 이 충격적인 사건은 〈좋은 친구들(Goodfellas)〉이라는 범죄영화로 만들어져 흥행에 크게 성공했다.

사라진
외계인
시체

세상에는 도저히 알 수 없거나 이해할 수 없는 불가사의한 현상들이 많다. 그 가운데 하나가 UFO(미확인비행물체)다. 지난 20세기부터 갑자기 하늘에 이상한 비행물체들이 나타났다가 사라지는 모습이 세계 곳곳에서 자주 목격되면서 UFO는 현대인의 가장 큰 관심거리가 되었다.

이 알 수 없는 비행물체는 일반적으로 외계의 고도로 문명이 발달한 행성에서 왔을 것이라고 생각한다. 그리하여 외계에 과연 우리 인간보다 더 발달한 문명을 지닌 지적 생명체가 사는 행성이 있는 것 아닐까 하는 호기심을 갖게 됐으며 지속적으로 UFO를 추적하는 관련 단체도 많이 생겨났다.

하지만 흔히 '비행접시'로 불리는 미확인비행물체의 대부분은 전문적인 조사기관이나 과학자들에 의해 그 정체가 밝혀졌다. 착시 현상도 있었고 군사 활동이나 기상관측기구 등 납득할 만한 과학적 근거가 있는 현상이었지만 그 정체가 여전히 미스터리에 싸여 있는 것들도 적지 않다. 그 가운데 가장 대표적인 것이 오래도록 전 세계의 관심이 집중됐던 충격적인 '로즈웰 사건'이다.

1947년 7월 2일 밤이었다. 미국 뉴멕시코주의 로즈웰에 사는 사람들은 열대야의 무더위를 피해 산책을 나왔다가 밤하늘에 알 수 없는 발광체가 불에 타는 듯 화염에 휩싸여 빠르게 날아가는 것을 목격했다.

이런 광경을 아주 자세하게 지켜본 부부가 있었다. 밤 10시경 부부는 자기 집 현관 옆에 놓인 긴 의자에 앉아 밤공기를 쐬고 있었는데 갑자기 거대한 발광체가 동남쪽 하늘에 나타나더니 매우 빠른 속도로 날아가는 것을 봤다. 그들은 마당으로 내려가 북서쪽으로 사라질 때까지 그것을 지켜봤다.

비슷한 시간, 로즈웰에서 북쪽으로 약 50킬로미터쯤 떨어진 곳에 비행접시 같은 원반형 물체가 동남쪽에서 날아오더니 갑자기 요란한 폭발음을 내며 비행체의 일부 파편들이 땅으로 떨어졌다. 그러나 원반형 물체는 서쪽으로 방향을 돌려 가까스로 높은 산 정상을 넘어가 샌오거스틴 평원에 추락했다.

그다음 날 아침, 샌오거스틴에 있는 어느 목장 주인이 트럭을 몰고 가다가 우연히 수많은 금속 잔해가 사방에 흩어져 있는 모습을 발견했다. 마치 비행기가 추락해서 부서진 잔해들 같았다. 아무래도 무엇인가 이상한 생각이 든 그는 잔해들을 잔뜩 주워서 자신의 트럭에 싣고 보안관 사무실을 찾아가 신고했다.

그러는 사이 그 지역에 주둔하고 있는 미 육군항공대가 출동해서 나머지 잔해들을 완전히 수거했고, 그곳은 군인들에 의해 아무도 접근하지 못하게 완전히 봉쇄됐다. 또한 신고했던 목장 주인은 어이없게도 감방에 갇혀 일주일 동안이나 심문에 시달려야 했다.

같은 날이었다. 토양관리국 토목기사가 샌오거스틴 평원을 지나가다가 들판 한복판에서 무엇인가 반짝거리는 물체를 발견했다. 그전에는 전혀 못 보던 물체여서 차를 세우고 그곳으로 다가갔더니 지름이 7~8미터쯤 되는 원반형 물체가 심하게 부서져 있었다.

그와 비슷한 시간, 샌오거스틴 평원 일대의 원주민 유적을 조사하던 텍사스 공과대학 고고학 탐사팀이 마침 그 옆을 지나다가 비행기가 추락한 줄 알고 그곳으로 달려와 현장을 살펴보았다. 부서진 원반형의 물체 안에는 승무원으로 보이는 몇 구의 시체가 엎어져 있었다.

그 모습을 지켜보던 토목기사와 대학 탐사대는 모두 크게 놀랐다. 숨진 승무원들의 모습이 인간 같았으나 인간이 아니었다. 키가 인간보다 훨씬 작았으며 머리통도 작았지만 몸에 비해 무척 컸고 모두 머리털이 전혀 없는 민머리였다. 또 미간, 즉 눈과 눈 사이가 마치 초식동물처럼 무척 넓었다. 의상은 우주복처럼 회색의 일체형이었는데 지퍼나 단추·버튼이 없었으며 여자는 없었고 모두 남자였다. 기체가 너무 부서져 엔진이나 온전한 기계장치는 찾아볼 수 없었다.

잠시 후 육군항공대 병사들이 몰려와 그들을 멀리 물러서게 하고 잔해들을 남김없이 수거했다. 그리고 한 장교가 현장에 있었던 목격자들을 모두 불러놓고 각자의 인적 사항을 기록한 뒤 그곳에서 본 것들은 모두 국가의 안전과 관련된 기밀 사항이니 절대로 다른 사람들에게 이야기해서는 안 되며, 만일 발설했다가는 엄한 처벌을 받게 될 것이라고 엄중하게 경고하고는 빨리 떠나라고 했다.

하지만 미확인비행물체를 목격한 사람들이 아주 많았으며 각종 언론

《로즈웰 데일리》에 실린 「로즈웰에서 비행접시 포획」이라는 제목의 기사

이 매일같이 대서특필하면서 세계적인 주목을 받았다. 언론들은 저마다 가장 먼저 추락한 비행물체를 목격하고 잔해를 수거해서 보안관 사무실에 신고했던 목장 주인을 찾아가 인터뷰를 요청했지만 육군항공대로부터 어떤 경고를 받았는지 한사코 입을 다물었다. 그는 1963년 세상을 떠날 때까지 비행물체에 대해서는 끝내 입을 열지 않았다고 한다.

그렇다고 물러설 언론들이 아니었다. 전 세계의 이목이 집중되고 온갖 유언비어가 나도는가 하면 사건의 진실을 공개하라는 여론이 빗발치자 언론들도 일제히 당국에 사실을 밝히라고 압박했다. 그러자 당국에서도 더 이상 침묵할 수 없었던지 긴급뉴스로 사실을 밝혔다.

정체불명의 비행물체가 추락한 뒤 모든 잔해는 육군항공대가 수거했다. 그렇지만 잔해의 조사와 정밀분석은 육군항공대 기지 안에 있는 미8 공군 제509부대가 맡았던 것 같다. 미8공군 사령관이 어느 방송의 생방송에 출연해서 "최근 문제가 되고 있는 물체는 대다수가 생각하는 것처럼 UFO가 아니라, 매우 큰 고무풍선에 매달아 하늘에 띄운 기상관측기구였다"고 해명했다.

이 생방송이 진행되는 동안 미국의 모든 방송이 정규 프로그램을 중단하고 미8공군 사령관의 해명을 중계했다. 당장 기자들이 몰려들어 기상관측기구라는 증거가 무엇이냐고 추궁했다. 그러자 공군 사령관은 그 증거로 추락 현장에서 수거했다는 잔해 조각들을 전시해놓았다. 아울러 지금까지 갖가지 의혹을 제기했던 추측 기사들에 대한 정정 보도를 내줄 것과 앞으로 더 이상 관련 보도를 하지 말 것을 강력하게 요구했다.

언론은 미 공군의 해명을 반박할 근거도 없어서 당국의 요구를 그대로 받아들일 수밖에 없었다. 나중에 밝혀졌지만 언론 통제의 배후에는 국방성과 FBI까지 개입했던 것으로 알려졌다. 그렇게 해서 세상을 떠들썩하게 했던 이른바 '로즈웰 사건'은 차츰 잠잠해졌고 마침내 사람들의 관심에서 멀어졌다.

그런데 로즈웰 사건에서 한 가지 빠진 것이 있었다. 미확인비행물체의 폭발과 추락은 두 곳에서 일어났다. 하나는 로즈웰 근처였고, 다른 하나는 샌오거스틴 평원이었다. 그런데 미 공군은 로즈웰 근교의 추락과 폭발만 언급하고 샌오거스틴 평원과 관련된 사항은 철저하게 감췄다.

당국은 샌오거스틴 평원에서 최초로 추락한 비행물체의 잔해를 발견하고 외계인 시체까지 목격했다는 목장 주인과 텍사스공과대학 고고학

탐사팀이 그에 대해 발설하는 것을 강력하게 통제했다. 그 때문에 목장 주인은 가장 먼저 신고하고도 일주일 동안 감옥에 갇혔는데, 그때 얼마나 심하게 겁박당했는지 죽을 때까지 비행물체에 대해서는 한 마디도 꺼내지 않았다.

그러나 외계인의 존재 여부에 대해 항상 많은 사람이 호기심을 갖고 있었고, 특히 UFO 관련 단체들은 로즈웰 사건이 기상관측기구가 추락한 것이라는 당국의 해명을 처음부터 믿지 않았다. 세계 곳곳에서 수시로 정체불명의 비행접시를 목격했다는 보도가 나올 때마다 로즈웰 사건을 다시 상기시키고 추락 현장에서 발견했다는 외계인 시체에 대한 소문은 도대체 어떻게 된 것인지 의문을 제시했다.

어쨌거나 이 사건이 세상에 다시 부각된 것은 40여 년이 지난 1989년이었다. 먼저 1963년에 사망한 최초의 목격자 목장 주인의 자녀들이 입을 연 것이 발단이었다. 그들은 사건 당시 육군항공대가 잔해를 모조리 수거했지만, 나중에 비가 온 뒤에 다시 가보니 몇 개의 잔해가 남아 있어서 집으로 가져왔다고 했다. 그 잔해들이 금속 물질이었지만 너무나 가벼워서 놀랐고, 아무리 망치로 두드려도 깨지거나 구부려지지 않았으며 억지로 구부려도 다시 펴져 더욱 놀랐었다고 실토하면서 그 물체는 틀림없이 외계의 비행접시였다고 주장했다.

그런데 그것만이 아니었다. 사건 당시 잔해의 조사와 정밀분석의 책임을 맡았던 미8공군 제509부대의 소령이 당시 상황을 폭로했다. 그의 주장에 따르면, 목장 주인의 자녀들이 주장한 것처럼 조금 무거운 종이만큼 가벼운 금속 물질은 지구상에 없는 물질이었으며, 비행물체도 과학적으로 정밀분석해본 결과 도저히 결론을 내리기 어려워서 자신의 판단으로는 외계에서 온 비행물체가 틀림없는 것 같다고 말했다.

또 그에 대해서는 일체 아무런 말도 하지 말라는 상부의 엄중한 명령이 있어서 지금까지 입을 다물고 있었다면서 그에 대한 보상인지 계급이 소령에서 아주 빠르게 중령·대령으로 진급했다고 털어놓았다. 그뿐만 아니라 최대의 관심사였던 외계인 시체가 있었던 것도 사실이며, 즉시 관계기관에서 가져가서 자신은 그 시체가 지금 어디에 있는지 모른다고 했다. 아울러 그 물체가 기상관측기구였다는 당국의 해명에 대해서 그것은 완전히 조작된 거짓말이라며 기자들에게 보여준 비행물체의 잔해들도 모두 가짜였다고 폭로해서 큰 충격을 주었다. 그 때문에 또다시 로즈웰 사건이 큰 화제가 되었지만, 당국에서는 별다른 해명이 없었다.

그리고 몇 년이 흐른 1995년 10월 미국의 폭스 TV가 로즈웰에서 발견한 외계인의 시체를 해부하는 장면을 공개해서 전 세계를 깜짝 놀라게 했다. 외계인 시체는 어린이만 한 키에 몸에 비해 머리가 지나치게 컸으며 커다란 눈과 눈 사이가 매우 넓어서 기형적으로 보였다. 워낙 놀랍고 충격적이어서 전 세계의 매스컴이 일제히 톱뉴스로 보도할 정도였다. 세계의 관심이 과연 그 시체가 외계인 시체가 맞느냐 하는 것에 쏠렸다. 미 당국이 그에 대해 전혀 언급하지 않자 궁금증은 더욱 커졌고, 매스컴들이 철저하게 뒷조사를 한 끝에 실망스럽게도 가짜라는 사실이 드러났다.

그것은 영국의 어떤 인물이 폭스 TV에 비밀리에 전달한 5분짜리 영상이었는데, 돈을 벌기 위해 가짜로 외계인 수술 장면을 조작하고 연출한 사실을 밝혀낸 것이다. 사실 그들은 이 가짜 외계인 수술 장면이 전 세계에 공개되면서 큰돈을 벌었다고 한다.

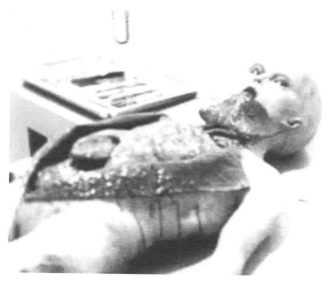
폭스 TV가 공개한 외계인 해부 영상의 한 장면

로즈웰에서 어떤 정체를 알 수 없는 비행물체가 추락한 것은 여러 증거로 볼 때 분명한 사실이다. 하지만 그 비행물체가 외계에서 온 비행접시인지, 정말 외계인 시체가 있었는지 진실을 전혀 알 수 없다. 행여 사실이었다고 하더라도 이미 70여 년 전에 사라진 외계인 시체를 영원히 볼 수 없을 것이다.

끊임없이 나타났다 사라지는 UFO

호기심, 궁금증, 상상 등의 심리 현상은 동물 가운데 가장 지능이 뛰어난 인간만의 본성이다. 그러한 호기심이나 상상력이 인간으로 하여금 무엇인가 새로운 것들을 창안해내게 하고 인류의 문명과 문화를 끊임없이 발전시키고 발달시켜왔다.

우리는 길거리에서 누가 큰 소리로 싸워도 그냥 지나치지 못하고 구경한다. 평소에 보지 못했던 어떤 물체가 있으면 멈춰 서서 구경하고, 어디서 불이 났다면 그곳까지 일부러 달려가서 구경한다. 모두 호기심 때문이다. 그렇다면 이러한 호기심 가운데 가장 큰 호기심은 무엇일까?

물론 여러 가지가 있을 것이며 사람마다 다를 수 있다. 우선 자기 자신과 관련 있는 것들에 큰 호기심을 갖게 되지만 아무런 관계가 없어도 수많은 사람이 강한 호기심을 갖는 것이 있다. 바로 끊임없이 나타났다가 사라지는 UFO(미확인비행물체)다. 생김새가 타원형의 두꺼운 접시 같다고 해서 흔히 '비행접시'라고 한다.

UFO는 전 세계 거의 모든 사람의 공통적인 호기심이기 때문에 가짜나 조작된 것들도 많고, 착각과 착시 현상도 많다. 따라서 그 정체가 대부분 과학적으로 밝혀지지만, UFO를 목격했다는 주장들이 여러 사람에 의해 꾸준히 이어지고 있다. 또한 UFO를 이용해서 돈을 벌려는 사람들도 많아서 공상과학 소설이나 영화 등의 빼놓을 수 없는 소재가 되고 있다.

많은 사람이 UFO에 강한 호기심을 갖지만, 그 실체를 믿는 사람은 그리 많지 않다. 그러나 정부의 정보기관이나 군 당국, 권위 있는 연구단체 등이 관련돼 있다면 이야기가 달라진다. 그들이 UFO의 실체에 대해 부인하지도 시인하지도 않고 정보를 공개하지 않으니 더욱 호기심이 커지고 의혹이 커질 수밖에 없다. 그에 대해 우리가 큰 관심을 갖는 것은 실제로 그런 경우가 적지 않기 때문이다.

최근 미국의 어느 다큐멘터리 채널은 2014년에 미국에서 일어났던 UFO 사건을 시리즈로 방영하고 있다. UFO를 직접 목격했던 공군 조종사들과 군 정보기관, 특수기관 담당자들의 증언이 매우 구체적이어서 신빙성을 높여주고 있다.

2014년 캘리포니아주 샌디에이고 인근의 해상에서 미 공군이 신형 전투기 비행 훈련을 하고 있을 때였다. 그런데 갑자기 통제본부에서 조종사들에게 실전 태세를 갖추라는 명령이 떨어졌다. 아니, 비행 훈련을 하고 있는데 실전 태세를 갖추라니, 도무지 하늘에서든 지상에서든 전투가 벌어질 상황이 아닌데 어찌 된 일인지 조종사들이 당혹감을 감추지 못하고 지시에 따라 작전지역으로 급히 이동했다.

이윽고 전투기들이 작전 현장에 도착했는데 아무것도 보이지 않았다. 전투기 조종사들이 의아해하며 무심코 아래쪽을 내려다보니 바다 한가운데서 큰 소용돌이가 일어나고 있었다. 조종사들은 그곳에서 군함이 침몰하고 있는 게 아닌가 의심하며 좀 더 가까이서 살펴보기 위해 급히 하강했다.

그러자 바다 밑으로 흰색의 큰 물체가 눈에 들어왔다. 조종사의 표현으로는 조금 둥글고 긴 모양의 사탕 같았다고 했다. 비행 경력이 풍부한 조종사도 지금까지 전혀 보지 못했던 물체였다. 그 물체는 침몰한 것이 아니라 잠수함처럼 물밑에 떠 있었다. 현장에 있던 모든 전투기 조종사가 그 물체의 정체를 모르겠다며 어떻게 해야 할지 당황하고 있었다.

그때 용감한 지휘 장교 조종사가 자기가 확인하겠다며 정체를 알 수 없는 물체를 향해 급강하했다. 그러자 흰색의 큰 물체가 갑자기 바다 밑에서 솟아올라 눈에 보이지 않을 만큼 빠른 속도로 하늘 높이 사라져버리는 것이었다.

조종사들은 어쩔 수 없이 그곳에서 96킬로미터 떨어진 집합장소로 비행했다. 아, 그런데 이건 또 어찌 된 일인가? 그 흰색의 미확인비행물체가 어느 틈에 그곳에 와 있는 것이 아닌가. 어떻게 전투기들의 집합장소를 알았을까? 전투기들이 그곳으로 날아오자 미확인비행물체는 다시 매우 빠른 속도로 사라져버렸다.

조종사들은 그와 같은 놀라운 사실을 상부에 보고했다. 그런데 그들에게 미확인비행물체를 목격했다는 사실에 대해서 일체 아무런 발언도 하지 말라는 명령이 내려졌다. 그 뒤 이 사실에 대한 모든 정보를 미 국방성 미확인비행물체 담당국에서 처리했는데 그때 실무를 맡았던 담당자가 다큐멘터리 프로그램에 출연해서 증언했다. 그것은 틀림없이 외계에서 온 비행물체였다는 것이다. 그가 충격적인 사실에 대해 공개하겠다고 하자 2017년 이유 없이 해고되었다고 했다.

1979년에 일어난 뉴멕시코주의 소 떼 증발사건도 여전히 미스터리에 싸여 있다. 뉴멕시코의 어느 목장에 8000여 마리의 소가 있었는데 갑자기 한두 마리씩 공중부양하듯 떠오르더니 하얀빛을 발산하는 거대한 물체 안으로 빨려들어 갔다는 것이다. 그렇게 8000마리가 모두 사라졌는데 얼마 뒤 농장 근처에서 소 떼의 사체가 발견된 사건이다. 이 황당한 사건을 두고 외계인 소행설이 지배적이었지만 당국에서는 아무런 발표도 하지 않았다. 남미 아르헨티나에서도 비슷한 사건이 있었다고 한다.

그뿐만 아니라 근래에 와서 미시시피강 주변에서 비행접시에 납치돼 외계인에게 강제로 생체실험을 당했다는 사람들이 잇따라 나타났다. 그런 사람들이 여러 명이었지만 증언 내용은 거의 비슷했다. 그들이 주장하는 외계인 모습은 1미터가 조금 넘는 작은 키에 머리통이 크고 두 눈이 몹시 크다는 것, 자신의 배를 가르고 장기를 꺼내는 등 수술을 했지만 아무런 통증도 없었다는 것, 얼마 뒤에 깨어나 보니 자신이 납치됐던 그 자리에 서 있었다는 것이 모두 비슷했다.

현재 어떤 믿을 만한 공식기관에서도 외계인과 그들이 타고 왔다는 미확인비행물체와 관련해서, 또 외계의 지적 생명체 존재 여부에 대해 확실한 견해를 밝힌 적은 없다. 하지만 이미 오래전부터 일부 역사학자·과학자들이 외계인이 존재한다는 사실과 그들이 지구에 왔다는 사실을 갖가지 다양한 근거를 내세우며 꾸준히 주장하고 있다.

특히 2017년에는 페루의 나스카에서 외계인의 미라가 발견됐다는 보도가 나와 큰 화제가 됐었다. 남미 페루의 수도 리마에서 남동쪽으로 320킬로미터 떨어진 곳에 있는 나스카의 고원 분지와 광활한 자갈사막의 평원에는 수백 킬로미터에 걸쳐 거대한 기하학적 문양 300여 개와 새, 거미, 원숭이, 꽃 등 자연물 문양 70여 개가 그려진 지상화가 있다. 거대한 선(線)으로 그려져 있어서 '나스카 라인(Nazca Line)' 또는 '나스카 문양'이라고 한다.

선의 연결로 이루어진 나스카 지상화(문양)는 선 하나의 길이가 끝이 안 보일 정도로 몇 킬로미터나 되는 것들도 있어서 지상에서는 하나의 지상화도 전체 그림으로 볼 수 없다. 그 때문에 19세기에 이르기까지 왜

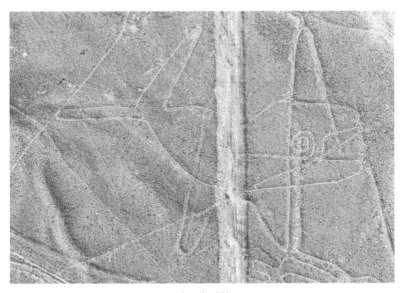

나스카 라인

이런 지상화가 그려졌는지, 누가 그렸는지 전혀 알 수 없었다. 그러다가 비행기가 등장하면서 하늘에서 내려다보고 하나하나의 그림과 독립된 각각 그림의 전체적인 문양을 파악할 수 있었다.

그 후 여러 학자가 이 지상화 또는 문양을 연구했다. 천문학과 관련된 기하학적 도형이라느니, 기우제나 풍요와 다산을 기원하는 나스카인의 의식과 관련 있다는 견해들이 나왔지만, 어느 것도 크게 설득력을 얻지 못한 채 여전히 미궁을 헤맸다.

그럴 즈음 지구를 찾아온 외계인이 그렸을 것이라는 견해가 제기됐고 오히려 큰 설득력을 얻기도 했다. 사실 하늘에서 내려다보더라도 인간의 작품이라고는 도저히 생각할 수 없을 정도로 거대하고 길이가 몇 킬로미터쯤 되는 길고 긴 자(尺)를 대고 그린 듯 정확하고 정교하다. 실제로 여러 학자가 실험까지 했다. 결과적으로 축구경기장 크기의 문양은 거의 똑같이 그릴 수 있었지만 선 하나의 길이가 수 킬로미터가 되게 그릴 수는 없었다. 그 때문에 초능력을 가진 외계인이 그렸을 것이라는 주장이 더욱 힘을 얻었다.

그런데 2017년 그곳에서 외계인의 미라가 발견했다는 주장이 나오고 동영상이 공개됐다. 미라의 형태는 머리통이 무척 크고 발가락 길이가 매우 길었으며 미라 전체가 흰색 가루로 덮여 있었다. 몸을 잔뜩 구부리고 시선은 하늘을 향해 있었다. 몸을 반듯하게 폈을 때의 길이는 약 170 센티미터였다. 이 미라를 방사선동위원소를 이용해 연대를 측정한 결과 약 245~410년 전에 생존했던 생명체로 밝혀졌으며 외계인의 미라일 가능성도 부인하지 않았다. 하지만 이 미라를 어디서 어떻게 발견했는지는 밝히지 않았다. 다만 수백 년 전에 사망한 생명체가 어떻게 지금까지 비교적 온전한 상태를 유지할 수 있었느냐 하는 의문에 대해서는 나스카 지역이 사막화된 매우 건조한 기후였기 때문이라고 설명함으로써 유골이 나스카 지역에서 발견되었다는 것을 짐작할 수 있었다.

어찌 됐든 사람의 유골이라고 보기 어려운 미라에 대해 과학자들도 의견이 엇갈렸다. 러시아의 저명한 물리학자는 "이 미라는 기형으로 태어난 사람의 것이기보다는 또 다른 생명체에 가깝다"고 했다. 그런가 하면 영국의 유명한 UFO 전문가는 "미라가 아니라 석고상일 뿐이다. 이런 가짜들은 매스컴의 관심을 끌려는 물건에 불과하다"고 외계인설을 강력하게 부정했다.

미확인비행물체나 외계인 자체를 부정하는 사람들도 대단히 많다. 외계의 어느 행성에 지적 생명체가 존재하고 그들이 고도의 문명을 지니고 있다고 하더라도 상상할 수 없을 만큼 멀리 떨어져 있는 지구를 마음대로 오갈 수 없다는 것이다. 또 왜 미확인비행물체가 나타났다가 순식간에 사라지는 것인지도 의문이라는 것이다.

그들이 인간이 상상하지 못할 고도의 과학기술을 이용해서 머나먼 지구까지 왔다면 무엇인가 수행하는 것이 있어야 하지 않느냐는 것이다. 이미 수천 년 전부터 지구를 오갔다는데 처음 몇 번은 지구와 인간들을 탐색했더라도 그처럼 자주 나타났다면 왜 지금까지 인간과의 접촉이 없었냐는 것이다. 그러한 주장도 충분히 공감이 간다.

그러나 최근에 와서 점점 더 외계인에 관한 관심이 높아지고, 지구의 바다 밑이나 지하 깊은 곳 또는 사하라 사막에 그들의 기지가 있다는 주장도 만만치 않다. 아울러 1947년의 로즈웰 사건은 사실이며 그때 비행접시의 잔해들과 외계인 시체 회수도 사실이라는 증언까지 나왔다. 심지

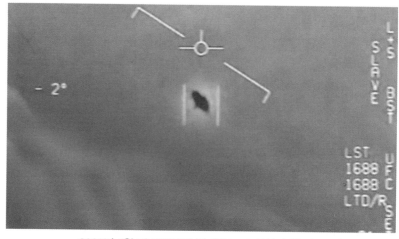
2020년 4월 미 국방부가 공개한 UFO 영상의 한 장면

어 외계에는 외계인 연맹체가 있으며 이미 지구와 협약을 맺고 임무를 수행하고 있다는 주장까지 제기되고 있다. 좀 더 구체적인 예로 2020년 12월 미국과 이스라엘의 정보기관이 외계인들로 이루어진 '은하연맹'과 우주공동연구에 대한 협정을 맺고 각종 실험을 하고 있으며 여러 명의 외계인이 지구에 거주하고 있다는 주장이 제기되었다.

사실 여부를 떠나 그 때문에 외계인에 대한 관심이 더욱 높아지면서 기자들이 미국 트럼프 대통령에게 외계인에 대해 질문했다. 그랬더니 트럼프 대통령이 "그 문제에 대해서는 말하고 싶지 않다. 무척 흥미롭다. 생각할 필요가 있다"라고 정면으로 부인하지 않아 한층 더 의혹이 커졌다. 그뿐만 아니라 미확인비행물체 추적의 핵심 기관인 미 국방부도 공식적으로 UFO의 존재를 인정하는 듯한 태도를 보이고 있다.

그러자 미국 의회가 나섰다. 공중에서 발생한 미확인 상황은 이제 비밀사항이 아니므로 공개해야 한다며 국방장관과 국가정보국장 등은 미국이 그동안 수집한 기밀정보를 180일(6개월) 이내에 의회의 정보위원회와 군사위원회에 제공하라고 정식으로 요구했다.

2021년 6월 25일 180일 마감 시한에 맞춰 미국 국가정보장실(ODNI)은 국방부와 함께 공식 보고서를 발표하면서 "UFO는 물리적 객체(physical object)"라고 인정했다. 미확인비행물체가 실재하는 객체로 공인된 순간이었다. 이제 UFO라는 용어는 심도 있는 관찰과 조사 및 실험 등으로 '확인'된 그 무엇으로 나타날 것이다.

알아두면 잘난 척하기 딱 좋은 사라진 것들

초판 1쇄 인쇄·2022년 6월 5일
초판 1쇄 발행·2022년 6월 10일

지은이·이상화
펴낸이·이춘원
펴낸곳·노마드
기   획·강영길
편   집·온현정
디자인·블루
마케팅·강영길

주   소·경기도 고양시 일산동구 무궁화로120번길 40-14(정발산동)
전   화·(031) 911-8017
팩   스·(031) 911-8018
이메일·bookvillagekr@hanmail.net
등록일·2005년 4월 20일
등록번호·제2014-000023호

ISBN 979-11-86288-57-3 (03030)

본래 뜻을 찾아가는 우리말 나들이
알아두면 잘난 척하기 딱 좋은 **우리말 잡학사전**

'시치미를 뗀다'고 하는데 도대체 시치미는 무슨 뜻? 우리가 흔히 쓰는 천둥벌거숭이, 조바심, 젬병, 쪽도 못
쓰다 등의 말은 어떻게 나온 말일까? 강강술래가 이순신 장군이 고안한 놀이에서 나온 말이고, 행주치마는
권율장군의 행주대첩에서 나온 말이라는데 그것이 사실일까?
이 책은 이처럼 우리말이면서도 우리가 몰랐던 우리말의 참뜻을 명쾌하게 밝힌 정보 사전이다. 일상생활에서
자주 쓰는 데 그 뜻을 잘 모르는 말, 어렴풋이 알고 있어 엉뚱한 데 갖다 붙이는 말, 알고 보면 굉장히 험한
뜻인데 아무렇지도 않게 여기는 말, 그 속뜻을 알고 나면 '아하!'하고 무릎을 치게 되는 말 등 1,045개의
표제어를 가나다순으로 정리하여 본뜻과 바뀐 뜻을 밝히고 보기글을 실어 누구나 쉽게 읽고 활용할 수 있도록
하였다.

이재운 외 엮음 | 인문·교양 | 552쪽 | 28,000원

역사와 문화 상식의 지평을 넓혀주는 우리말 교양서
알아두면 잘난 척하기 딱 좋은 **우리말 어원사전**

이 책은 우리가 무심코 써왔던 말의 '기원'을 따져 그 의미를 헤아려본 '우리말 족보'와 같은 책이다. 한글과
한자어 그리고 토착화된 외래어를 우리말로 받아들여, 그 생성과 소멸의 과정을 추적해 밝힘으로써 올바른
언어관과 역사관을 갖추는 데 도움을 줄 뿐 아니라, 각각의 말이 타고난 생로병사의 길을 짚어봄으로써 당대
사회의 문화, 정치, 생활풍속 등을 폭넓게 이해할 수 있는 문화 교양서 구실을 톡톡히 하는 책이다.

이재운 외 엮음 | 인문·교양 | 552쪽 | 28,000원

우리의 생활문자인 한자어의 뜻을 바로 새기다
알아두면 잘난 척하기 딱 좋은 **우리 한자어사전**

《알아두면 잘난 척하기 딱 좋은 우리 한자어사전》은 한자어를 쉽게 이해하고 바르게 쓸 수 있도록 길잡이
구실을 하고자 기획한 책으로, 국립국어원이 조사한 자주 쓰는 우리말 6000개 어휘 중에서 고유명사와
순우리말을 뺀 한자어를 거의 담았다.

한자 자체는 단순한 뜻을 담고 있지만, 한자 두 개 세 개가 어울려 새로운 한자어가 되면 거기에는 인간의
삶과 역사와 철학과 사상이 담긴다. 이 책은 우리 조상들이 쓰던 한자어의 뜻을 제대로 새겨 더 또렷하게
드러냈으며, 한자가 생긴 원리부터 제시함으로써 누구나 쉽게 익히고 널리 활용할 수 있도록 했다.

이재운 외 엮음 | 인문·교양 | 728쪽 | 35,000원

영단어 하나로 역사, 문화, 상식의 바다를 항해한다

알아두면 잘난 척하기 딱 좋은 **영어잡학사전**

이 책은 영단어의 뿌리를 밝히고, 그 단어가 문화사적으로 어떻게 변모하고 파생 되었는지 친절하게 설명해주는 인문교양서이다. 단어의 뿌리는 물론이고 그 줄기와 가지, 어원 속에 숨겨진 에피소드까지 재미있고 다양한 정보를 제공함으로써 영어를 느끼고 생각할 수 있게 한다.

영단어의 유래와 함께 그 시대의 역사와 문화, 가치를 아울러 조명하고 있는 이 책은 일종의 잡학사전이기도 하다. 영단어를 키워드로 하여 신화의 탄생, 세상을 떠들썩 하게 했던 사건과 인물들, 그 역사적 배경과 의미 등 시대와 교감할 수 있는 온갖 지식들이 파노라마처럼 펼쳐진다.

김대웅 지음 | 인문·교양 | 452쪽 | 22,800원

신화와 성서 속으로 떠나는 영어 오디세이

알아두면 잘난 척하기 딱 좋은
신화와 성서에서 유래한 영어표현사전

그리스·로마 신화나 성서는 국민 베스트셀러라 할 정도로 모르는 사람이 없지만 일상생활에서 흔히 쓰이고 있는 말들이 신화와 성서에서 유래한 사실을 아는 사람은 의외로 많지 않다. '알아두면 잘난 척하기 딱 좋은' 시리즈 6번째 책인 《신화와 성서에서 유래한 영어표현사전》은 신화와 성서에서 유래한 영단어의 어원이 어떻게 변화되어 지금 우리 실생활에 어떻게 쓰이는지 알려준다.

읽다 보면 그리스·로마 신화와 성서의 일파와 오메가를 꿰뚫게 됨은 물론, 이들 신들의 세상에서 쓰인 언어가 인간의 세상에서 펄떡펄떡 살아 숨쉬고 있다는 사실에 신비감마저 든다.

김대웅 지음 | 인문·교양 | 320쪽 | 18,800원

흥미롭고 재미있는 이야기는 다 모았다

알아두면 잘난 척하기 딱 좋은 **설화와 기담사전**

판타지의 세계는 언제나 매력적이다. 시간과 공간의 경계도, 상상력의 경계도 없다. 판타지는 동서양을 가릴 것 없이 아득한 옛날부터 언제나 우리 곁에 있어왔다.

영원한 생명력을 자랑하는 신화와 전설의 주인공들, 한끗 차이로 신에서 괴물로 곤두박질한 불운의 존재들, '세상에 이런 일이?' 싶은 미스터리한 이야기, 그리고 우리들에게 너무도 친숙한(?) 염라대왕과 옥황상제까지, 시공간을 종횡무진하는 환상적인 이야기가 펼쳐진다.

이상화 지음 | 인문·교양 | 360쪽 | 19,800원

철학자들은 왜 삐딱하게 생각할까?

알아두면 잘난 척하기 딱 좋은 **철학잡학사전**

사람들은 철학을 심오한 학문으로 여긴다. 또 생소하고 난해한 용어가 많기 때문에 철학을 대단한 학문으로 생각하면서도 두렵고 어렵게 느낀다. 이 점이 이 책을 집필한 의도다. 이 책의 가장 큰 미덕은 각 주제별로 내용을 간결하면서도 재미있게 설명한 점이다. 이 책은 철학의 본질, 철학자의 숨겨진 에피소드, 유명한 철학적 명제, 철학자들이 남긴 명언, 여러 철학 유파, 철학 용어들을 망라한, 그야말로 '세상 철학의 모든 것'을 다루었다. 어느 장을 펼치든 간결하고 쉬운 문장으로 풀이한 다양한 철학 이야기가 독자들에게 철학을 이해하는 기본 상식을 제공해준다. 아울러 철학은 우리 삶에 매우 가까이 있는 친근하고 실용적인 학문임을 알게 해준다.

왕잉(王穎) 지음 / 오혜원 옮김 | 인문·교양 | 324쪽 | 19,800원

인간과 사회를 바라보는 심박한 시선

알아두면 잘난 척하기 딱 좋은 **문화교양사전**

정보와 지식이 모자라면 불편하고 답답하지만 너무 넘쳐도 탈이다. 필요한 것을 골라내기도 힘들고, 넘치는 정보와 지식이 모두 유용한 것도 아니다. 어찌 보면 전혀 쓸모없는 허접스런 것들도 있고 정확성과 사실성이 모호한 것도 많다. 이 책은 독자들의 그러한 아쉬움을 조금이나마 해소시켜주고자 기획하였다.

최근 사회적으로 이슈가 되고 있는 갖가지 담론들과, 알아두면 유용하게 활용할 수 있는 현실적이고 실용적인 지식들을 중점적으로 담았다. 특히 누구나 알고 있을 교과서적 지식이나 일반상식 수준을 넘어서 꼭 알아둬야 할 만한 전문지식들을 구체적으로 자세하고 알기 쉽게 풀이했다.

김대웅 엮음 | 인문·교양 | 448쪽 | 22,800원

옛사람들의 생활사를 모두 담았다

알아두면 잘난 척하기 딱 좋은 **우리 역사문화사전**

'역사란 현재를 비추는 거울이자 앞으로 되풀이될 시간의 기록'이라고 할 수 있다. 그런 면에서 이 책 《알아두면 잘난 척하기 딱 좋은 우리 역사문화사전》은 그에 부합하는 책이다.

역사는 과거에 살던 수많은 사람의 삶이 모여서 이루어진 것이고, 현대인의 삶 또한 관점과 시각이 다를 뿐 또 다른 역사가 된다. 이 책은 시간에 구애받지 않고 흥미와 재미를 불러일으킬 수 있는 주제로 일관하면서, 차근차근 옛사람들의 삶의 현장을 조명하고 있다. 그 발자취를 따라가면서 역사의 표면과 이면을 들여다보는 재미가 쏠쏠하다.

민병덕 지음 | 인문·교양 | 516쪽 | 28,000원

엉뚱한 실수와 기발한 상상이 창조해낸 인류의 유산

알아두면 잘난 척하기 딱 좋은 **최초의 것들**

우리는 무심코 입고 먹고 쉬면서, 지금 우리가 누리는 그 모든 것이 어떠한 발전 과정을 거쳐 지금의 안락하고 편안한 방식으로 정착되었는지 잘 알지 못한다. 하지만 세상은 우리가 미처 생각지도 못한 사이에 끊임없이 기발한 상상과 엉뚱한 실수로 탄생한 그 무엇이 인류의 삶을 바꾸어왔다.

이 책은 '최초'를 중심으로 그 역사적 맥락을 설명하는 데 주안점을 두었다. 아울러 오늘날 인류가 누리고 있는 온갖 것들은 과연 언제 어디서 어떻게 시작되었는지, 그것들은 어떤 경로로 전파되었는지, 세상의 온갖 것들 중 인간의 삶을 바꾸어놓은 의식주에 얽힌 문화를 조명하면서 그에 부합하는 250여 개의 도판을 제공해 읽는 재미와 보는 재미를 더했다.

김대웅 지음 | 인문·교양 | 552쪽 | 28,000원

그리스·로마 시대 명언들을 이 한 권에 다 모았다

알아두면 잘난 척하기 딱 좋은 **라틴어 격언집**

그리스·로마 시대 명언들을 이 한 권에 다 모았다
그리스·로마 시대의 격언은 당대 집단지성의 핵심이자 시대를 초월한 지혜다. 그 격언들은 때로는 비수와 같은 날카로움으로, 때로는 미소를 자아내는 풍자로 현재 우리의 삶과 사유에 여전히 유효하다.

이 책은 '암흑의 시대(?)'로 일컬어지는 중세에 베스트셀러였던 에라스뮈스의 《아다지아(Adagia)》를 근간으로 한다. 그리스·로마 시대의 철학자, 시인, 극작가, 정치가, 종교인 등의 주옥같은 명언들에 해박한 해설을 덧붙였으며 복잡한 현대사회를 헤쳐나가는 데 지표로 삼을 만한 글들로 가득하다.

데시데리위스 에라스뮈스 원작 | 김대웅·임경민 옮김 | 인문·교양 | 352쪽 | 19,800원

알아두면 잘난 척하기 딱 좋은

사라진 것들

THINGS THAT DISAPPEARED

A Perfect Book for Humblebrag

nomad
노마드